# 苦悩する先進国の生涯学習

〔増補改訂版〕

黒沢惟昭
佐久間孝正
編著

社会評論社

# はじめに

生涯学習時代においては、画一化は嫌われ、多様な生き方が求められる。そのために一定程度ではあるが選択肢も用意された。また、成人においては、「労働」よりも「仕事」、「教育」よりも「学習」を好む傾向が進んだ。要するに「自由」の宣揚の時代といってよいだろう。いうまでもなく、この基盤には経済成長による「成熟化社会」（「市民社会」の「拡充」）の成立と発展がある。因みに日本の教育用語の変遷でいえば、「社会教育」から「生涯教育」そして「生涯学習」への推移となる。

しかし、生涯学習時代のもう一つの側面は、「新自由主義」「新保守主義」の浸透、端的に「市場原理」の教育の領域への導入・適用である。したがって、やる気のある者にはチャンスを与えるが、そうでない者は「切り捨て」られても仕方がないという風潮が総じて強まっている。

この傾向が進行すれば、「自由」が謳われても、それを享受できる者は経済的・文化的に恵まれた層の人々に限定され、社会的格差が一層拡大される恐れがある。そうなると「社会的公正」の視点からも問題が生じ、成熟化社会の存立も危うくなるであろう。

そこで、恵まれない人々（社会的「弱者」、マイノリティ）のために公的保障が要求される。事実、経済成長の時期には不充分とはいえ施策の一定の実現も見られた。だが、成長が望めない時代、とりわけ急速に高齢化・少子化が進んでいる昨今においては公的保障にも限界が生ぜざるをえないのは周知のところである。前述の「新保守主義」「新自由主義」もこの事態の打開のために要請され、一定の支持を得ていることは否定できない。顧みれば、サッチャーリズム、レーガノミックス、日本における一連の行政改革、臨時教育審議会答申を貫く主旋律はこの思潮である。

以上、日本の状況を中心にして生涯学習時代の諸相をデッサンしたのであるが、要するに一方で自由を最大限に尊重しつつ、他面で社会的格差を是正することが必要となっている。いいかえれば、自由と平等の調整をどのようにはかるかという旧くして新しいアポリアに行きつく。しかも、低成長時代にこれをいかに解決するかが日本だけでなく先進国が共有する主要な課題であり、苦悩であろう。

しかも、ポスト冷戦構造の近年においては主権国家が変容し、EUに典型的に示されているように、トランス・ナショナルな統合、ローカル・イニシアティヴの傾向が進み、反面、民族によるジェノサイドも辞さない程に分裂抗争が激化し、グローバルなエコロジーの問題も深刻化している。つまり、先進国の課題と苦悩も一国内だけに留まるわけにはいかないという状況に至っている。生涯学習においても事態は全く同様である。

もちろん、一般的には右のようにいえてもその現われ様は各国によって異なり、また論者によって捉え方、視点、アクセントの置き所に相異があることは当然であろう。長年の共同研究の成果であれば、編者が全体にわたって調整し必要な加筆・訂正を施し、著書としての一体性を強めるのが筋であるが、本書ではむしろ各執筆者が自らの関心と専門分野からそれぞれの国の課題と苦悩を生涯学習の視点から捉え、自由に論じてもらうことを主旨とした。そのためまとまりには欠けていると思うが、逆にグローバルな視野から生涯学習について考え直そうという人々に、様々な素材を提供できていれば幸いである。

本来ならば遅延の理由・お詫びと謝辞を記すべきであるが、「あとがき」で佐久間氏が述べられているのでここでは省かせて頂く。

一九九六年　新春

黒沢惟昭

# 苦悩する先進国の生涯学習＊目次

# 現代日本の生涯学習と市民社会

黒沢惟昭

## はじめに

本格的な生涯学習時代の到来が告げられ、生涯学習の体系化さえ喧伝されて久しい。しかし「生涯学習」とは何か、と改めて問われるとその内容は必ずしも定かではない。

臨時教育審議会（以下、「臨教審」と略記）も、周知のように一九八六年の第二次答申において「生涯学習体系への移行」を国の基本的教育政策に据えることを提唱し、その一環として文部省の「社会教育局」も「生涯学習局」（一九八八年七月）に変更され、しかも筆頭局に格上げされたのであった。多くはそれに連動して、各都道府県でも「社会教育」課（係）が「生涯学習」課（係）、または「生涯教育」課（係）などの名称に変わってきた事情もある。このような官庁の動向に同伴するかのように、民間の教育産業・事業もほぼ一斉に生涯教育・生涯学習の名を冠するようになった。こうして、巷には生涯学習の文字が氾濫しているといっても過言ではない。

想い起せば、一九九〇年六月に、日本の生涯学習に関する最初の法律として、「生涯学習のための施策の推進体制等の整備に関する法律」といういささか長たらしい名称の法律が成立したのであるが、ここでも肝腎の「生涯学習」の定義がなされていないことが法案の審議過程で問題になった事情がある。ご記憶の読者も居られるであろう。

また社会教育研究者の著作や刊行物などを卒読しても、最近とみに旧来の「社会教育」の用語が消えてしまい、生涯教育、生涯学習というネーミングに転じている場合が多いことに気づく。しかし、何故用語・名称の変更が行われたかについては説明されていないものが多い。なにを隠そう、かくいう私も、担当の「社会教育の基礎」という科目名を数年前に「生涯学習論」に変えたのであるが、その時は、〝若者向けの名称の方がいいのではないか〟という先輩教員の忠告に深く考えることもなく従ったまでであった。大方の研究者も私とほぼ同様ではなかったかと推察する次第である。因みに、以前私の講義を履習中の女子学生にこの点について意見を求めたところ、「社会教育なんてイモくさいですよ。生涯学習の方がずっとナウイですよ」という答が即座に返ってきて苦笑したことを想いだす。そこで、まず生涯学習の意味を問い、それに基き現代の市民社会のための教育的課題を探ることを小論の課題としたい。

## 一 「社会教育」の再検討

用語を歴史的に顧みれば、「生涯学習」の前には、「生涯教育」が流行し、それ以前はこの国に伝統的な「社会教育」が一般的に使われ、さらに戦前には「通俗教育」という言葉も公用語として用いられていた時代があったと一応はいえよう。しかし、夫々の用語が時代によって画然と区別されていた訳ではない。「生涯学習」とともに「生涯教育」が、そして「社会教育」も混然として使われている場合も多い。「社会教育」が「通俗教育」と併用されていた時代もあった。ここでは、紙幅の制約上歴史研究としては詳述を略す。そのために引用的叙述が多いことを覚悟して変遷の要目を辿ってみよう。

## 1　通俗教育

私のように旧世代に属する者には「社会教育」という呼名はなじみ深いが、この言葉が公用語となったのは大正年間（同一〇年、一九二一年）であり、それまでは一般的に「通俗教育」が使われていた。そこで、まず、この用語の理解のために『新教育社会学辞典』（東洋館出版、一九八六年、以下、『辞典』と記す）の簡潔な説明を引用させて頂く。

「日本における明治大正期の社会教育に当たる教育領域を指す言葉、明治期にも社会教育という用語はあったが、一八八六（明治一九）年の文部省官制で通俗教育という言葉が用いられて以来、一九二一（大正一〇）年に社会教育と改称されるまで、公用語として用いられた。ただしこの通俗教育には図書館、博物館のような社会教育施設は含まれていなかった。通俗教育の名のもとに行われた社会教育活動として、通俗教育講談会や幻燈会、活動写真会が開かれる程度であったが、一九一一（明治四四）年に通俗教育調査委員会が設置されたあとは更に通俗教育用の図書、活動写真などの選定、通俗教育講演資料の作成なども試みられた。しかしこの委員会も一九一三（大正二）年の行政整理で廃止されている。国民善導的な教化色が強かったこと、講演会形式が多く継続的な教育が行われなかったこと、公的色彩が強かったことなどが通俗教育の特色として挙げられる」（六四八頁、山本恒夫氏稿、傍点引用者）。

## 2　社会教育の歴史的性格

ところで、「社会教育」とは、学校教育以外の教育の総称という広い意味にも用いられるが、これでは余りにも領域、対象が広大になってしまうので通常は次のように限定した意味で使われる。

「近代社会の成立過程の中で各国に制度化されてくる近代公教育制度の一環としての『社会教育』であり、近代の学校教育と相対する、それ以外の、社会における教育、を意味する歴史的な概念であり、基本的には公教育にかかわる制度的な概念としての意味合いが強い」（前掲『辞典』三八六頁、小林文人氏稿）。さらに、「社会教育」の呼称については次の国際比較による説明が大変参考になる。

「社会教育は歴史的に、欧米各国において公教育としての義務教育制度が成立する一九世紀後半に登場し、更に二〇世紀（特に第一次世界大戦後）になって各国固有の制度化が個別に進行した。もちろん各国によってその用語は異なる。イギリス、アメリカでは成人教育（adult education）が我が国の社会教育の概念に最も近く、ドイツやフランスにおいては民衆教育（Volksbildung, éducation populaire）あるいは成人教育（Erwachsenen-bildung, éducation d'adulte）という言葉が用いられている。イギリスにおける継続教育（further education）という概念も社会教育と重なる部分を有している。国際的には、ユネスコがそうであるように『成人教育』というのが一般的で、『社会教育』あるいはソーシャル・エデュケーション（social education）は日本、インドなど少数派である。中国でもかつては社会教育の用語が用いられたが、最近はむしろ成人教育の方が主流となりつつある。なお韓国はむしろ最近『社会教育』を積極的に用い、新しく一九八二年に社会教育法を制定した」（同『辞典』三八六頁～三八七頁）。

ところで、現在では、「社会教育」とは「社会人の教育」といいかえても意味は変らないであろう。しかし、戦前は社会主義や社会運動に対抗する教育という意味がこめられ、そうした期待のもとに公用語になったといわれる。折しも一九一七年ロシア革命によって世界初の社会主義国家が成立したことを想えばこうした意味付与も了解できるであろう。つまり、大正年間に、文部省の管掌の「第四課」が「社会教育課」に変わり、その後昭和に至ってから「社会教育局」になっていく名称の変遷は、右の社会主義国家成立、それに対する支配層の恐怖、防衛という事情と関係があることは容易に察することはできよう。

さらに、日本の資本主義の発達につれて、機構的に整備されていった社会教育は、青年、婦人、宗教、学校などあらゆる「団体」を総動員して国の政策を国民各層に浸透させること、端的に「教化総動員運動」を「振興」し「推進」することが主要目的となり、「国体明徴」「国民精神作興」をスローガンに掲げ、教化網を国民生活の日常にまで拡げることを目指したのであった。そしてこのネットワークの総元締が文部省社会教育局であったといえよう。前出の『辞典』も戦前社会教育について次のように特徴づけている。

「国家統制、行政主導、施設の欠落、『団体主義』による指導、といった多くの歴史的諸問題を体質的にかかえてきた。市民あるいは労働者による自由で自治的な学習、文化活動は、むしろ厳しく抑圧されてきた歴史であった。更に戦前の社会教育は、勅令主義による行政支配にゆだねられるところが大きく、法律主義の原則に基づく近代法的な基礎を欠落していた」(『辞典』三八七頁)。

## 3　戦後改革と社会教育

戦後改革によっても「社会教育」の名称は変わらなかったが、内容は英米流の成人教育、つまり言葉の本来の意味である社会人の教育への転換が意図された。この転換を法的に明文化したのが社会教育法(一九四九年)であった。そこでは通例の法律と違って、社会教育を積極的に定義するよりも、戦前・戦中の反省に基づいて国家権力の制限を法制定の主眼とするものであった。つまり、教育は国民が自由に行うべきものであって国家が介入すべきではないという近代教育の理念、人権思想からいえば、自由権的な色彩が強調されたのであった。念のために、ここでも『辞典』の説明によってこの点を確めよう。

「戦後教育改革の大きな特徴は、社会教育を含めて、教育にかかわる国民の権利の理念を明確にし、それに基づく法制を体系的に整備したことである。すなわち、教育基本法（一九四七年）第七条を基礎に、社会教育法（一九四九年）、図書館法（一九五〇年）、博物館法（一九五一年）など一連の社会教育法制が成立する。社会教育の本質は『国民の自己教育』にあり、公的な社会教育行政の任務は、その自主性を尊重し、それを奨励、援助し、必要な条件整備（環境醸成）を行うことにあるとされた。そこでは、単位自治体としての市町村の役割が積極的に重視された（市町村主義の原則）」（『辞典』三八七頁）のである。

社会教育法が前提とする国家像――夜警国家観は、すでにその一端を記した戦前・戦中の社会教育が必然的に負わざるをえなかった「国民教化」、その総動員の元締めという歴史的な性格を呪詛する人にとって殊更に高く評価され戦後教育の中核的理念として謳い上げられた。たしかに、敗戦による国家の基本構造（国体）の解体という未曽有の状況下で一時的に動揺した国家権力の下では、一定の現実性もあった。解放された「国民」の「自己教育」と宣揚された「社会教育活動」と「社会教育行政」の〝密月時代〟が少くとも社会教育法制定後の数年間までは現出していたといえるだろう。この事実は当時の公権力側の論稿からも窺うことができる(2)。

しかし、この時期は長くは続かなかった。また続く筈もなかったと私は考える。何故なら東西冷戦という歴史的現実を抜きにしても、国家権力は公教育としての社会教育を、学校教育の補完物ないしそれと並行するものとして次第に重視し、国家のヘゲモニーの有効な媒体として積極的に取り込むようになったのは当然である。それは現代国家としては事理必然の成り行きであったと考えるべきである。

もちろん、その方法は戦前・戦中のやり方とは異なり、一面では国民の「教育をうける機会」を学校外にまで拡大し、「教育権」を社会人にも保障すること、具体的には社会教育関係の人的・物的条件整備を拡充することを意図し、国民の自主的な社会教育活動を尊重することを通して、他面では国家政策へのコンセンサス（ヘゲモニー）を獲得し、貫徹しようとすることが主眼であった。この視点から顧みれば、その後の一連の社会教育法の「改正」はこの国家ヘゲモニーを有効に進めるための〝地ならし〟であったと解することができる。[3]

したがって、敢えていえば、社会教育法の「改正」をもって、「反動」と見なし、戦前社会教育への「復帰」などという当時しばしば主張された言説は現代国家論の欠如による事態の本質を見誤った状況的な発言と批判されても致し方ない。

ここで強調したいことは、「ヘゲモニー」[4]とは一方的な権力の浸透を意味するものではなく、関係概念なのである。つまり、学校外にまで教育の機会が拡張された事実はそこにまで国家の権力が浸透しかつ拡散化することであるが、それは一定の国民・市民の合意を前提としなくては有効に進めることができない。つまり、この合意は国民の「権利」の拡大の要素をも含むのである。いいかえれば、権力関係を変える可能性があるということなのである。この意味で「ヘゲモニー」とは一方からの権力の行使に対して対抗する力を生みだす概念、両者のせめぎあいの過程で成立する関係概念なのである。すでに引証した戦後教育改革による社会教育法制（改定も含めて）はこのせめぎあいを法的に確定したと看取することができる。

社会教育法の「改正」については詳述するスペースはないが端的にいえば、近代法的であった社会教育法体制を現代国家に適しいものに変換するために一定の修正を施したもの、つまり現代国家によるヘゲモニーの一里程なのであった。然るに、これを単なる「反動」などと考える当時の社会教育における批判的言説はやはりアナクロニックであったと重ねて断ぜざるをえない。このようなアナクロ的視座からは現代国家におけるヘゲモニー関係を内在的に変革するという展望は産みだされないのである。

以上、極めてラフであることを自覚しつつ戦前と戦後に大別して通俗教育と社会教育の概念をやや拡張しつつ考察した次第である。なお、後論のためにも、重複を恐れずに社会教育概念の法的な整理と課題を明らかにしておきたい。

## 4　現代と社会教育の課題

教育基本法では、「家庭教育及び勤労の場所その他社会において行われる教育は、国及び地方公共団体によって奨励されなければならない」（第7条）と規定されている。これは直接的には憲法第26条の「教育権」の規定を承けたものであるが、さらに社会教育法では、「…すべての国民があらゆる機会、あらゆる場所を利用して、みずから実際生活に即する文化的教養を高めるような環境を醸成するよう努めなければならない」（第3条）ことが定められている。これらの規定は、教育というものが学校教育だけに限られるものではなく、「すべて」の国民が、「あらゆる」機会・場所を利用して学習するために、国や地方公共団体が環境条件の整備を行うことを規定しているのである。

この考え方は、後論する生涯教育、生涯学習と軌を一にするものであるが、因みに社会教育法では社会教育の定義は次のようになされている。

「この法律で『社会教育』とは、学校教育法に基づき、学校の教育課程として行われる教育活動を除き、主として青少年及び成人に対して行われる組織的な教育活動（体育及びレクリエーションの活動を含む）という」（同第2条）。

一読して大変大まかな概念規定であるが、すでに一端を考察したように積極的国家介入というこの国の社会教育の歴史的事情を勘案して、積極的規定を避けたものと思われる。そのために社会教育については、様々な解釈が公表されているが、ここでは最近の、生涯学習論をも踏まえた言説を参考にしつつ、この定義の留意点を明らかにしよう。

①社会教育が学校教育以外の教育と見なされたために、「成人を対象とする学校教育は社会教育の中には含まれないこと」になり、そのような教育は、「『社会人』―成人―への学校教育の開放という視点から、社会教育とは別の次元で推進される」ことになる。

②社会教育法の第2条の「組織的な教育活動」に関しては諸説があるが、ここではとりあえず「非定型（ノンフォーマル）教育」とほぼ同じ内容と解される。因みに研究者によるこの教育の定義を引用し、参考にしたい。「学校教育のように就学年齢や修学期間、教員の資格、施設の基準などの形式性には欠けるが、教育しようという意図があり、それを実施するための計画性や具体的方法を備えた機関や団体が行う教育をノンフォーマル教育という。形式性に欠けるために拘束性に乏しく、それだけ利用者の自主性や主体性が尊重される。図書館や美術館はその典型である(5)」。

ここから次のような主張がなされるのは当然であろう。「学校教育が普及してくるにつれて、教育といえば直ちに学校教育を連想する人々が増加してきたが、本来、教育はもっと大きな広がりをもつ概念であったはずである。学習活動や文化活動、体育・スポーツ活動、更にはレクリエーション活動を含めて、教育をとらえ直していくことこそ、生涯学習を拡充していくうえで不可欠の前提条件だといえる(6)」。

③青年と青年教育。社会教育法では対象は成人と並んで「青少年」と規定されている。だが、現代においては、青年教育と成人教育との境界は必ずしも明確ではなくなっている。従来、一般的には「生業」と「結婚」を画期

として両者の区別を行なってきたようである。ここでは「青年」に関する旧来社会教育研究の一端を紹介しよう。(7)
この論者によれば、青年の精神発達段階は次のように区分されるという。

1　青年前期〔空想期〕
(1)学校生活延長期（～一五、六歳）
(2)依存期（～一七、八歳）
2　青年中期〔自覚動揺期〕（～二〇、二一歳）
3　青年後期〔決定期〕（二一、二歳～二五、六歳）

右のように区分したあとで、同じ論者は1の前期青年については「学校教育のなかで考慮していくべき」ことを当時（一九六〇年代前半期）提唱したのであったが、高校進学率が九六パーセントを越え、数値的にはほぼ「準義務化」した昨今のこの国の現状を鑑みれば、この論者の提言はすでに実現しているといってよいであろう。

さらに同論者は、中・後期の青年は「若い成人」(young adult) として成人教育の域内に算入することを主張する。

このヤング・アダルト論は欧米先進国の歴史的事情に学んだ考え方であって私も同感である。ヤング・アダルトをはじめ、近年とみに層が増えその教育・学習の重要性が注目されている高齢者、(8)及びその中間に位置するいわゆる〝企業戦士〟(9)やその家族など、さしあたって列挙したこれらの人々を考えるだけでも「成人」は多面性をはらんでいる。ここでは不充分ながら、社会教育法の定義に関する「青少年」の若干の問題点に関する以上の先行研究の紹介に留めたい。

おわりに、高校進学率は九七パーセントに迫りさらにポスト高校教育への進学者もすでにほぼ五〇パーセントを占め本格的高学歴社会を迎えたこの国では次の点も現代の社会教育の重要な問題であろう。

「中等あるいは高等教育への進学率が急上昇した今日の工業国においては、在学青少年に対してどのような学校外の教育機会を提供するかが、重要な課題となっている。つまり、青少年が放課後や休日に、文化・スポーツ・レクリエーション等の活動を行うことができるよう、その条件を整備するということである。日本の中学や高校では課外活動が学校教育の一環として位置づけられ、そこで青少年がかなり多様な活動を活発に展開している。しかし他方では音楽やスポーツなどの、いわゆる稽古事の領域で、民間レベルで多様な教室が発展してきており、特に都市部では学習塾に劣らないほど多くの青少年が有料で学んでいる。もっと公共のレベルで、青少年に対する多様な教育サービスを提供すべきであろう」(10)。

## 二　社会教育から生涯教育へ

現代国家への教育の編成替えの過程で社会教育の条件整備が推進されていった一端についてはすでに触れたところである。だがこの反面で、社会教育のもつ「国民の自己教育」の側面――しばしば「わらじばきの教育」とか「いろりばたの教育」などと巷間呼ばれた――が次第に薄れていった面も否定できない。やや極端にいえば、第二の「学校化」、学校教育の「補完物」に転ずる傾向もあった。施設が拡充するにつれて、管理・運営も近・現代化するのはこれまた当然であろう。その結果、数人で膝を突き合わせて車座で一杯のみながらホンネを語り合う、という社会教育に特有な牧歌的雰囲気が次第に稀薄になっていくのも致し方ないところであった。こうした社会教育の「学校教育化」現象に対する批判の中から、社会教育の原点――自己教育を主軸とする「学校」を超える教育を見直そうという動きが起ってくる。すなわち、「生涯教育」を受容するエートスと土壌がすでに社会教育のなかに早くから存在していたのであった。その側面はすでに述べたところからも読みとれるであろう。そこで次に、生涯教育について考察しよう。

## 1　生涯教育の背景

人間が生涯にわたって学び続けなくてはならないという考え方は、洋の東西、古今を問わずあった。しばしば持ち出される孔子の教え「吾十有五にして学に志す。三十にして立つ。四十にして惑わず。五十にして天命を知る。六十にして耳に順う。七十にして心の欲する所に従えども矩を踰えず」をまつまでもなく、社会にでてからの教育こそ本当の教育である、という説話を卒業式で校長先生からしばしば聴かされた青少年期の想い出をもつ読者も多いであろう。

因みに、イギリスでも一九一九年に復興省の成人教育委員会が提出した「最終報告《ファイナル・レポート》」に添付された委員長の手紙のなかで次のように述べられている。

「成人教育は、国として、永遠に欠かすことのできない市民性育成のための要件である。だから、万人に対して行われるだけでなく、一生を通して行われなければならない」[11]（傍点引用者）。

しかし、右のような教育観が世界的に広まる契機は現代的状況をまたねばならなかった。

一九六五年一二月に、パリで開催されたユネスコの第三回成人教育委員会は、「生涯教育」について討議し、次のような提案をユネスコ事務局に送ったのであった。

「ユネスコは誕生から死にいたるまでの人間の一生を通じて行われる教育の過程——そのゆえに全体として統合的であることが必要な教育の過程——をつくり活動させる原理として生涯教育という構想を承認すべきである」（森隆夫編著『生涯教育』〈帝国行政学会、一九七〇年〉参照）。

当時ユネスコの成人教育の責任者であったポール・ラングランの「生涯教育について」(前掲、森隆夫編著、参照)は前記のユネスコ会議のワーキングペーパーであったが、この会議とこの論文が一つのきっかけになって、以来、世界各国で「生涯教育」という言葉とそこに込められている新しい教育観が関心をあつめ討議、研究されることになったのである。因みに、ラングランが用いたフランス語の Education permanante (永続教育・恒久教育)が英語では life-long education となり、日本語では「生涯教育」と訳された経緯も想起されたい。

生涯教育の理念の要約としては前記の引用文につきると思うが、ラングランの次の状況認識も参考になる。

「生きるということは、人間にとって、万人にとって、つねに挑戦の連続を意味するものだった。老衰や疾病、親愛なる人の喪失、人との出会い、とりわけ男女の出会い、生涯の伴侶の選択、相続く諸世代を巻き込まずにはおかなかった戦争や革命、誕生する子ども、生命の神秘や宇宙の謎、この世の生の意味、有限な存在の無限なものとの関係、見つけねばならぬ職業や金銭、払わねばならない税金、競争、宗教的及び政治的な掛かり合い、(政治的、社会的、経済的な)隷属と自由、夢と現実、等々。

これらの挑戦は、特定の個々人の生涯ごとに、また特定の全体社会ごとにそれぞれ独自な組み合わせと相異なる優先順位を呈するとはいえ、依然として現存しており、その強さや切実さや圧力をなんら失っていない。これら人間の条件の基本的既知事項に、今世紀の初頭以来、個人や社会の運命の諸条件を大幅に変え、人間の活動をさらに複雑化し、また、世界や人間行動に関する説明の伝統的な図式に疑問を付するような、一連の新しい挑戦が、いよいよ増大する鋭さをもって加わってきた」[12]。

「今日では、成人であること、あるいはむしろ成人になることは、どんな労作であれ、科学的または芸術的な性格の労作の仕上げが要するのと同じような情熱と持続力と勤勉さを必要とする。この企てに成功するには、それが必要であるとの意識に依拠するのでなくてはならない。これからは、誰もが代理者として哲学者や詩人や市民であるわけにはいかないのである」[13]。

その後、ＯＥＣＤ（経済協力開発機構）ではリカレント教育（Recurrent Education）が提唱された。これは具体的にはＯＥＣＤのＣＥＲＩ（教育研究革新センター）が提起した七〇年代の代表的教育改革構想で、「急激に変化しつつある社会において、学習がすべての人に生涯にわたって必要であるという前提に立ち、従来のような人生の初期の年齢で教育を終えるのではなく、義務教育もしくは基礎教育を修了した人が生涯にわたって、しかも回帰的な方法によって教育を受けることができるようにしようとする、教育に関する総合的戦略である」（日本生涯教育学会編『生涯学習事典』、大阪書籍、四〇頁以下『事典』と記す）と説明されている。

さらに、ユネスコでは、一九七一年に設置された「教育開発委員会が翌七二年、ユネスコ事務総長に『未来の学習』（Learning to Be）を提出した。これは委員長のエドガー・フォール（元フランス首相）の名をとって「フォール報告書」ともいわれるが、そこでも、「すべての人は生涯を通じて学習を続けることが可能でなければならない」と述べられ、生涯教育を主軸にした「学習社会」（Learning society）が構想されている。

「学習社会」とは、文字通り、学習を中心に再編された社会の謂であるが、元来これはハッチンス（R. M. Hutchins, 1898～）の学習社会論に源流する。前出の『事典』に従ってこの定義を記そう。

「国民一人ひとりが、自己実現、生活の向上、または職業的知識・技術の獲得などを目的として、生涯にわたって、自主的に学習を継続するような社会をいう。青少年を対象とする学校教育を中心とした伝統的な教育システムに対する一種のアンチテーゼとして提起された概念である。しかし、そのとらえ方、基底にある問題認識などはさまざまである」（同『事典』七八頁、傍点引用者）。

因みに、ハッチンス自身の定義は次のようである。

「すべての成人男女に、いつでも定時制の成人教育を提供するだけでなく、学ぶこと、何かを成し遂げること、人間的になることを目的とし、あらゆる制度がその目的の実現を志向するように価値の転換に成功した社会」（同『事典』七八頁、傍点引用者）。

学習社会については以上の「定義」の紹介に留めるが、先のリカレント教育も併せて考えてみると、そこには、「生涯にわたる学習と教育」、「自主的・主体的学習」という二つの共通する要素が抽き出されるであろう。これら二つは若干のアクセント、ニュアンスは異にするとはいえ、まさに前出のラングランによる生涯教育のコンセプトと軌を一にするものである。

## 2 レジスタンスと生涯教育

生涯教育の理解のためには、ラングランが生涯教育を自らのレジスタンス体験に関して、質問に答える形で、次のように述べていることが参考になる。

（生涯教育の発想は）「私がフランスでナチスに対するレジスタンス運動をしていたとき考えたものだ」[14]。

これに対して、この際の質問者の麻生誠氏は次のような感想を記されている。

「レジスタンスと生涯教育の結びつきは私にとってショックであると同時に、ラングラン氏の生涯教育論のルーツに対して畏敬の念を感じざるを得なかった。つまり、ナチスへのレジスタンスという非人間的なものへの人間的な抵抗運動のなかから必然的に生まれてきた発想だったのである」[15]。

さらに、わが国の生涯教育の紹介・研究では先駆者の一人である波多野完治氏も、生涯教育とレジスタンスに触れて以下のように述べたことがある。

「レジスタンスの社会教育的効果には、はかりしれないものがあった。それは、いわば自然発生的な社会教育の組織としての機能を果したのである。

レジスタンスの組織では、貴族も庶民も、ただの一員である。強大な敵を前にして、階級の上下をいってはいられない。そこで、フランス全国民が、レジスタンスをきっかけにして、一つにまとまり、上下のない一団となった。

第一次大戦のときにも、フランス人たちは同じような経験をした。かれらはざんごうの中で上下、心を一つにして生活したのである。

しかし、第一次世界大戦のとき、いっしょに暮らしたのは『兵隊』だけであった。背後の世界では、貴族はやはり貴族であったのだ。

だが、レジスタンスではそうではない。それは日常一般の生活のなかでの反抗である。だから極端にいえば、生まれたての赤ん坊から死にかけの老人にいたるまで、心を一つにすることがレジスタンスに勝ちぬく条件にならざるをえない。

レジスタンスの人々は、いわゆる『マキ(maquis)』として働く。しかし、この『マキ』は、背後にかれらを支持し、援助する一般民衆があってはじめて一人前の活動をなしうるのである。こうして、レジスタンスは、けっきょくフランス国民の全体をまきこむことになる」[16]。

右のようなレジスタンスの観点を勘考しつつ前出の麻生誠氏は、「日本の生涯教育も、私たちの生活を襲うあらゆる非人間的なものに対する市民のレジスタンスの学習運動である」こと、いいかえれば、「人間の解放」を生涯教育の理念とされている[17]。

なお、麻生氏は、このラングランの説く理念に学んで生涯教育の「目標」を次の四点にわたって平易に述べている。参考までに要目のみを引用させて頂く。

(i)「教育には年齢の制限はあり得ないことである」。「ひとりひとりの人間が、自分のまわりの社会に気をくばりながら、生活の流れのなかにみずからを主体的にはいりこませるようにさせることである。ここから、教育の生活化＝生涯化が生まれる」。

(ii)「教育の学校独占に終止符をうつことである」。つまり、「学校は生涯教育を個人に可能にさせる能力を培うところであり、それ以上の意味をもたなくなるのである」。

(iii)「落ちこぼれ」のない教育が実現することである。「生涯教育の過程のなかで、絶えず新しいことにとり組もうとしている人間にとって成功とか失敗といったことはあくまで相対的なものにすぎなくなる」ので、これまでの社会の「落第」や「落ちこぼれ」がその存在を失うのである。

(iv)「伝統的教育よりもはるかにひとりひとりの人の独自性を実現させるであろうことである」。「一人の人間がもっている可能性が大きければ大きいほど、それをあますところなく実現するためには長い時間がかかるものである。このことは、程度の差はあれ、すべての人にもあてはまる」。つまり、「人間の一生は未知の人間性を解きあかすための大きな冒険であることだ」。「人は、学校で課せられるような強い圧力に屈することなく、生涯の連続的な各段階において試行錯誤をくり返しながら他の人とのかかわりのなかで、また自分自身との対話のなかで、自分の独自性を実現していくのである。生涯教育の体系が現実化すれば、今までになかったような広い学習の機会を与えるとともに、人々の多様な要求にこたえることが可能になるのである」（傍点は全て引用者によるものである）[18]。

因みに私も、これらの発想に学んで概ね次のように述べたことがある。

注目すべきは、ラングランは生涯教育の発想を自らのナチスに対する「レジスタンス」の経験から得たと言っていることである。命令によって行動する正規軍とは異なり、レジスタンスは情報を自ら蒐め、それらを自主的に分析し、統合し、それに基づいて行動を決定しなければならない。たとえ、「指令―受諾」の関係があるとしても、レジスタンスの場合は時々刻々と変化していく状況に即応していかなくてはならない。これがレジスタンスの特色である。(19)

## 3　現代日本と生涯教育

ラングランは、正規軍を学校組織と考え、それがいまや人間解放の手段であるどころか、逆に人間抑圧の機構にさえなりがちである現実を批判し、レジスタンスに特有な自律・自立の思考・行動に刮目し、それをテコにして学校教育を相対化し、教育全体を活性化しよう、それこそがまさに生涯教育なのだと提唱したのであった。しかもこの生涯教育によって人生のあらゆる非人間的なものにレジストし、それを通して人間解放の実を挙げようという志向である。

近代教育との関連で見ると、もともと教育の概念に含まれていた「自己教育」の要素が、近代学校の成立・整備につれて、いわば背景に退き、裏面に隠れていった事情がある。

麻生氏が(i)で指摘しているように、生活実践の中における能力形成、いいかえれば、日々の生活過程のなかで、自分で必要な情報を蒐めてそれを分析、取捨選択をしつつ生活の要求に対応かつ対自然・対他者関係（そこには当然関係の環・項としての「自己」も含まれる）を変えていこうとすることこそ教育の原点であった。

しかし、近代学校の成立・発展とともに、学校における「生活」が実際の社会・生活とは次第に遊離することは致し方ないところである。そこで、学校の「生活化」の試み――たとえば戦前の「生活修身」、「生活指導」、または戦後の「社会科」、さらに最近の「生活科」など――がこれまでもしばしば行われてきたが、学校教育では教室内の講義＝授業が中心になっていたことは否定できない。

ラングランはすでに述べたように、この教育における「生活」の面を全面的に復活させ、生活から遊離している教育のコンセプトを変換しようとしたのであった。この意味で、極めてドラスティックな教育観の宣揚であり、さらに、自己教育を重視することによって、従来の「教える（教師・知識人）――教えられる（生徒・大衆）」という固定した関係を批判的に捉え返そうというラディカルな問題提起でもあったのである。

省みれば、今日でこそ日本は「大国」であるが、ラングランの「生涯教育」論が提唱され、移入された六〇年代半ばから後半の時代は、未だ「途上国」であった。パリのしかもユネスコ製「ニューモード」は当時の「途上国」的日本国民にとってはまさしく憬れの的だったのである。

とりわけ、当時わが国は高度経済成長期にあたり職業高校を主にした後期中等教育の「多様化」政策のひずみが顕著になりつつあった時期でもあった。さらに社会教育も、戦後の混乱期を脱しソフト・ハード面が次第に整備されつつあった。反面それにしたがって、管理が強化され、戦後しばらくの間の社会教育に見られた国家権力と現場の「牧歌的」関係が喪われつつあった状況も改めて想起されるべきである。

以上のように、近代学校及び社会教育がともに現代的状況へ移行しつつあったその時期に教育の「本来の在り方」を理念の基本に据えつつ、「生涯教育論」はユネスコの「お墨付き」を携えてさっそうと渡来したのであった。そうであればラングランの言説が朝野を分たずに大歓迎されたことは容易に理解できるであろう。

もちろん、このような教育界の事情だけではなく、その背景には、その後次第に顕著になる技術革新、情報化、都市化、国際化などの名称《ターム》で表わされるこの国の社会の構造変化が生涯教育を急速に普及していったことも勘案する必要がある。この点の詳しい説明には他の拙稿[20]を参看して頂くことにして、ここでは教育との関連でとりわけ重要と思われる企業の状況について若干の考察を試みておきたい。

すでに述べたように、生涯教育が輸入された当時は、わが国では高度成長期にあたり、技術革新、情報化社会が到来し、次第に拡大していった時代であった。それと関連して労働社会が激変した時代でもあったことに注目したい。具体的にいえば、これまでとは違った新しいタイプの労働者、つまり可動性の大きい、自己形成的労働者が企業にとって必要の度を増したのである。同時に、賃金も上昇し、逆に労働時間も相対的に短縮される傾向にあり、それに応じて、「余暇」も含めて新しい「管理」の問題も企業にとって極めて重要になった。

　このような時代の変化に対して、従来の学校教育では人材養成が有効になされないのではないかという意見が強まり、後に「メザシの土光さん」で有名になる土光氏が率いる「土光委員会」などをはじめ財界の意向を反映した諸々の教育提言が行われた。その基本に据えられたのがまさしく「生涯教育」のコンセプトであったのである。

　事実、企業内でも、「ＺＤ運動」とか「ＱＣサークル」などに典型的な「小集団」による「労働者参加型」管理方式（当時〝人間性回復路線〟と称せられたことを記憶する）などは、旧来の〝上意下達〟による管理とは趣を異にする方式であり、一定程度の労働者の「自己決定」を加味するという点で、明らかに「生涯教育」の発想と軌を一にするものであった。

　以上、迂路を経つつも生涯教育の概念の考察を試みた次第である。併せて日本の企業の受容状況にも触れたのは、このコンセプトが狭い旧来の「教育」界に留まらない普遍的な側面をもつこと、それだけに理念と現実には大きな落差もありうることを確認したかったためである。その意味でも、ラディカルな提唱であったことを示唆しているのである。逆に、企業がこのコンセプトのラディカルな点に刮目し積極的に採り入れようとしたからこそ、生涯教育が教育界にしばしばみられた一過性の流行、モードに終始せずまもなくやや形を変えて国の教育の基本戦略にもなりえたのである。このことを強調しておきたい。

## 三　生涯学習時代の到来

### 1　生涯教育と生涯学習

いよいよ生涯学習について論ずる段に至った。といっても、生涯学習がすでに考察してきた生涯教育と区別せずに用いられている場合も多い。事実、両者の区別は余り言挙げせぬ方がよいという研究者も多いのである。たとえば、国立教育研究所生涯学習研究部長の川野辺敏氏は、諸説を紹介した後に国際的動向を勘考しつつ次のようにいわれる。

「これらの諸論には一理はあるが、それぞれに問題もないわけではない。教育と学習の定義の国際的な会議でも『生涯教育』に相当する用語が用いられる一方、『生涯学習』を強調する国や専門家もいる。失業者や移民などの問題を抱え、国家政策として成人に対する教育・訓練が求められている国や国際機関——例えばＩＩＥＰ（「ユネスコの国際教育計画研究所」——黒沢）——などでは、一般的に生涯教育という言葉が頻繁に用いられるが、日本をはじめ国際機関や各国の専門家の間でも、最近では生涯学習を支持する立場の人々が多い。いづれにせよ、筆者はこの問題に深入りする考えはないし、教育か学習かの議論自体あまり生産的とも思わない」。

但し、同氏は「学校教育の場でも自己教育力の育成が課題になっているし、成人も同じように自ら学ぶ姿勢が求められ」、「教えるというより自ら学ぶ、つまり学習にふさわしい状況がある」から、「教育という用語を用いず、学習者の立場に立つという意味を含めて」、「生涯学習」という用語を用いるのが「適当であろうと思っている」ともいわれている。さらに、イメージとしても、教育は、強制的なニュアンスがあるので、「生涯教育より生涯学習のほうがより適切な用語といえるのではなかろうか[21]」と結んでおられる。語感としてはそうであろう。

もう一人の論者として辻功氏の所説を紹介させて頂こう。

氏は、まず「生涯教育と生涯学習とは同一概念なのであろうか」と問い、「現在でも同義語とみなす人もあり、異なる概念とみなす人もあり、確定していない」と一応は結論される。ただし、氏は両者の区別について次のように述べている。

「学習者が生涯にわたって不断に新しい知識や経験を吸収し、よりよく社会に適応したり新しい社会を創出しようとしている努力の過程に注目して、評価したり問題提起などをしようとする場合には生涯学習という用語が適切であろう」。それに対して、「市民のそうした努力が一層容易に、一層効果的に結実するように、機会を提供したり、環境条件を整備、充実したり、情報を送ったり、相談にのったりするなどの『援助活動』にポイントをおくならば、生涯教育という言葉の方がむしろ適切になろう」といわれる。以上のような一応の用語の区別の後に氏は次のように注意を換起しておられる。後論するように、全く正しい指摘と思うので続けて引用したい。

「生涯学習ということで学習者の主体性、自発性などを強調するあまり、学習の機会提供、条件の整備・充実といった公教育としての義務や責任が見落とされてはならないということである。この視点が欠落してしまうと、せっかくの今日の生涯教育学習論がその昔孔子や佐藤一斎らが説いた個人的修養論としての生涯教育論、生涯学習論に戻ってしまうからである」（傍点引用者）。[22]

右の辻氏の注告は、後論の「生涯学習論」の理解にとって非常に重要であると思う。念のために「学習」と「教育」の区別と生涯教育との関連について先の麻生誠氏の説明を引用しておきたい。

氏はまず、「生涯教育という言葉が生涯にわたっての教育による人生管理というニュアンスをもっているから、生涯学習という言葉に変更したほうが良いという声がよく聞かれる」「だが、生涯教育より生涯学習の語を用いるべきであるという主張は必ずしも適切でない」と述べ、その理由として挙げられるのが、「学習」と「教育」

との区別である。

「学習」とは——と氏は以下のように説く——「経験による行動の変容」であり、「それは当人が意識していてもいなくても、さらに変容が必ずしも進歩ではなくても、とにかく一定の経験をする前とした後とで行動のしかたにある持続的な変化が生ずれば学習なのである」「学習は、人間が自然や社会に適し、生産や消費の生活をおくるために、一定の信念、態度、価値、知識、技能などを身につけるために不可欠なメカニズムである」。したがって、「学習は本質的に自発的活動であるが、それはしばしば気紛れで一貫せず、またせまい範囲に限定されがちで利己主義的性格をおびている」。

そこで——と氏は次のように教育の特徴を述べる——「学習の教育的価値による指導としての教育が登場するのである」「教育はまさしく学習の指導であり指導された学習なのである」。

右のように区別した後に、氏は、「生涯教育は、生涯学習ではなく生涯教育であらねばならないのである」と結論し、「この場合の生涯教育には自己教育もふくまれるのである」[23]と結論される。

因みに、一九八一年の中教審答申「生涯教育について」も、概ね次のように両者を区別している。

経済成長にともなって、国民の間に様々な学習要求が高まっている。この側面を「生涯学習」と呼んでいる。一方、国はこの国民の学習意欲・要求を実現するために条件整備を行う必要がある。この側面を「生涯教育」というのである。つまり、両者は相関的に捉えられているのであって、これは、前出の麻生誠、辻功氏らの見解と同様、教育学の通説を生涯教育（学）に適用したものと考えてよいであろう。

以上、先学の所説に学びつつ、両者の区別と相関関係について考察したが、両者のうち「学習」を突出させて「生涯学習」を殊更に宣揚し、生涯学習を流行語たらしめたのは、臨時教育審議会・答申（以下「答申」という）以降であったと考える。この点については幾つかの機会に論じたところであるが重複を恐れずに管見を陳べてみ

たい。(24)

## 2　臨教審の問題提起

いまから十年程まえに、臨教審ブームといわれる現象が起ったことを記憶する読者も多いであろう。この国の教育改革の論議は文部省＝自民党対日教組＝社会党の対立という五五年体制時代の状況にも増幅されて、教育の域を越えてしばしば政治論議に傾く場合が多い。だからこの現象も教育界にとどまらなかった。

とりわけ臨教審は諮問の主役が文相でなく首相であった。しかも、その首相は従来の総理の中では出色の弁説さわやか、かつ派手なパフォーマンス好みで殊更にマスコミの注目を浴びた。その上各界から集められた多彩な委員の顔ぶれ、とりわけ首相のブレーンと目された学者たちの〝文部省解体論〟などに象徴される刺激的な発言、マスコミを使っての「審議概要」などによる会議毎の意欲的キャンペーンなどは、当時の首相の意図通り、教育をめぐる国民的論議を大いに巻き起したのであった。

その後の教育の動向を現時点で省みれば、その答申が唱導した「自由化」「個性化」の方向に沿って改革は進行していることは認めざるをえないところである。すでに触れたように、これ以降「生涯学習」という用語が教育界の主流になったことは確かである。この意味で、まさに、時に臨んでの一大審議であり、その結実としての「答申」であった。

臨教審答申に対して当時激しく巻き起った賛否両論を大別すれば、賛成論は「答申」が強調した「自由」(反・画一化)の宣揚についてであり、反対論は、教育の「自由化」(「市場化」)に伴ういわゆる「社会的弱者」の「切り捨て」の側面に対するものであった。ややラフであるがこのように断じてよいであろう。(25)

このような相反する「評価」はどのような仕組みから生ずるのであろうか。当初、私は後者の側面に光を当てつつ、基本的に「反対」の立場に定位していた。しかし、その後の経過を勘案するにつれて、果してそれだけでよいのだろうかという疑念が次第に湧き上るのを禁じえなかった。その大きな契機はなんといっても多くの「社会主義」国家の崩壊、そこで白日の下にさらされた「自由」の欠如であった。一方、「自由」を標榜してきた資本主義社会に現存する「格差」の実態もとうてい承認できない、そういうジレンマのなかで次のような一節を叙したことがある。念のために小論にとって重要と思われる当該の箇所をあえて引用したい。

「『ベルリンの壁』の撤去、それに伴う東欧の社会主義諸国の雪崩のような『崩壊』、ソ連の激変によって、社会主義のあまりにも貧しい現実が白日の下にさらされてしまった。

しかし、このことは西側＝資本主義の勝利を意味するのであろうか。市民革命が掲げた『自由・平等・友愛』の理念は西欧においてもアメリカにおいても、フランス革命二〇〇年後の今日、実質化しているとはとうてい思えない。歴史的には、その理念の空洞化こそが階級闘争を必然化し、ロシア革命をひき起こし、社会主義を久しく被抑圧者たちの希望の星にさせたのであった。近年の国連総会における『発展の権利に関する宣言』（一九八六年）の採択も先進国中心主義に対する『発展途上国』からの『告発』であり、新しい『人権』の表明でもある。

また、資本主義といっても、福祉政策など社会主義的要素を大幅に取り込んでいる事情を鑑みれば、現代の資本主義は両者のアマルガムに変質している。元来、社会主義は資本主義の成熟を条件にそれを超えて市民革命の理念の実質化を目指したはずであった。だが、現存の社会主義はいずれもこの条件を欠いたところで起こったために、前衛党が国家を『道具』にして上から社会主義化を強行せざるを得なかった[26]」。

そこで、私は、日本の現実の分析のために同一の人間が「国家」と「市民社会」の二つの領域に分離している面から考察を試みた。その要目を以下に記してみよう。

## 3　市民社会の成熟化と学習・教育

まず、「自由」についていえば、わが国の市民社会の発展・成熟化に伴う市民の自由への要求・希求の増大とそのための基盤（豊かさ）の成立（経済成長）という事実である。ここでは、ガボールをはじめ「成熟化」についての所説の体系的な詳しい検討は省略することにして、高度経済成長の経済的豊かさを基盤にして生じた教育における成熟化現象の諸相を描くに留めたい。

まず、「高学歴化社会」の到来である。ここにおいて指摘されるべきは、教育がなにかの手段ではなく、それ自体が目的化するのである。学校教育は別として、市民がなにかを学ぶということは、なにかの手段――自分の職業のために、子どものために等々――ではなくてそれ自体が楽しいからそれを目的として学ぶ、そういう市民が急速に増えているという事実である。いいかえれば、教わるのではなく、自分から積極的に学びたい人々がどんどん増えているのである。この状況下では、「教え・育てる」という意味が強い「教育」よりも、自発的に学んで習う謂の「学習」という言葉の方が自分たちの意識にぴったりするという考え方がこうした市民の中に広っていくのも納得できるであろう。このような状況が拡大してはじめて、「生涯教育」から「生涯学習」への言葉の転移が可能になったのであり、冒頭部分に触れた文部省の「社会教育局」から「生涯学習局」への名称の変更も以上のような市民社会の状況の反映と見ることができる。

この事況と関連して、学習の多様性の顕在化も指摘できよう。以前は学習の世界は「学校教育」と「社会教育」の二つしかなかった。ところが、市民社会の成熟化のなかで、「生涯学習」という用語が確立されてくるにしたがい、趣味・教養の世界――たとえば「花（華）道」「茶道」、「独学」（ウォークマン）「通信教育」あるいはカルチャーセンターなどの教育産業が浮上し社会の承認を得るようになったのである。「道」がつく「芸事《げいごと》」などは従来は〝ダンナ芸〟〝お嬢さん芸〟などといわれることが多く、「教育」の域外と見なされ、また教育産業などが主催する「教育」も〝営利を目的とするもの〟として、いずれも旧来の社会教育においては〝市民権〟を得ていたとはいえないのである。それらは「生涯学習」という用語が普及化するにつれて次第に顕在化したのであった。いわば新しい用語が、社会的には〝見えなかった〟側面の教育・学習を照射し社会的承認を与えるという一見不思議な事態を来たしたのである。

しかし、よく考えてみれば、これらの（学習の）多くは明治維新以前からも、わが国には普及していたのであるが、旧来の教育観では捉えることができず、学校教育に比して「学習」の領域を拡大したといわれる社会教育においてさえも射程に入れることができなかったことは今にして思えば不思議というほかない。やはり、社会教育を含めて、教育とは〝遊戯性〟などとは相容れない〝神聖〟なるものだという観念が画一的に、根強くこの国にはびこっていたのである。産業社会の特有の現象というべきだろうか。

右の点と関連するが、社会の高学歴化、情報化に伴ない、従来の「知識人」と「大衆」との区別のファジー化も進んだということも指摘したい。いわゆる「大知識人」（たとえば東大総長、大新聞の論説委員などの知的権威）は数としても少なくなり、その権威も相対的に低くなったことは否めない。こうした現象は「教え」――「教えられる」関係のファジー化とも関係があろう。

さらに、詳しいことは他稿に任せるが[27]、消費社会の進展に伴なって、とりわけ青年の間に従来のように、未来のために現在の苦しみに耐える（「インストルメンタル」といわれる）よりも、その場その場にのって行くような「コンサマトリー」といわれる心性が増大してきたことも指摘されている。この「インストルメンタル」な心性・性向・行動方式こそ「学校」の存立基盤であった。これが「コンサマトリー」に大きく傾動したことは「高校中退」「不登校」の増大と無関係ではない。こうして旧来の「学校」概念は大きくゆるぎ、「大綱化」による大学の変貌、またわれわれ旧世代には考えられない「単位制高校」をはじめとする新しいタイプの高校も次々と出現し、義務教育では不登校児に対して「学校外」の施設への出席も学校の出席と認めるなどの措置も文部省をしてとらしめるようになった。いいかえれば、これらはいづれも学校内と学校外とのファジー化の事象であり、「教育」と「学習」のファジー化と見ることもできる。

以上、市民社会の成熟化による学習・教育の変化の諸相をやや羅列的《アトランダム》に叙べたのであるが、これらをラフに一括すれば、教育の「自由化」「多様化」「学習化」ということができる。この状況を臨教審は巧みに摑みとり、かつ積極的に対応して「自由」の宣揚の下に「生涯教育」に換えて「生涯学習」を提唱したのであった。このことを特に強調しておきたい。その〝先見性〟に対しては改めて脱帽せざるをえない。

## 4 「後期戦後」社会の特色

しかし、すでに指摘したようにこの市民社会的側面は一面であって、もう一つの国家的側面にも触れなくてはならないのであるが、そのまえに、社会の構造的変化についての所論を紹介しておきたい。

臨教審答申が出される十年前頃から戦後日本の社会が構造的変質をきたしていたことは多くの論者が指摘している。七〇年代前半のオイルショック、それに七〇年代半ばに第三次産業従事者が就業人口の半分を越えた事実などが変質のメルクマールとしてまずは挙げられる。前述した「インストルメンタル」な青年から「コンサマトリー」な青年への転換、「新人類」の出現も七〇年代半ばから後半にかけての時期にあたるとみていいであろう。この間の事情について新進の経済学者の次の章句が参考になる。

「一九七三年にダニエル・ベルが『脱工業化社会』の到来を宣言して以来、どうやらわたしたちは『新しい』世界に生きはじめているようなのです。それを『第三の波』や『ネクスト・エコノミー』や『コンピュートピア』とよぼうとも、『高度情報社会』や『知識社会』や『サービス社会』とよぼうとも、意味するところはみな同じです。いままさに産業資本主義の時代が終わり、『ポスト産業資本主義（Post Industrial Capitalism）の時代にはいりつつあるといっているのです。（ポストモダンといわれる文化現象は、このポスト産業資本主義の上部構造とみなされています。）」（岩井克人『資本主義を語る』講談社、二四頁）。

さらに、気鋭の教育評論家は、「どうやら一九七〇年から七五年にかけて日本社会にとてつもなく大きな構造変化が訪れたらしい」ことを指摘し、『国民生活白書平成四年版』によりつつ、さまざまな指標を列挙し、「この時期までに近代化と都市社会化が飽和状態に達してしまったということ」を結論づけている。因みに、指標をこの評論家に従って引証してみよう。まず総論ともいうべき「都市化」である。「三〇年にはわずか二四％だった都市人口が七〇年には七〇％を突破するが、以後カーブは急に折れ曲がり九〇年までにわずか六％しか増加していない」と氏はいわれ、ここから、「戦後五十年はこのころを境に、それまで近代都市社会の完成を目指してばく進していた『前期戦後』と、それがほぼ行き着くところまで行き着いてしまった『後期戦後』とにはっきり分かれるのだ」と結論される。

更に目立つ要目を紹介しよう。①「出生率」─「二・〇人以上だった」のが、「七五年にがくっと下がって二人台を割り込む」。②「平均世帯規模」─「戦後急激な減少傾向にあった」が「七〇年に三・五人を下回ると以後減少のカーブが急にゆるやかとなる」。③「離婚件数」─「結婚後五年未満の夫婦と五年以上の夫婦」の……割合はずっと前者が多かったのに、七〇年から七五年の間に逆転し五年後には後者が六割台に達する」。④「保育所の数」─「在籍児童数は七〇年から十年間の間に急激に増加し、八〇年にピークに達してから以後減少に転ずる」。⑤「女性の賃金の男性に対する割合」（但し二十歳から二十五歳まで）─「七〇年までは七割台であったのに、七五年に一気に八割五分を突破し以後八割七分から八分の間で頭打ちとなる」。⑥「洗濯機、冷蔵庫、掃除機の普及率」─「七〇年から七五年の間にこの順で九割を突破する」。⑦「高校進学率」─「五五年にはようやく五割を超えたばかりだった」が、「二十年間に急激な上昇を続け、七五年についに九割を突破する（正確には七四年—黒沢）と突然カーブが鈍って頭打ちとなる」。⑧「大学進学率」（短大を含む）—「七五年まで一貫して増加していたのに、この年をピークに急に横ばいとなる」。

以上の主な指標からこの二十年間の「第三次産業を基盤とした新しい都市社会の現実」の諸相の特色を挙げ、戦後を「前期」と「後期」に分けることを主張するのである。同評論家のいう「都市化」を「市民社会の成熟化」といいかえれば全く私の考えと一致するのである。

なお、同氏は「家庭や地域の倫理規範を侵食し、それらをただのたてまえの地位にまで転落させた」こと、「労働組合は衰退し、企業においても学校においても、大集団を一括統制するようなかつての組織原理は次々に破綻（はたん）しつつある」ことを併せて指摘している（小浜逸郎「『後期戦後』からの出発」、『朝日新聞』論壇・一九九五年一月十六日）。

こうしてみると、この画期からおよそ十年後の臨教審答申は、その後進行しつつあった小浜氏のいう「後期戦後」を意識し、それに対応しようというポスト近代型の教育改革であったことが改めて了解されるのである。

念のためにいえば、「答申」が喧伝された八〇年代半ばには、「フリーター」、「ぎょうかい」、「分衆」などの言葉が生まれ、平凡な市民の生活に変化の節目、とりわけ、「個人化というトレンド」が見られることを読みとっている論者もいる（岡嵩・高橋磐『ＯＪＴ革命・能力開発のメガトレンド』、ダイヤモンド社、一四頁—一五頁）。この事実も教育の多様化、個性化の傍証として注目されるであろう。

以上の諸々の市民社会の状況は臨教審の宣揚する「自由」、そしてそれに依拠する「生涯学習」を浸透させるために極めて有効な「土壌」であったことを改めて確認したいのである。次に、国家の側面について考察しよう。

## 5 国家へゲモニーと教育

他の機会にも論じたところであるが、臨教審の生涯学習の顕揚にはもう一つの側面がある。結論的にはすでに触れたところとも関わるが七〇年代の世界的不況を乗り切る国家政策の一環としての面である。つまり、新自由主義経済政策による国家再編（新国家主義）の教育政策――「教育臨調」としての意味を考えなくてはならない。八〇年代にはわが国だけでなく先進諸国でも相次いで教育改革の提言がなされた。『危機に立つ国家』（合衆国、一九八三年）、「アビ改革」（フランス、一九八四年）、「教育法案」（イギリス、一九八七年）などが主要なものとして挙げられる。逐一の詳しい検討は稿を改めなくてはならないが、六〇年代の「教育爆発」の「修正」という面がこれらの諸改革に共通してみられるといってよいのではないか。

つまり、七〇年代のオイルショック以降の世界的不況と、先進国における「成熟化」社会の到来、具体的には高齢化、少子化、とりわけ青少年における価値観の多様化の進展に備える「改革」としては先進諸国共通のものがあったと推測される。[29] 臨教審においてもこれらと共通する課題があったことは容易に推察される。まずもってこの点を指摘しておきたい。

「教育臨調」としての「改革」は、旧「電々公社」の「NTT」への、旧「国鉄」から「JR」への転換と軌を一にして、「民間活力」の導入によって、〝活性化〟を企図し、同時に国家負担を軽減しようとすることを主眼とするものであった。

教育に即してみれば、学習者の「意欲」「自発性」、能力に応じた学習の機会を、民間の「教育産業」と分け合う（公的部門を削減する）とする構想である。このコンセプトを国民的合意にする（へゲモニー化）必要があった。臨教審が「教育」に換えてあえて「学習」を、つまり、「生涯学習」を繰り返えし、執拗にキャンペーンする必要があったのはこの（へゲモニー）合意形成のためであった。ある教育学者の巧みな表現を借用すれば次のようにいえるであろう。

「学習尊重というタテマエのもとに、国家にツケがまわされてきた『物質的』」精神的』保障義務から身軽になれる、またなるべきなのだという国民的合意をうちあてていくためにこそ、この『移行』の実現、そのための『学習』イデオロギーによる国家的演出は回避せざるものだった」[30]のである。

因みに、こうした政策の基盤には個人＝エゴをストレートに承認する、いわば「モナド」としての〃人間〃観が必要とされる。その一端として、一九八九年に発表された「新学習指導要領」の中学の「道徳」の「内容」の第一の柱に「自分自身に関すること」が次のように叙べられていることに改めて注目したい。

「(1)望ましい生活習慣を身に付け、心身の健康の増進を図り、節度と調和のある生活をするようにする。(2)より高い目標を目指し、希望と勇気をもって着実にやり抜く強い意志をもつようにする。(3)自律の精神を重んじて、自主的に考え、誠実に実行してその結果に責任をもつようにする。(4)真理を愛し、真実を求め、理想の実現を目指して自己の人生を切り開いていくようにする。(5)自らを振り返り自己の向上を図るとともに、個性を伸ばして充実した生き方を求めるようにする」[31]。

見られるように、道徳の第一の柱は、家でも国でもなく、まずもって「自分自身」であり、強い身体と意志と自律の精神で自己の人生を切り拓いていけ！　というのが眼目である。これは前述の「モナド」的〃人間〃の生き様――臨教審答申が前提とする――と相即的といえるだろう。以上の人間観であれば、臨教審の顕揚する「生涯学習」を前出の教育学者に従って、次のように「読む」ことも可能であろう。

「自発的に学習意欲を示したもの、自己責任のもてる『受益者負担能力』あるものに対して、学習の機会、教育の機会はあたえるけれども、それ以外のものについては国家は関知しない、それは学習者の自由を尊重するということで当然なのだということ」[32]（傍点引用者）である。極論すれば、「それ以外のもの」に対する「切り捨て」

宣言と読めないこともないのである。

加えれば、この表明は結果として国家に公的保障を回避するな！　しないで欲しい！　という国民的大合唱（哀願）を喚起したことは周知のところである。つまり、改めて国家の偉大性、有難さを国民に、とりわけ「保障」を必要とする「社会的弱者」に痛感させることになった。国家のヘゲモニーにとってはまことに好都合というべきであろう。

## 四　生涯学習と現代市民社会

これまでの考察からすでに明らかなようにわが国における市民社会の一定の「成熟化」に伴う「画一性の嫌悪、差異化志向」——総じて「自由の希求」「自発性」の増大という市民社会の事実を基に、「教育」を「学習」に、しかも「生涯学習」に変えて、国家の意志（政策）に包摂しようと意図したのであった。そのためのヘゲモニーの強力な媒体として用いられた概念こそが「生涯学習」であった。これが私の解釈である。この解釈によって、当時激しく巻き起った臨教審（答申）に関する相反する二つの賛否両論（前出）が統一的に把捉できるのではないだろうか。但し、以下に若干の補足を加えたいと思う。

私は少し以前までは、「成熟」をプラスの面でのみで捉えていた。しかし、考えてみれば発展は同時に衰退の面を含む。つまり、「成熟化」社会は、同時に「高齢化」の進行する社会、そして「少子化」の社会である。高名なスウェーデン研究家によれば次のような状況とのことである。

日本は「高齢化社会の先行者・スウェーデンのザーッと三倍の速さで高齢化社会を迎える」といわれ、しかも、

「これまでも、これからもスウェーデンが経験しなかった・経験しないであろう高齢化社会を迎える」のである。ところが、「ムードは楽観的」「なんとかなるサ」主義の蔓延という危機的状況が進行しているのである。[33]

右の状況を数値的に明示することはできないが、こうした事態にあっては、教育改革も、生産者人口の比率の大きかった成立期（学制、戦後改革）や成長期（七一年中教審〈四六答申〉改革）とは異なるもの（ポスト近代型）であることは当然であろう。つまり、「学習」の強調による「自立・自助」の宣揚はこの状況への臨教審なりの対応でもあったことは推察に難くない。この点も今後の改革のためには配慮すべきである。

## 1　臨教審改革の現実

ところで、近年の教育状況を勘案すれば、臨教審答申の意図した方向に、つまり生涯学習社会へ向けて基本的な転換が進展しつつある。すでに一端は紹介したように学校外にあっては「生涯学習」による「まちづくり」、そして学校教育の「生涯学習化」が主要な特色である。総じていえば、教育の「自由化」が急速に広汎に進行しているのだ。たしかに、市民社会の成熟化に伴うわが国に伝統的な「学校偏重社会」の解体の面からいえば、慶賀すべきことかもしれない。

しかし、現行の成り行きに任せるならば、学習能力のある者、「受益者負担」能力のある者はその自由をそれなりに享受できる（たしかに！　その限りでの「自由」の宣揚ではある）が、それ以外の人々、とりわけ社会的に「弱者」と見なされる人々は端的に「切り捨て」られる（格差・差別の拡大）ことに行きつくことはすでに指摘した通りである。

この点を遺憾ながら総括的・客観的に証明することはできないので、傍証として私の見聞の一端を記すに留める。

①私の居住する横浜市には、「地区センター」をはじめ素晴しい市民のための施設がある。私は学生とともに相当数のそれら施設を見学した。逐一統計的に実証できないが、それらを利用できる人々の多くは、やはり健常者、青年・成人、及び時間的・経済的に余裕のある一部の人々に限られている印象を否めない。私の身近な施設においても同様である。

②学校教育でいま一番問題が続出しているのは、進学率が九七％に至ったにもかかわらず義務教育ではない高等学校であろう。とりわけ、格差の「底辺」に位置づけられる「指導困難校」の惨状は目をおおうばかりである。各県の「目玉」となる学校や、「学力向上」（進学上昇）のためには経費が投ぜられても、「指導」「教育」に〝困難〟を来たしている格差の「底辺」部の学校には、そこの教職員の努力にもかかわらずそれに応じた予算の配分が行われていないという報告をしばしば聞く。改革は未だ始められたばかりであるので速断は禁物であるが、最近の高校の「特色化」、入試の多様化などによる改善のための施策も効を奏しているとはいえないのである。[34]

右の事例は私が実際に見聞した限りのもので、あるいは一面的というそしりを甘受しなくてはならないが、私としては日本に広く普及している事象であると確信している。

## 2　現代市民社会と教育改革

そうであれば、一方で自由を宣揚しつつ、他方で、格差を是正し、「切り捨て」を防ぐような施策を、しかも成熟化社会のなかでいかに構想し、具体化していくか。これが現代日本の緊急の課題である。

このアポリアを解決するために、臨教審答申の正・負の面を勘案しつつ、教育改革としていかに提示するか。もとより、総括的、具体的に答える用意はいまの私にはない。ただし、ここ数年、極めて不充分ながら高校、大学、社会教育などの改革について若干のアウトラインを示す稿を公刊してきたので以下に、それらと重複する点が多いことを断りつつも、改革のための幾つかの視座を以下に示して小論を結びたいと念う。

①現状改革と自己決定学習――E・ジェルピの提言

アポリアを解決するための目標として、市民社会を社会主義の実現に求めることは今日の日本では殆どリアリティを持ちえないであろう。そこで私はここ数年、現代的「市民社会」の創造という観点からこの課題を考えてきた。現代的市民社会とは抽象的表現であるかもしれないが、あえていえば、西欧において歴史的に形成されてきた近代市民社会の理念――自由・平等・友愛――を現代的状況において展開し、実質化しようとする運動のネットワークとでもいうべきものである。これまた抽象的であろうか[35]。

このコンセプトを総体的に論ずることは今後の課題であるが、ここで教育面におけるやや具体的イメージ化のために私が大いに共感する二人のユネスコ関係者の所説を紹介したい。

①は先にその思想について触れたラングランを継承したエットーレ・ジェルピである。

彼がユネスコの生涯教育の「責任者《レスポンシビリテ》」になったのは、七〇年代初頭であったが、その頃から八〇年代にかけて、国際諸機関に「第三世界」の国々が多数参加し、南・北の格差を是正せよと激しく主張した時代であった。ユネスコでも同様であった。ジェルピの言説はこの国際情況の真中に居た経験からラングランの生涯教育を継承しつつもそれとはやや異なったアクセントをおびたことは当然であろう。

ラングランについては、急激な社会変化を是認しそれに適応する生涯教育論であり、先進国中心ではないかという批判があった。これに対してジェルピのスタンスは、現状への適応だけではなく、同時に現況を変革していこうという側面が強いといえよう。現行の生涯教育・生涯学習の政策を進めていけば、先進国とそれ以外の国々の「格差」は拡がるばかりだ、また現状のままで教育の機会を与えれば、教育のある人々はますますその機会を獲得・享受できるが、そのチャンスの乏しい、したがって、もっと教育が与えられるべき人々は必ずしも政策の恩恵を受けないのだという事実を彼は「第三世界」の現実に定位して剔抉し、告発したのである。まさしく、既述の日本のポスト臨教審的状況（「国家的側面」）をグローバルな視界から看取したのだといえよう。

この立場からジェルピは、生涯教育は中立ではありえない、国の政策に反対する立場にも立つこともあり得ると繰り返し主張するのである。因みに、彼の著書『生涯教育論』（前平泰志訳、創文社）のサブタイトルが「抑圧と解放の弁証法」と付されていることに注目すべきである。つまり、現存する抑圧面をそのまま是認するのではなく、さりとて理念的な反対論を提示するだけでもなく、二つの契機のせめぎ合いを冷徹に見つめ、変革の方向、解放の方向に向けて具体的なアクションを起こすこと。そのための「自己決定学習」(Self directed learning)と政治的「参加」こそが生涯教育なのだと主張するのである。すでに提示した現代的市民社会の創造のための生涯教育論として重要な示唆を与えてくれるものであると惟う。[36]

⑪現代的人権の構築――K・ヴァザークの「第三世代の人権」

市民社会のエートスともいうべき「人権」の現代的展開についてはユネスコの「人権・平和部」部長を務めたカレル・ヴァザーク（私はかつてはヴァサクと発音していたがジェルピは昨年〈一九九四年〉のパリの氏の自宅での会見時にこのように発音していたのでそれに従うことにする）の「第三世代の人権」が大きな示唆を与えてくれる。これについてもしばしば触れたところである。[37] 詳細は他稿を参看して頂くことにして、ここでは要目のみを述べることにする。

a、「一八世紀段階に登場した市民的、政治的権利としての人権（多くは今日「自由権」と呼ばれている内容である――黒沢）や、二〇世紀の初頭ごろから主張されはじめた経済的・社会的な権利としての人権（いわゆる「社会権」にあたると考えてよいであろう）とは異なる新しい歴史段階において、つまり、第二次大戦後顕著になった非植民地化過程の中で、具体的にいうならば、植民地から独立して発展途上国が多数参加した『国際社会の構造変化』を反映したものとして、新しく主張されはじめた一群の人権」である。ジェルピの生涯教育論と同様に、これまでの先進国中心の国際秩序における差別・抑圧の構造に対して、「途上国」「第三世界」の立場から、そこに定位して構想された人権概念であり、差別・抑圧からの解放の観点が看取されることに注目すべきである。

b、従来の人権（自由権＝第一世代、社会権＝第二世代）を前提にしつつも、新たに「連帯」（友愛）に焦点を定めた人権である（因みに、名称としては「連帯の権利」の方がベターであるという主張もある）。この点について肯綮にあたる研究者の説明を紹介しよう。

「人権が創出したのは各個人が閉じこもる『私的空間』ではなく、各人が自由に往来することができることにより、必然的に他者と相対峙する『公的空間』である」。したがって、「人権の本質は、『個人の自由』(libertés de individuelles) にではなく、『関係の自由』(libertés de rapport) にあるとされる。そして、『連帯の権利』は、まさにこの『公的空間』が広がる中で現出したものと解されるのである」。「第三世代の人権は、理想型でさえあるのである。何故ならば、この新世代の権利は、自由権と債権的権利（社会権）の対立を統合し、乗り越えることによって、市民の参加としての権利として現れるからである」。「『古典的人権（自由権）』を核とした西欧に伝統的な『人権』とは異なり、他者との『開かれた関係性』の中に『人権』の本質を見ようとしているからである」[38]。

断片的な引証で恐縮であるが、これらの章句に、「人権」の現代的特性を読み取ることができる。端的にいえば、個人を実体論的に捉える近代的人間観・古典的人権概念を批判的に捉え返えし、関係態として、他者との関わり＝連帯を中軸に据えている人権概念であるということが眼目である。この意味で、すでに考察した臨教審の措定する近代的「エゴ」を核心とする人間観・人権概念とは異質のものが込められていると私は了解する[39]。この人権観に立てば、公的空間の拡大こそが、そしてそのための市民社会への「参入」こそが人権の具体的・中軸的内容として保障されなければならないことになる。この点ではジェルピの説く「自己決定学習」による政治的「参加」の主張とも大きく重なるのである。このようにいってよいであろう。この際、「自己決定」が「関係性」といわば一連の〝対句〟（表裏一体）になっていると解することがとりわけ肝要である。つまり、「関係性」とは全体への埋没ではない。逆に「自己決定」も、私的・独断的決断ではありえない。あくまで他者との交信（関係性）のなかでのぎりぎりのところでの「自己」の決定である。やや抽象的であるがこのように解釈すべきであろう。そして、この公的空間は決して一国、一地域に留まらずグローバルな視座（トランスナショナル）を想定していることはaの説明からすでに明らかであろう。

もちろん、多くの論者の指摘するように、この人権は目下のところ構想の段階であるが、「自由」「平等」「友愛」という近代の古典的人権をこれまで軽視ないし限定されてきた「友愛」（連帯）を改めて中軸に据えて、現代の国際的情況において再構成する視座を大胆に提起したものとしてまさに現代にふさわしい人権構想であると考える。今後私なりに構想の一層の具体化・彫琢を期したいと念う。

## 3 企業国家と市民社会

「市民社会」の再生ないし創造を志向するとき、この国においては「企業国家」の問題に行きあたらざるをえない。

旧社会主義国家の多くが、「市民社会なき社会主義国家」であったとすれば、日本は「市民社会なき企業国家」ともいえるのではないか。

ややオーバーな表現ではあるが、この企業国家日本は一面で、戦後わずかの時日で世界に冠たる経済大国を創り上げることに成功した。この豊かさによって、生涯学習社会を産みだし、それなりの「市民社会」の「成熟化」を生じさせた歴史的事実については評価したい。しかし、このために、日本の市民社会は窒息しがちであった。かろうじて現存する市民社会も西欧のそれとはかなり異なった面をもつ。

しばしば指摘されるように、企業戦士＝会社人間の多くは、地域活動、政治活動などの「公的空間」（市民生活）を殆ど喪失してしまった。いや、私的な空間である「家庭生活」さえ奪われている場合が多いといっても過言ではない。しかも、これらの生活・活動を企業人に保証するための組合の多くも欧米のような労働組合というよりも企業内組合であり、いわゆる「年功序列」を前提とする「終身」雇用制を原則としてきたために「公的空間」の多くは「企業」を意味し、その関わりの内部にほぼ限定されたのであった。したがって、「市民社会」といっても、日本の経済成長を支えたこれらの企業人を除いた、その意味で極めて「歪んだ」ものになったのである。

ところが、近年この企業国家日本が国の内と外から厳しい批判をうけていることは周知のところである。つまり、一方で日本企業の不公正性——長時間労働、系列取引、閉鎖的市場、人権の軽視など——がつとに国際的非難を浴びてきたのであり、国内においても、最大の犠牲者である女性、子どもから、「定年離婚」「少子化」「フリーターの増加」などによる反乱が起こっているのである。さらに、オイルショック以来、日本企業が誇ってきた「終身雇用制」「年功序列」も大きくゆらいでいることも事実である。バブル崩壊後はとくにこの傾向は顕著である。「市民社会なき社会主義国家」の多くが崩壊したように、「市民社会なき企業国家」もまた崩壊する恐れなしとはいえない——このことを重ねて指摘したいのである。つまり、企業にとっても市民社会の復位、共存が問われているのである。この課題は大きな問題であって、本格的に展開することは現在の私の能力をはるかに越える。したがって、最近の傾向と先学に学んでの若干の提言に止めざるをえない。

これまでの日本の企業には総じて「社会的貢献」という意識がなく、社会から企業批判（水俣病問題など）が

これまでの日本の企業には総じて「社会的貢献」という意識がなく、社会から企業批判（水俣病問題など）が起ったときにだけ（市民）社会との関係を考えるという状況が一般的であった。

だがすでに指摘したように国際化の中で日本の企業が進出した現地の社会から告発をうけ、近年ますます国際的非難が高まるようになってからようやく企業の「能動的社会性」ないし「開明的な自己利益」（社会貢献は長期的視野では企業に利益が環元される）が現実問題となった。こうして今日フィランソロピィ、コーポレイト・シチズンシップ、メセナなどが話題になっている。また、経団連による「ワンパーセント・クラブ」（所得の一部を自主的に支出して文化活動に使う）の設立なども注目される。最近のバブルの崩壊でやや下火になったといわれるがこの傾向は止むことはないであろう。

しかし、現代的「市民社会」の創造、ないし共存のためには、企業が教育や文化活動・産業に進出したり、寄付や冠講座によってイメージアップをはかるだけでは有効ではない。そうではなくて、むしろ、さしあたって地域社会―広く市民社会―との共存のためになにが求められているかを探り、その課題解決のための文字通りの社会貢献をあらゆる角度から工夫し、具体的に実践することが肝要である。

そのためには、企業の外で企業として文化活動を行うよりも、むしろ企業内の、企業人一人一人の市民・人間としての文化度を高めること。つまり、企業国家に吸収され、文化とは企業上の接待、つきあいと錯覚している多くの企業人を「市民」として自覚化させ、企業から自立して地域活動に参加し、企業外の人とともに、まずもって「企業（活動）」を「市民社会の制御下に置く」（内橋克人氏の名言）ことを可能にするような〝企業人〟の転生が求められるのである。流行のボランティア・ネットワークとの関係も市民社会における企業の存立のために重要となっている。（註〈42〉の文献参照）。

因みに、この課題はさしあたっては企業内教育の最も重要な内容に据えられるべきであるが、企業人の教育だけではとうていできることではない。家庭、学校、社会教育との連携、つまり生涯学習の観点からの企業教育が必須とされるのである。[40]

## 4　生涯学習時代の社会教育

教育産業、各種協同組合、[41]ＮＰＯ（非営利事業）[42]も活発化しつつあり、今後一層の発展が期待されるが、当面は生涯学習の中核には行政社会教育が位置づけられるべきと私は考えている。すでに考察した臨教審による「生涯学習社会」への移行政策の「成果」として、ハード・ソフト面で行政社会教育を凌ぐ文化事業が多いことは事実である。そのため地域によっては行政社会教育の停滞ないし「終焉」（松下圭一氏の提唱）すら叫ばれて久しい。

しかし、新聞社や放送局が主宰する比較的公共性の強い「カルチュアセンター型」のものにしても、基本はコマーシャルベースでやっているわけで当然にそれなりにお金を支払い、そのサービスを買える人等、又地域的にも利用者は限定されるだろう。年金生活に入った時にはとても利用できないという人たちの声も聞く。私もわづかの利用経験からいってもその感を深める。また、企業内の文化・教育に熱心な企業にしても、その利用・活用の対象は在職中に限られる。

いささか狭い実感的体験からの考察ではあるが、子ども、障害者、高齢者、外国籍市民なども含めてさまざまな人々が交流し合う場、「濡れ落葉」が「乾いて舞い上がる」場もやはり「地域」ではないだろうか。平凡な結論ではあるが、さまざまな時系・空間にわたる人の一生を対象とする生涯教育・学習を大まかに括り共通な基礎的実感的空間としては地域、そこの諸関係でしかないと考えざるをえない。とすれば、ここを拠点にして、先述の現代的人権（第三世代の人権）を実現することが現代「市民社会」の創造の第一歩だと思うのである。ここにこそ行政社会教育はその可能性を賭けるべきである。

そのためには、行政社会教育は旧来の狭い教育・学習の範囲を野蛮に越境し、行政の他の分野とりわけ社会福祉、さらに文化産業、企業、各種、各段階の学校にもわたって、当該地域に応じた多元・多層的な生き方を保障するための生涯学習の全体的イメージづくり、全体的なコーディネイト、そのための情報ネットワークづくりを地域住民の可能な限りの「参加」に基きつつ、いかに進めるかが主務になるべきである。それを通してそれぞれの機関が自らの役割を見定め有効に分担しあうことが、生涯学習時代の地域にあっては望まれているのである。(43)地域の事例的な状況については旧稿及び付論を参看して頂くことにしてひとまずは稿を閉じることにしたい。

注

(1) 小川利夫・倉内史郎『社会教育講義』(明治図書、一九六四年)Ⅱ「社会教育の組織と体制」(小川利夫氏稿、五四頁―六一頁)も参照のこと。

(2) 寺中作雄『社会教育法解説』序(社会教育図書、一九四九年)。同『社会教育法解説・公民館の建設』(国土社、一九九五年)

(3) この点の詳しい考察については次の拙稿を参照されたい。黒沢惟昭『グラムシと現代日本の教育』(社会評論社、一九九一年)第Ⅱ部現代日本の教育第1章「国家意志と教育政策―社会教育の『公共性』をめぐる諸問題」。

(4) ヘゲモニーについては註(3)の拙著の第Ⅰ部「グラムシの思想と教育」を参看願いたい。

(5) 川野辺敏編集「キーワードで読む生涯学習の課題」(ぎょうせい、一九九四年)四一頁―四二頁(友田泰正氏稿)。本書に多くの教示を得たことを誌して御礼申し上げる。

(6) 同右、四二頁。

(7) この発達段階の区分は註(1)の「Ⅲ社会教育の内容と方法」(碓井正久氏稿)による。御教示を誌して感謝したい。

(8) 高齢者と社会教育については、さしあたって次の文献を参照して頂きたい。山田正行「高齢者問題と社会教育実践

—年齢的排除の構造と高齢者の学習—（日本社会教育学会編『現代的人権と社会教育』東洋館出版社、一九九〇年）。百瀬勝「高齢者のための教室」（黒沢惟昭・森山沾一編『生涯学習時代の人権』明石書店、一九九五年）。

（9）いわゆる「企業戦士」問題については尨大な文献が刊行されているが私自身が関係したものとして次の文献の参看を請いたい。平田清明・山田鋭夫・加藤哲郎・黒沢惟昭・伊藤正純著『現代市民社会と企業国家』（御茶の水書房、一九九四年）。「週休2日制、学校週5日制に対する社会教育のあり方Ⅱ」（平成6年度調査研究事業報告書、東京都立多摩社会教育会館、一九九五年）。

（10）註（5）友田氏稿、四三頁。

（11）この引用の後に友田氏は次のように注目すべき点を解説されている。「市民性育成という限られた領域においてではあるが、教育が『万人に対して』『一生涯を通じて』行われなくてはならないと述べていることである。つまり、生涯にわたって学ぶということが、一部の例外的な才能や意志の持ち主だけでなく、あらゆる人々によって行われなくてはならないというのである」（註（5）三三頁）。私も全く同感である。

（12）ポール・ラングラン著・波多野完治訳『生涯教育入門』第一部（大日本社会教育連合会、一九九〇年）一五頁。

（13）同右三〇頁。

（14）麻生誠『生涯教育論・生涯教育学の成立をめざして』（旺文社、一九八二年）一五頁。

（15）同右。

（16）波多野完治『生涯教育新講』（教育開発研究所、一九八〇年）一八〇頁。但し、ここでは麻生氏の教え（註（14）「まえがき」）による。麻生氏の御教示を謝したい。

（17）註（14）「まえがき」五頁。

（18）同右、一五頁—一九頁。

（19）たとえば、黒沢惟昭編『生涯学習時代の社会教育』（明石書店、一九九二年）二八頁（黒沢稿）。

（20）同右、二一頁—二三頁（黒沢稿）。拙稿「生涯教育と教育労働者」（室俊司編『生涯教育の研究〈成人の学習を中心に〉日本の社会教育第一六集、東洋館出版社、一九七二年）など。

（21）註（5）七頁—八頁（傍点は引用者）。

(22) 辻功・伊藤俊夫・吉川弘・山本恒夫編著『概説生涯学習』(第一法規出版、一九九一年)一〇頁。
(23) 註(14)一九頁。
(24) たとえば、拙稿「生涯学習体系化における社会教育の再生―国家へゲモニーと市民社会の成熟化―」(日本社会教育学会編『生涯学習体系化と社会教育』東洋館出版、一九九二年)など。
(25) 私とはやや異なる視点からではあるが、西尾幹二氏の臨教審・批判は大変示唆的である。氏の教育論・臨教審批判を識るためには、次の文献を参看されるのが好便と思う。西尾幹二『教育を摑む・論争的討議の中から』(洋泉社、一九九五年)。
(26) 拙稿「激動の現代とグラムシの思想・生誕一〇〇年に寄せて」(『信濃毎日新聞』一九九一年九月十一日、但しここでは、小論に関する点に限定したので一部分の引用であることを断っておきたい)。
(27) 註(9)『現代市民社会と企業国家』所収の拙稿「企業国家日本と教育改革―現代市民社会創造のために―」、及び拙稿「現代教育の『病理』と学校の転換――中等教育のポストモダン化へ」(『情況』一九九七年十一月号)など。
(28) 註(24)拙稿。
(29) この点については、拙稿「生涯学習の問題状況を読む――臨教審からポスト臨教審へ―」(『神奈川大学評論』15号、一九九三年)も併読されたい。
(30) 岡村達雄編著『現代の教育理論』(社会評論社、一九八八年)四八頁(岡村達雄氏稿)。
(31) この辺の詳しい説明については拙稿『国家と道徳・教育』(青弓社、一九八九年)第七章「現代日本の道徳教育『新学習指導要領』を読む」を参看されたい。
(32) (30)岡村達雄氏稿を参照のこと。
(33) 岡沢憲芙『生活大国・高齢化社会をどう豊かに生きるか』(丸善、一九九三年)iii頁。
(34) この状況の一端については拙稿「成熟化社会の高校改革」(『季刊教育法』102号、エイデル研究所、一九九五年)、及び拙稿「最近の教育政策の動向を読む――自由・平等・友愛を視軸として――」(『部落解放研究』116号、一九九七年六月)を参看願いたい。
(35) 現代的市民社会については、註(9)の『現代市民社会と企業国家』に所収されている平田清明、山田鋭夫氏の論稿を参看されたい。なお、最近興味深く拝読したものとしては次の文献がある。今井弘道『〈市民的政治文化〉の時代〈・主権国家の終焉と「グローカリズム」』（河合文化教育研究所、一九九五年）。以上の論稿によってやや具体的に「現代市民社会」像をイメージすることができるであろう。

(36) 因みに、私は一九九三年三月と九四年十二月にパリのジェルピ氏宅で親しく会談するチャンスがあった。その折にも氏はこの点を繰り返えし強調したことを懐しく想い出す。またこの会談の中で氏の理論とそれに基く行動はグラムシの「実践の哲学」の現代的適用であることを確認することができた。私のかねてからの推測と期待を氏自らの言によって確めることができて大変うれしかったことを記しておきたい。なお、グラムシについては註(3)の拙稿第Ⅰ部「グラムシの思想と教育」を参照して頂きたい。「グラムシは私の心《クオレ》だ」というのがジェルピの口ぐせであった。自分の心身に内面化しているという簡潔な表現であることをこの章句によって確かめることができた。この点も併せて特記しておきたい。

(37) 拙稿「現代的人権と社会教育」（日本社会教育学会編『現代的人権と社会教育』東洋館出版社、一九九〇年）を参照のこと。

(38) これはD・ルソー教授の見解であるが出典その他については註(37)の拙稿を参照のこと。

(39) この点に関しては、拙稿「物象化論と教育の再審・実体から関係へ・そして関係の変革へ」（『情況』一九九四年十一月号）も参看願いたい。

(40) 次の拙稿も併読願いたい。拙稿「現代の教育・文化状況と企業国家」（『経済評論』一九九二年八月号）。

(41) たとえば、石見尚『いま生活市民派からの提言』（御茶の水書房、一九八八年）など。

(42) たとえば、P・F・ドラッガー・上田惇・田代正美訳『非営利組織の組織』（ダイモンド社、一九九一年）、内橋克人『共生の大地・新しい経済がはじまる』（岩波書店、一九九五年）、金子郁容『ボランティアもうひとつの情報社会』（岩波書店、一九九二年）などを参照のこと。なお付論の拙稿も参照して頂きたい。

(43) 註(19)拙稿。

# 多民族国家イギリスの「苦悩」と生涯教育

佐久間孝正

## 一　はじめに

一九世紀にすでに世界の頂点にたち、一時は世界の地表の五分の一、世界人口の四分の一を支配したイギリスも今世紀になってから衰退の一路をたどりつつあることは、多くの研究者の認めるところである。この原因をめぐって、ときにはイギリス人の勤労意欲の希薄化に求め「イギリス病」などという言葉もうまれているが、このところ有力なのは、先進国や後進国が複雑に絡み合った「世界社会」との関連で衰退原因を確認していこうとする作業である。すなわち、国内経済の対外依存の問題と絡ませて、世界経済の動きに連動させてみていくものである。[1]

こうした見方を援用するなら、今日の先進社会の問題を分析するには、エスニシティ論、中枢―周辺論、世界システム論は、不可欠なものだろう。しかし、この小論でそのすべてに目配りするのは不可能なので、ここでは、エスニシティ問題を中心にイギリスの「苦悩」を概観し、必要な限りで中枢―周辺論や世界システム論とも結びつけ、今日のイギリスがかかえる問題を明かにし、それがさらにどのように学校教育や成人の教育並びに先ごろ行なわれた教育改革へとつらなっていたのかを明らかにしていきたい。

## 二　古いエスニシティ問題

### 1　スコットランド

イギリスが、イングランド、ウェールズ、スコットランド、北アイルランドの四つの連邦からなる「地方分権」の国であることはよく知られている。分権は、確かに民族の多様性を維持し全体主義的な指向を抑制するなどいくつかの利点をもつが、他面では社会統合を揺るがしかねない火種となることも事実である。

スコットランドは、人口が五〇〇万で、古くはイングランド側の祖先であるアングロ・サクソン人によって北方に追いやられたケルト系の居住地である。アイルランド北方のアルスター地方に住んでいたスコット族が、五〜六世紀にやって来てその基盤ができたことからもわかる通り、同じ島のイングランドより海を隔てたアイルランドに先祖が近い。しかし、イングランドの統合政策のもとに一七〇七年に併合され、一七四六年には、ケルトの母語ともいえるゲール語の使用も禁止され同化政策が進められてきたが、歴史のふしぶしでしばしば民族意識が高揚する。近年でいえば、北海油田の発掘や欧州統合の問題は、スコットランド・ナショナリズムを大いに刺激することになった。

一九六九年に北海油田が発見され、当初、かなりの埋蔵量が予想されると独立運動はにわかに盛んになり、七四年の選挙では、「豊かなスコッツ対貧しいブリトン（Rich Scots, Poor Britons）」が選挙スローガンとなって戦われている。(2)こうした高揚を前に、一九七九年に権限委譲の国民投票が実施されたが、有権者の四〇％に及ばな

かったため（三二％）、この独立運動は「まぼろし」に終わった。(3)
スコットランドは、独自の銀行紙幣、コモンローによるイングランドの法律に対してローマ法に近いといわれる法体系、さらに同じプロテスタントでも英国国教会系とは異なる長老派（プレスビタリアン）であることなど、イングランド側との違いはあまりに大きい。加えて、教育制度もかなり異なる。例えば、パブリック・スクールとは、イングランド側では独立校（私立校）をさすが、スコットランドでは公立校をさす。また義務教育への入学年次も以前は、イングランドの五歳に対してスコットランドは六歳だったが、今日、スコットランドも五歳になったものの、中等学校への編入の時期が異なる。イングランドが一一歳なのに対して、スコットランドは一二歳である。

さらに、ナショナル・カリキュラムもイングランドが、英語、数学、科学、歴史、地理、技術、音楽、美術、体育、外国語（一一歳以上の生徒）の一〇教科なのに対してスコットランドにはナショナル・カリキュラムは適用されておらず独自の科目区分を採用している。それは、言語とコミュニケーション、数学、科学、社会及び環境研究、技術、創作及び美術活動、体育、宗教と道徳教育の八領域である。その上、ナショナル・カリキュラムとも異なるのは、さきの改革では共通科目は決めたが、授業時間は指定しなかったのに、スコットランドでは言語とコミュニケーションには、年間三六〇時間、数学と応用には、二〇〇時間、科学と応用、並びに社会と環境研究にはそれぞれ一六〇時間、技術と応用、創造的活動、体育、宗教と道徳教育には各八〇時間をさくように定め、かつ英語と数学には、一週間に五時間四〇分を割り当てるように独自に決めていることである。(4)

したがって試験も、イングランド側のGCSE（中等学校修了資格）に対して、スコットランドは独自のSCE（スコットランド学校修了資格）を採用し学年も中等学校以降はステージ一から四までに区分し、ステージ二まではどの生徒も共通した科目を学習するが、ステージ三と四とでは、自分の関心ある科目や将来設計に合わせた科目が選択できるようにされている。こうした独自の方式は、カリキュラムがスコットランド担当大臣と「スコットランド・カリキュラム諮問委員会」によって、これまでのスコットランドの事情を加味した形で独立した委員会によって決定されているからである。成人教育にもいくつかの特徴があり、イングランドにあるポリテクニックスは、スコットランドにはない。その代わりをはたしているのが「中央学校」であり[5]、先の教育改革によってイングランドでは、ポリテクニックスの大学移行化が行なわれたが、ポリテクニックスのないスコットランドでは、「中央学校」がかわって四校ほど大学に昇格している。

こうして多くの分野でイングランドと異なるスコットランドは、事あるごとに南との違いが意識化され、一時下火になったかにみえたスコットランド・ナショナリズムは、このところ欧州統合をめぐって再び燃え上がった。最初、イングランド同様、欧州統合にあまり乗り気でなかったスコットランドは、統合のあかつきに提供されるヨーロッパの遠隔地への「地域振興基金」が魅力になり、国家主権をめぐり統合に逡巡していたイングランド側と違った対応をみせ、南部側を慌てさせた。こうした動きからみて、イギリスが依然としてスコットランドという統合をゆるがしかねない火種をかかえていることは事実である。

## 2 ウェールズ

ウェールズもまた、錯綜するイギリスの地域主義に複雑な波紋を投げかけている。ウェールズがイングランドに統合されたのは、一五三六年とスコットランドよりかなり早く、それゆえ、ウェールズ固有の行政、法、教会等の制度はもっていない。またウェールズには、石油のような資源もないためスコットランドにみられるような政治的・経済的な独立指向は少ない。

しかしここには、スコットランドにはみられない言語的自立化の動きがみられる。これは見方によっては、スコットランドより厄介ともいえる。スコットランドのナショナル党は、確かにゲール語を公用語としているけれど、住民の九八・五％までが英語を話すこともあり、ゲール語の推進を中心的な課題とはしていない。しかし、ウェールズでは近年になって英語の地名をウェールズ語に変えたり、地名の標記を二重にしたり、テレビ放送もウェールズ・ナショナル党のプライド・カムリ（PC）の議長だったG・エバンズ（Evans）のハンガーストライキによって、八二年からウェールズ語放送が設けられるなど言語の保護運動がかえってさかんになっている。[6]

ウェールズは大きく南北に分けられるが、とりわけ北部のウェールズ語に対するアイデンティティは強い。確かに統計的には、ウェールズ語を話せる人は年々少なくなっている。今世紀初めの一九〇一年には、二人に一人がウェールズ語を話せた。ところが戦後の五一年には、二八・九％になり、六一年には二六％、七一年には二〇・八％、八一年にはついに二〇％を割り、一八・九％と五人に一人になっている。それだけに危機意識も強く、近年では六二年に結成された「ウェールズ言語協会」を中心に、ウェールズ語を公用語にして、しのびよる英語化への不服従運動をしているほどである。[7]

ウェールズ語を話せる人は、地域によって大きくことなり、北西グイニッド（Gwynedd）では六〇％の人が、ディフッド（Dyfed）でも四五％以上の人が話せる。ウェールズ・ナショナル党の所属議員の輩出地域もこの辺りであり、ウェールズ語学校が集中しているのも北部である。こうしたウェールズ語学校では、すべての教科がウェールズ語で行なわれているが、子供たちが遊びのときに使用する言語は多くが英語である。また、家庭で使用する言語も両親が英語を話せる場合には、英語となり、祖父母が英語を話せない時のみ、ウェールズ語となる。若者の世界では、英語が北部においても共通言語になっている。

それだけに、ウェールズ・ナショナル党を中心に彼らのアイデンティティの模索が続いており、先の教育改革では、ウェールズ地方の学校でウェールズ語を教授している学校には、指定科目一〇教科プラス、ウェールズ語も課せられている。事実ウェールズ地方では、小学校の八〇%が、中学校では九〇%までが、ウェールズ語を第一ないしは第二言語として教えている。

しかし、こうした処置が、熱心なウェールズ語の保護に関心ある人以外には、余計な科目を課すことへの不満にもなっている。そこからウェールズ語を話せない人は、ウェールズ・ナショナリズムに対して警戒的である。それは、ウェールズの自立化が高まるとウェールズ語を公用語として強制するかも知れないとみるからである。[8]スコットランドと同じ時期に行なわれた国民投票で、八〇%以上もの人が権限委譲に反対したのは、こうしたことも関係している。

しかし、ここからウェールズ・ナショナリズムが、衰退したとは断言できない。もともとウェールズ、スコットランドの両ナショナリズム政党で強かったのは、ウェールズの方であった。例えば、一九五九年では、ウェールズ・ナショナル党の得票は五・二%で、スコットランド・ナショナル党（SNP）は、〇・八%と一%にも充たなかった。[9]その後、スコットランドをとりまく状況の変化が、またたくまにスコットランド・ナショナリズムを高揚させていったが、同じことがウェールズにいえないことはない。

事実、ウェールズでナショナル党が強いのも、北部の「周辺部」であり、産業閉鎖に悩んでいる所である。そこでウェールズ・ナショナル党の選挙スローガンは、経済開発である。それだけにヨーロッパ統合による「地域振興基金」などが起爆剤になり、ウェールズのナショナリズムが燃え広がらないとは限らない。いずれにせよ、ウェールズもスコットランドとは形を変えた言語問題を発火点としたナショナリズムをかかえていることは事実である。

## 3　北アイルランド

こうしたイギリスの古くからの地域紛争、民族紛争に一層大きな波紋を投げかけているのは、北アイルランド問題である。スコットランドの政治的・経済的自立性、ウェールズの言語的な自立性に対して北アイルランドは、宗教的・民族的なそれということができる。

北アイルランドは、面積にしてわずか日本の福島県ぐらいの広さに一五〇万人が住んでいる。もともと敬虔なカトリック教徒の島にイングランド側のプロテスタントが侵略していったように、問題の本質は中世以来の植民地問題なのに、あたかも宗教問題であるかのような倒錯した複雑な状況を生みだしている。自分たちの生命を守るために集団で生活しなければならないことが、宗教間の住み分け（隔離化）を促進し、そのためこの地域では、学校もプロテスタントの九九・五％までが同一宗教の学校に通い、カトリックの生徒の九八％までがカトリック系に通うという、二重・三重の隔離化を生んでいる。

しかも、北アイルランドは、地理的にはイングランドと海で分離されているにもかかわらず教育制度などは、スコットランド以上にイングランドに近い。例えば、今なおイレブン・テストが行なわれていたり、グラマー・スクールが健在であるなどである。[10] また、高等教育も大学とポリテクニックスの二本立てであり、ポリテクニックスのないスコットランドなどよりイングランドに近い。アイルランドの一部を人為的に分離・支配しているところから、いつ奪取されないとも限らない不安が、イングランドの伝統に驚くほど忠実にさせ、保守的ですらある。これは、イングランドに近いウェールズやスコットランドの多様性と比較すると、一層きわだった特徴にもなっている。

南北アイルランドの境界を列車が通過するときは、以前東西ベルリンや東西ドイツの国境で乗客の荷物の帰属チェックがなされたが、ここでは今なお行なわれている。アイルランドの西側は、ゴツゴツした岩肌のため鉄道も敷設されず海岸線に点在する都市を結ぶ交通はバスであるが、例えば、南から北の境界都市デリーに行くバスには、ロンドンはつかない。ところが、北から南に行くバスには、ロンドンデリーと表示されるなど、それぞれのアイデンティティをかけた闘いが日々続いている。

機関銃をもった兵士が、町を練り歩き、運輸・通信・警察などの重要施設が二重三重のバリケードで守られ、市内の通勤バスすら厳重なチェックがなされるイメージは、かつての東西ベルリンを想起させるが、北アイルランドは現在もそうなのである。これらの莫大な防衛・警備予算が、イギリス経済を圧迫しないわけがない。

こうした連邦の上に成りたっているイギリスが、同じ島国の日本と比較して比べものにならないエスニシティ問題をかかえていることは明かである。

さて北アイルランドはともかく、こうしたウェールズとスコットランドが、前述したアイデンティティを維持しながらもこれまで連邦から離脱しなかったのは、なぜであろう。それは、第一次世界大戦までのイギリスが世界経済の「中枢」にあって、その恩恵を連邦全体で共有したからであろう。

多くの歴史家が戦前から予測したように、第一次世界大戦へのアメリカの参戦は、世界経済の「中枢」をイギリスから大西洋を隔てたアメリカに移すことになった。こうして世界経済のなかでイギリスが「周辺化」すると、イギリスに帰属しても何の利益もなくなる。

すでに社会学者のジンメルは、「圏（Kreise）」の理論を応用しつつ、圏が広がれば広がるほど内部の差は気にならなくなると述べていた[11]。イギリスの帝国支配が盤石でますます広がり、利益もふくれている間は、内部の差は問題にならなかったが、支配圏が縮小するにつれて内部の差が摩擦要因として顕在化してきたのである。

こうした古くからのエスニシティ問題も解決しないうちに、第二次世界大戦後から「新たなエスニシティ問題」がもたらされているのである。それが、戦後の移民によってもたらされた「新しい民族問題」である。

## 三　新しいエスニシティ問題

### 1　「三K労働」の担い手

フランスの地理学者エマニエル・トッドは、論争的な新著でアングロ・サクソン系の特徴は、新移民を隔離して受け入れることだと述べているが、[12]その一端は戦後のイギリスへの移民にもみられる。ここでは、ロンドン最大のアジア系移民居住区、サウソールを例にみておこう。

私は以前、移民労働者が相手国に浸透していく過程には、まずは職業の確保に始まり、次いで病気や失業時の社会保障の獲得、家族再結合後なら祖国の言語や文化を享受する多文化教育の要求、さらには地方政治や国政選挙への積極的な関与等、経済活動から、社会、文化、政治へと連なる一連の経路があると述べたけれど、[13]この過程は、サウソールでも確認できる。ここでは、移民労働者の地域への浸透過程を入国時期と家族周期を絡ませながら、戦後イギリスの新しいエスニシティ問題が従来とどのようなちがった問題を提起しているのかを確認しておこう。

ロンドンの移民の町というとシティから東に広がるイースト・エンドが有名であるが、ヒースロー空港に近い西側のサウソールもまた、イースト・エンドにまさるとも劣らぬアジア系住民の多い町である。

サウソールに本格的にアジア系住民が住み着き始めたのは、四〇年代後半からである。[14]当初は、イースト・エンドのオールド・ゲイトからやってきて、周辺の中小工場で働いている。当時、彼らの目的は、本国での生活を豊かにするための一時的な出稼ぎで、数も少なかったからイギリス人も一般に彼らの存在には無関心であった。事実、一九五一年のセンサスによるとサウソールの全人口五万六〇〇〇人中、連邦国からの移民は三三〇人であり、その比は一％にも満たない〇・六％である。

彼らは集中的に働いて帰国しようとしていたから、一週間に六〜七〇時間働くのはザラだった。そのため雇用者は、喜んでアジア人を雇うことになり、やがてはイースト・エンドばかりでなく、パンジャーブ地方のジャランダルやホシヤールプル、さらにパキスタン側のアトックやミールプールからも続々と来ることになる。そのため五〇年代の後半ともなると、移民労働者はまたたくまのうちにふくれあがり、初期の四倍になり、全人口に占める構成比も二・二％に上昇している。

そうなると住民の間でさっそく問題になったのが、住宅問題である。最初は、自分たちの嫌う仕事の身代りということで好意的にみられていた移民労働者も、やがて彼らの存在が目につき始めるといたるところに「カラード・ピープルおことわり」のステッカーがはられ、彼らに家を貸す者も少なくなった。よく、アジア系の集住が批判されるが、集住は二重の意味で必然であった。住宅すら借りられない状況では、借りるのに成功した者の所に集まるのは当然だし、さらに彼らは同郷の出身で英語を話せる者も少なかったから、話せる者が中心となってあれこれ世話をやくことになる。彼らの周辺にインドさながらの街と「強い共同体意識が発生」するのは当然だったのである。

## 2　家族の呼び寄せ

こうして彼らの数も増し大きな力となると、次には共同して自分たちの生活や労働条件を守ろうとするようになる。これは、明かに第二段階への移行を物語るもので、サウソールでは五七年にインド人独自の労働者連合（IWA）がつくられ、のちの労働争議で重要な役割を演じている。イギリスには、「一〇人のイタリア人を雇うより一人のアジア人の方がまし」という諺もあり、アジア系労働者の力で成長した企業も多いが、これは低賃金の長時間労働による。彼らは、これに自衛の組合をつくって抵抗することになったのである。

こうして生活も軌道にのると今度は、婦女子が続々と入国し始める。これまでアジア系の場合には、同じ移民でもヨーロッパ系はもとより、アフロ・カリブ系とも異なり単身者が多かったが、社会保障も獲得すると婦女子を呼び寄せ始めたのである。いわゆる、「家族再結合」の段階である。これはアジア系労働者の目的が、初期の一時的なものから永住的なものへ変わったことを物語る。これを促進したものは、対外的にはアフリカ諸国の独立に伴う「アフリカ純粋化」の運動であるが、対内的にはイギリスが、依然として多くの単純労働者を必要としたからでもある。家族もやって来るようになると、地域のトラブルもにわかに増える。

サウソール付近の建て物は、一九世紀から二〇世紀初期につくられたものが多く、すでにかなり老朽化していた。そのため白人は、やがてイーリング北部に新しい住宅がつくられるとそっちの方に移動していった。するとその空き家に移民労働者が住み着き始め、一層集中化が促進されることになる。こうなると白人には、町の乗っとり（ストリート・ジャック）のように映じて反対運動も強くなる。そこで五〇年代後半には、移民労働者への住宅不売運動も起きている。

こうした運動の中心となったのは、右翼の英国民族党（ＢＮＰ）である。六三年の地方選挙では、二七％を獲得して保守党を押しのけてこの地で第三党の地位を獲得している。つまり、移民労働者の家族もやって来る頃から、受け入れ国の右翼も台頭し、社会は移民の賛成、反対で大揺れとなるのである。

**表1　サウスオールの政党別得票動向**

| 選挙時期 | 労働党 | 保守党 | BNP | NF |
|---|---|---|---|---|
| 一九五一 | 五七・九 | 四二・一 | | |
| 一九五五 | 五七・二 | 四二・八 | | |
| 一九五九 | 五二・七 | 四七・三 | | |
| 一九六四 | 四八・〇 | 四二・九 | 九・一 | |
| 一九六六 | 五三・四 | 三九・二 | 七・四 | |
| 一九七〇 | 五三・六 | 四二・〇 | | 四・四 |

国政選挙でもサウソールは、五九年までは労働党と保守党で票をわけあっていたのに移民問題が住民の大きな関心となった六四年からは、BNPやナショナル・フロント（NF）が台頭し、これらの政党としては異例なほどの票を集めている⒂（表1）。これは、そのまま住民の既成政党の移民政策へのいらだちを示したものであろう。ドイツで、新ナチ勢力が台頭してきているのも、移民労働者の台頭という新しい状況のなかで彼らの不満の受け皿となる政党が欠如していることにも関連して、イギリスの過去といくつかの共通性がある。

加えて相次ぐ移民の増大は、多くの議員にも動揺をもたらし、サウソールは伝統的に労働党が強かったのに、移民政策をめぐって党内分裂や脱党者を生みだしている。

例えば労働党のジョージ・パージタ議員は、この地で圧倒的に強く五〇年代中半までは保守党を一五％も引き離して勝っていたのに、五九年に五％にまでつめよられると、六二年の時点では移民制限を目的とした「連邦国移民法」には反対していたのに、六四年の総選挙では移民そのものに反対している。これは見方を変えれば、この時期の移民が従来までの政策に再考を促すほど集中したことでもあるが、中央でも急激な事態の進展に狼狽し、統制がきかなくなったあらわれでもある。事実六五年には、エスニック・マイノリティの人口もイーリングの全人口中一一％を構成するまでになっている。ドイツの基本法（憲法）を改正しても難民の入国を阻止した動きは、多くの地方政治の揺れとも関連して類似の事例をイギリスにもっている。

こうなると白人のデモもますます活発化し、「インド人ではなく平和と静寂を」という運動やさらには、白人の居住化を促進させる「サウソール住民組合（SRA）」などという組織も生れ、むきだしの人種騒動が起きている。やがて共存を嫌う白人は、サウソールの中心部からイーリング北部の新興住宅街に移動したため、この周辺は典型的なエージアン・タウンと化し隔離化が生じている。

## 3 学校をめぐる対立

こうして多くのアジア系住民が、一か所に集中して生活が再生産されるようになると、にわかに教育をめぐる問題が争点となってくる。第三段階の始まりである。

一九六〇年の初期は、サウソールの子供の一〇％が移民の子供だといわれていた。しかし、六〇年代の中半ともなるとその数は一五％にも膨れあがり、なかには全校生徒の六〇％までが移民の子どもという学校も現われた。こうなると住民は、やがて自分の学校も移民の子供たちによって奪われるのではないかという恐れを抱くのである。

六〇年代の中半から親たちが、地区学校の乗っとり反対のキャンペインにのりだしている。その際台頭してきたのは、「移民の生徒三〇％上限論」である。すなわち学校が、移民の生徒によって乗っとられたような印象を無くすためにどの学校も移民の生徒は、三〇％を越えてはならないという通達である。しかしこの通達に対しても、ある学校では、住民の反対を呼んでいる。理由は、こうなると移民の生徒がかえって多くの学校に分散することになり、逆に白人の純粋な学校をなくすというのである。そのためにいろんなデマもとんだ。「移民の子供と遊ぶと結核や虱、その他の病気がうつる」というものである。「集合」させるも「拡散」させるも両すくみの―ということは、彼らの存在それ自体がうとましい存在とされるようになるのである。

しかし、同通達が通るとマイノリティの子どもは、居住区域の学校へ通学できなくなった。その結果、遠距離通学となり学校にたどり着くまでさまざまなレーシズムに遭遇し、バス停でも路上でも襲撃事件が起きている。また、やっと学校についても彼らを待っているものは、お客さんとしての「身分」である。彼らは遠距離通学ということで放課後の学内・外の活動にも参加させてもらえず、完全な「よそ者」扱いであった。一説によれば、この時期の中途退学者の五〇％までが、西インド系の子弟だともいわれている。彼らにとっては、毎日が差別との闘いであり、廊下を通るときにも攻撃され、教師もまた学内の対立から生徒を守るため教室に鍵をかけて授業をしたほどといわれている。

## 4　揺れ動く地方政治

六八年には、ウルバーハンプトン選出の保守党議員パウエルが、バーミンガムで「血の川」演説をしている。かれは、年間五万人ものカラードの扶養家族の入国を許可している国は気違いとしかいいようなく、このまま非白人が増え続ければイギリスがアメリカの二の舞になることは避けられず、違うのはわれわれの「決起」によってイギリスの川という川が血で染まることだけだとぶちあげたのである。[16] マスコミはこぞってこの演説をとり上げたから、数週間後の調査によるとサンプル中九六%もの人が、何らかの形で彼の演説を聞くか読むほどの反響だった。

ちょうど中央政界では、移民法の改正をめぐる論議がおこなわれており、世論は再び移民制限を望む声で圧倒されることになる。この反対運動は、マイノリティの地区だけではなく、イギリス全土に広がり一触即発的な第三段階の頂点に達した感がある。

こうした騒擾のなかから、やがてサウソールのマイノリティは、国や地区の教育局に任せていても何も得られないことを悟り、自分たち独自で治安組織や清掃組織、補助学校をつくっている。こうして住民の自衛組織ができると、彼らの自治能力も強くなり、六七年には最初のアジア系議員が当選している。これは、もはや第四段階への移行である。

事件のたびに厳しく取り調べられるのはマイノリティの方で、アジア系の車掌に代金を払うのを拒否して小競り合いが生じても、暴行罪で起訴されるのが車掌となると、彼らはもはや警察すら頼ることはできない。酔った白人青年に取り囲まれ、逃げようともみ合っているところに警察がやって来ても、シク教徒のカラすら凶器の道具にされるとなると警察への不信はぬぐい去り難いものになる。また、アジア系の店や人種関係の建て物が放火・襲撃されても警察は、有効な対策を講じようとはしていない。こうなると彼らは、独自の自衛組織をつくり(例えば「サウソール人種差別闘争運動」)、さらには独自の代表を地方政治に進出させ、上から自力で生活の安定と諸権利の拡大を獲得しようとするのである。

かくして今では、これらの自治組織から「サウソール環境グループ」までが結成され、暴力を含めたいかなる不条理に対しても「ライオンのように戦う」ことを宣言するまでの勢力になっている。彼らは、戦後の労働力不足を支えたのは自分たちであり、何よりも自分たちの力を欠いてはイギリス経済が成り立たないことへの自負心をもっている。ライオンは、シク教徒にとって「勇気」の象徴でもある。

## 四　エスニシティ問題から教育改革へ

### 1　「同化」から「多文化」そして「反人種差別教育」へ

さて、こうした移民労働者の浸透過程は、教育政策にも反映していく。最初、移民労働者が入国し始めたとき、イギリスでとられた教育政策は、移民の人々の「理解のための教育」であり、その上で「同化」をめざすものであった。一九六三年三月一一日の保守党の教育科学大臣、エドワード・ボイルの国会での三〇%上限論はまさに「同化」を進める上でのぎりぎりの選択を示したものであった。しかし、その数も増え、彼ら独自の生活が強まるとイギリス的生活様式に染めるというより、イギリスの多民族社会を維持するための教育が重視されるようになる。六六年の労働党の大臣、ロイ・ジェンキンズの同化政策の放棄演説は、同化ではなく複数の価値の存在を認める「統合」への転換を示すものである。

「統合」とは、あいまいな言葉ではあるが、少なくとも特定の価値を強制しないこと、複数の価値の共存を認めること、その意味では「カルチュラル・ダイバーシティ」なり「カルチュラル・プルーラリズム」のことである。イギリスが、移民労働者を迎える前から、スコットランドやウェールズなどの多様な言語や文化の複合であったことが再認識されたのもこの頃である。

しかし、家族再結合の時期を迎えていよいよ移民労働者の子供が増えると、単なるマイノリティの言語や文化の是認ではなく、公的機関での教授や継承が問題とされ、多文化教育が要請されるようになる。六〇年代後半の分散化政策の放棄、さらに七六年の「差別禁止法」などは、多文化教育に一層はずみをつけることになる。西インド系生徒の低学力問題に端を発し、八〇〇ページにも及ぶ報告書「スワン・リポート」もイギリスが多民族社会を迎えた今日、「機会の平等」ばかりか、「結果の平等」を促進するためにも多文化教育は不可避としたものである。しかし、八〇年代になって多文化教育では差別の解消も不十分とみる人々、あるいは多文化という名の人種問題の後退化ととる人は、しばしばコミュニティ内部の住民の自治組織を基盤に地方教育局（LEA）にも働きかけて、反人種差別教育（ARE）へと結集するのである。こうして教育問題は、今や移民労働者受け入れ国の避けられない問題となる。

まさに一九世紀にいち早く帝国の名をほしいままにしたイギリスは、今日、以前からのエスニシティ問題に加え、新しいエスニシティ問題によって、内側からも外側からも多くの多様性と異質性をかかえ、一つ間違えば社会そのものが分解しかねない危機にみまわれている。ここまでくれば、戦後最強の保守党内閣をもって、しかも生粋のビクトリア的価値の信望者サッチャー首相をもってナショナル・カリキュラムが導入された理由もはっきりする。

先年、導入されたナショナル・カリキュラムが、今世紀最初のナショナル・カリキュラムの内容にほぼ一致すること、それどころかナショナル・カリキュラムとは、別にナショナリストのカリキュラムともいわれるが、[17]これは分極化の危機を何とか教育の領域で統合しようとしたことを物語る。

サッチャー首相は、もともと多民族社会は国家を衰退（スワンプ）させるという信念のもち主であった。こうした信念の首相に教育界を改造する機会が次第に成熟しつつあった。すなわち多文化教育が定着するにつれて、白人の不満が次第に大きくなり、多文化教育も万能でないことがはっきりしてきたのである。先の教育改革は、こうしたエスニシティ問題に揺らぐ白人の不満にピタリと標準を合わせたものであった。

## 2 「教育改革法」成立の前夜

今日、多文化教育をめぐる騒動としてはブラッドフォードのハニフォード事件があまりにも有名になったが、類似の事件はほかにもある。例えばサッチャー首相の教育改革に多大なヒントを与えたと思われるのが、デュウスベリー事件である。[18]

デュウスベリーは、ブラッドフォードにも近い、マイノリティの多いイングランド中西部の町である。ことの発端はこの地域を管轄しているカークリーズ教育局が、七〜八歳次のインファント及び幼児学校からのきりかえ時に白人生徒の多い学校を希望した白人父母に、マイノリティの多い学校を指定したことに始まる。カークリーズ教育局のいいぶんは、それが指定学区であったこと、生徒の隔離化は望ましくないこと、人種的な共学拒否は法律違反でもあることなどであったが、これに不服な父母たちは教育局の指示を無視して希望の学校に子どもたちを直接登校させる行動にでた。しかし、この行動も校長に拒否され、行き場を失った父母たちは、マイノリティの多い学校にやるくらいなら自分たちでつくった方がましと急遽パブの二階を改造して、退職教師のボランティアも得て学校を開設したのである。

この事件は、「パブの上の学校として」たちどころに全国のマスコミの話題となり、世論をも二分することになった。[19] 一方は、七六年の「人種差別禁止法」以来、イギリスに人種問題はあってはならず、法の精神からも学区通りを勧めた教育局の判断を正しいとする者、他方、一九八〇年に保守党政府のもとで親の教育の選択権を尊重するため導入された法律では、学校に余裕があるなら親の学校の選択権は尊重されなければなず、当時あきがあった以上、教育局こそ法律違反であること、しかも問題の本質は「人種問題」ではなく、マイノリティの多い学校ではキリスト教にもとづく教育や道徳が教授されない「文化問題」にあり、拒否を当然とする者である。[20]

当時の教育科学大臣だったケネス・クラークへの直訴も、学校定員にふれることから不調に終わったが、やがて教育局が妥協案をのむことによって、生徒が希望の学校に送られこの一件は落着となった。しかし、この事件をみているとその直後にだされた八八年教育改革法の特徴が、実によくみえてくる。その後徹底された親の学校選択権の承認（more open enrolment）、学校定数の完全充足化、ＬＥＡの権限弱体化、学校理事会の強化といった一連の政策をおもうとき、この事件の残した新法への教訓はまことに大きい。

多文化教育への反感は、これだけではない。マンチェスターで起きた学校内でのイギリス最初の殺人事件も新法へ多くの教訓を与えた。

ことの起こりは、八六年にマンチェスターのバーネイジ男子中等学校で、一三歳のアジア系生徒がナイフで刺され、死亡した事件である。この事件は、事件の前々日に殺した青年が、他のアジア系の下級生をいじめているのを殺された青年が救ったこと、それがもとで前日には、二人の青年で話をつけるため公園で数人の級友がみはるなかで決闘まがいのことが行なわれたことなどで国民を驚かせたが、さらに事件直後「パキを始末した」「な

んならもう一発やろうか」と叫んだことが一層の衝撃を与えた。(21)

事件直後、専門の調査委員会が組織され、その背後関係が調査されることになったが、やがて提出された報告書は驚くべき内容のものだった。それは、この学校が「反人種差別教育（ARE）」政策を採用しており、そのための教師を「セクション11」の資金によって採用していたが、これらの教師は、マイノリティの専用係とみられ、マイノリティの問題が教職員全体のものとみられてはいなかったこと、教師の間でもこの資金で採用された者とそうでない教師の間に阻隔が生じていたこと、AREの理念は、白人であることに差別の罪を帰せ、「白は罪であり、黒は善」との単純な二分法が支配していたこと、このような状況のもとでは白人の生徒に自尊心は芽生えにくいこと、むしろ逆差別や敵意すら生みだしかねないことなどを盛り込んだものだったのである。(22)

専門委員会は、このような殺伐とした状況が生れた原因についても分析し、それは、AREが導入されるとき教職員の十分な理解を得ていなかったこと、そのため教員もARE賛成派と反対派に分かれ、なかには同僚どうしで口をきかない者もいたこと、マイノリティを嫌う教師のなかには、公然と本国に送り返すべきであると主張する者もおり、豚のバッジまでして嫌がらせをする教師もいたことなどである（ムスリムは豚を嫌う）。

それだけに、AREの導入がときに教職員を真っ二つに引き裂きかねないことをみてとった調査委員会は、無前提にAREを肯定する立場はとらなかった。このことがマスコミには、調査委員会もAREに批判的と思われ、加えて報告を受け取った地方教育局が、あたかもARE政策が殺人の原因であるかの誤解を避けるため、内容を極秘扱いにしたこともマスコミを刺激させた。

そうでなくても教育現場での殺人事件だっただけに、報告をかたずをのんでまっていた国民にやがてマスコミは、殺人はAREが原因と書き立てたから、国民は二重の衝撃を受けることになった。(23) 実際、調査委員会が指摘しようとしたことは、AREそのものの批判ではなく、AREの陥りやすい点だったが、マスコミはAREの活動自体が間違っているように報道したから、いつしか被害者より加害者の方が犠牲者のようにもうけとられていった。教育改革前の多文化教育に対する世論の反感は、こうして頂点に達していた感がある。

### 3 政治の「地殻変動」要因としてのマイノリティ

さて、こうしてみればわれわれは、現在のイギリスが直面している古からのエスニシティ問題と新しいエスニシティ問題から、なぜ戦後最大の教育改革が行なわれなければならなかったのか、しかも当時の多文化教育や反人種差別教育に対する世論の動向からして、なぜあれだけの改革なのに多文化教育の方は盛り込まれなかったのかがわかる。

スコットランドには、従来からのスコットランドの自治を尊重しつつ八教科のくくり方を認め、ウェールズには、ウェールズ語を課し、マイノリティが増えスペルも満足に書けない生徒が多くなると英語を中核科目とし授業時間を増やし、イギリスが誇る伝統的なパブリック・スクールには一切手をつけず、多文化教育の推進母体だった地方教育局は、その傘下から離脱校を増やすことによって弱体化させ、父母の学校選択権を認めるために学校定員に余裕がある場合は定員いっぱい受け入れることを義務づけ、学校の隔離化を強め、さらに学校を競争させることによって序列化を一層進めるなどの処置は、今日、イギリスが地域社会のなかでかかえる新旧のエスニシティ問題を媒介にして初めてとける問題である。

しかも今回の改革で成人教育とも関連して重要な変化は、地方教育局の権限が弱まり、従来までのイギリスの特色とされた地方分権が薄められたことである。前述した地方の教育紛争が、サッチャー前首相を苛立たせていたことは十分想像できるが、すでに八七年の保守党大会でも地方教育局は「石のように変えられないものではない」こと、イギリスは地方分権の国だというけれど「教育に最終責任をもっているのは、あくまでも教育科学省である」ことを宣言し、挑戦状をたたきつけていた。これは、新旧のエスニシティ問題がますます深刻化するなかで、イギリスの統合をはたすためには、地方教育局がばらばらに対応していたのでは国家の分裂は避けられないとみたからである。

こうした危惧は、サッチャー首相が突如として述べたのではなかった。これには、伏線があった。それはこともあろうに、七六年の労働党の党首だったジェームズ・キャラハンのラスキン・コレッジでの演説である[25](Great Debate)。七〇年代の中半は、オペック諸国の石油価格がいっきに四倍になるなど、イギリスの経済が一段と沈滞化したときである。そのとき彼は、永年のイギリス経済の衰退の原因を教育に求め、教育が生活並びに経済の手段にならなければならないことを積極的に訴えたのである。これは、従来のイギリス教育の伝統だった経済から独立した古典的な「教養教育重視」とは一線を画し、教育が経済に従属するものであることを認めたものとしても有名になった演説である。これは、成人教育に職業上の知識の習得を課す導火線的役割を果たした点においても重要なものであった[26]。

イギリスは、議会制民主主義の祖国として保守党と労働党が交互に政権をとりあうなど従来まで住民による政治理念の交代がよく行なわれた。しかし、両政党は問題のいかんによっては、見事に一致することもある。マイノリティが数においても力においても小さいとき、両政党の理念をめぐる差異は大きかった。また、両政党はマイノリティの獲得をめざして戦った。しかし、マイノリティの力が大きくなると自分たちとマイノリティとの差の方が大きくなり、両政党のイデオロギー上の差異は小さなものとなった。保守党政権の長期化とそれを攻めあぐねている労働党との関係は、かっての構図ではイギリスの政治が解けなくなったことを物語っている。

再びジンメルに登場してもらうなら、「圏」が小さいとき同質的なものどうしのわずかの差異も気になったが(保守・労働の対立)、本格的な移民労働者の入国によって異質なものとの接触が増すにつれて、より大きな差異を前に、以前、対立したものの融合が起きるのである（欧州統合という要因も従来の図式ではイギリスが解けなくなった重要な要因の一つであるが、今回はマイノリティ問題に限定したい）。

現在進行中の教育改革を批判し続けている労働党も、もとはといえばこの改革の先鞭となっていたこと、かつまた、労働党が政権に返り咲いても基本的に受け継がれるものも多いなかに、今日のイギリスのマイノリティがもたらした質的な転換状況がある。保守党の長期政権も、恐らくイギリスのかかえるマイノリティ問題を無視しては解けない問題であろう。

## 五　成人教育への影響

さてわれわれは、先の教育改革の原因をあまりにマイノリティの問題と関連させてみてきたようである。これは、従来まで教育改革が論じられるときは、民営化や中央集権化、効率原則など経済的要因と結び付けた議論が多かったが、サッチャリズムとはマネタリズムを中心とした経済政策だけではなく、マイノリティ対策も含めた政治・経済・民族がらみの複合政策とみたいと思ったからである。こうした視点をふまえて残された紙数で、近年の成人教育の変化を述べて結びとしたい。

先ごろの教育改革が、イギリスの教育界に与えた影響については、前に述べたことがあるが[27]、では成人教育にはどのような影響を与えることになるのだろう。

イギリスの成人教育を担当する機関を古典的なかたちで大別するなら三つある。一つは、地方教育局（ＬＥＡ）、二つは、大学構外教育部（ＥＭＤ）、三つは労働者教育協会（ＷＥＡ）である。以前ＥＭＤとＷＥＡとは、責任団体（RB）と呼ばれ独自に国家から資金援助されていたが、八八年にRBは廃止され、EMDは大学基金協議会（UFC）から資金を仰ぐことになり、一九九三年四月からはこれも廃止され、「イングランド及びウェールズの高等教育基金協議会（HEFC）」に変わっている。また、WEAの方は、「イングランド及びウェールズの継続教育基金協議会（FEFC）」から資金を得ている（スコットランドと北アイルランドは直接中央政府より得ている）。

こうした制度改革を通して目下、議論されていることは、リベラルな教育にこれ以上予算を増やすことは止めようということである。例えばロンドンのWEAは、同じ地域の三三のLEAと共催して講座をもっているが、表2からも知れる通り、一、三年間のチュートリアル・クラスが一貫して減り続けていること、二、一六日以上の大学コースも減少していること、三、一学期のものでも大学で行なわれるコースが減少していること、四、講座数の総計も減少していることなど、WEAの活動が一貫して縮小しつつあることがわかる。また、講座内容もアカデミックな教養科目は少なく、趣味的かつ実用的なものが多いこともこのところ一貫してみられる特徴である[28]。

しかし、それ以上に問題なのは、ここでも学校教育同様LEAをめぐる問題である。従来までLEAの傘下にあったものは、中等学校、継続教育コレッジ、ポリテクニックスであるが、このうち継続教育コレッジはFEFCに、ポリテクニックスはHEFCに移った。そうなると残るは、中等学校の施設を使ったコミュニティ・スクールなり夜間学校だけということになるが、これらの施設もまた、近年の教育改革によって大きな挑戦を受けているのである。

影響を要約するなら二つある。一つは、オプト・アウト政策によってLEA傘下の学校が、少しずつ減少していることにともなうものである。LEAの傘下にあった間は、LEAが成人教育の活動を重視していることもあ

## 表2　ロンドンWEAの年次別活動状況

| コース別／年代 | 大学三年間のチュートリアル・クラス | 一六回以上の大学コース | 二学期一六回以上のWEAコース | 八〜一五日の一学期コース | 七回以下の短期コース | 一〇日、五日、二日のデイ・リリース | デイコース、インフォーマル | 合計 |
|---|---|---|---|---|---|---|---|---|
| 一九八〇—八一 | 一三一 | 一八六 | 五六 | 一六三 | 一八七 | 五九 | 九九 | 八八一 |
| 八一—八二 | 一一九 | 一六七 | 七〇 | 一七一 | 二四七 | 五三 | 九〇 | 九一七 |
| 八二—八三 | 一〇一 | 一三四 | 八三 | 二三八 | 二四〇 | 五二 | 一〇五 | 九五三 |
| 八三—八四 | 七七 | 一五六 | 七九 | 二一六 | 一四七 | 七二 | 八八 | 八三五 |
| 八四—八五 | 七〇 | 一五四 | 四九 | 二〇六 | 二二一 | 六一 | 九〇 | 八七六 |
| 八五—八六 | 六二 | 一四一 | 七一 | 二〇四 | 二〇一 | 六二 | 九三 | 八三四 |
| 八六—八七 | 五一 | 一四一 | 五九 | 二二一 | 二一六 | 六〇 | 六〇 | 八〇八 |
| 八七—八八 | 三七 | 一三一 | 七〇 | 一六六 四二 | 一八六 二二 | 四五 | 八八 | 七八七 |
| 八八—八九 | 三五 | 一二四 | 五三 | 一三五 四八 | 一五一 ・四三 | 三七 | 五〇 | 六七六 |
| 八九—九〇 | 三五 | 一二六 | 四五 | 一六五 二七 | 一三四 三六 | 七五 | 五七 | 七〇〇 |
| 九〇—九一 | 三三 | 一三一 | 六五 | 一二四 三三 | 六〇 一二 | 四一 | 四〇 | 五四〇 |
| 九一—九二 | 三一 | 一三三 | 八六 | 一七九 二七 | 一一三 五三 | 六〇 | 七三 | 七五六 |
| 九二—九三 | 三〇 | 一三一 | 七一 | 一六四 二三 | 一〇〇 一一 | 四一 | 八四 | 六五六 |

り、予算を得ることができたが、国家の直接維持学校となると昼の生徒の教育が主となり、成人教育にまで十分な配慮を望むのは無理になるだろう。二つは、ナショナル・カリキュラムの導入によって学校の序列化が生じ、こちらの方によっても成人教育は影響を受けざるをえないことである。

以前イギリスの教育界では、個々人の多様な能力なり個性が尊重され、画一的な教育や全国一律の共通テストはタブーであった。しかし、八九年に教育改革が行なわれるや九一年には、七歳次への最初のテストが英語、数学、科学について行なわれている。一九九三年は、二回目のナショナル・テストが一四歳次に行なわれる予定だったが、多くの学校がボイコットしたのは記憶に新しい。このテストは、生徒の能力を一〇段階に分け、五〜六歳次は段階一、七歳次は二、一一歳次は四、一四歳次は五〜六のレベルに達することが望ましいとされ、最高一〇段階までランクづけされたものである。段階一〇は、もっともできる生徒にのみ達成可能とされGCSEのAグレイドよりも難しいとされている。(29)

また、ナショナル・カリキュラムの成績公表も、かなり徹底したもので、例えば、ケンブリッジシャーの中等学校を例にとるとすべての公立校の生徒数、GCSEのA〜Cレベル五つ以上とった者、A〜Gレベル五つ以上とった者、A〜Cレベル一つ以上とった者、A〜Gレベル一つ以上とった者のパーセンテージがそれぞれ公表され、さらに、県レベル並びに全国レベルの比率と比較できるようになっている。これが、すべての教育局で公表され自分の学校のレベルが一目瞭然となると、学校関係者の関心はどうしても児童の方に向くようになるだろう。今後、ますます競争が激化すれば、成人教育は昼の教育の支障とならない程度のものに押えられるかも知れない。

確かに成人教育は、EMDでもWEAでも行なわれている。しかし、学校開放などともからめ多くの成人教育関係者の関心になっていたのは、生活区域により密着し、低廉で、子育て中の人にも老人にも簡単に参加できるLEA主催の事業であった。先の教育改革による、LEA崩しは義務教育の生徒ばかりか成人教育にも大きな影響を与えようとしている。この先、ＬＥＡから離脱する学校が増えてＬＥＡの力がなくなったとき、地域の成人教育はどうなるのだろうか。

政府は、ＬＥＡの権限を縮小して何を目指そうとしているのだろ。考えられるのは、次の三点である。一つは、各地方自治体ごとの自由な資金運用を制限し、国家の財政負担を収縮することである。二つは、地方分権という名のばらばらな行政に歯止めをかけ、教育の分権が国家行政の分割になりかねないことを防ぐことである。三つは、継続教育コレッジやシックスズ・フォームをＬＥＡから切り離し、独立体とすることによって、独自に資金を獲得させる道を準備させることである。

もちろん前述したように継続教育コレッジやシックスズ・フォームには、一定の予算は計上されるが、足りないぶんは独自の方法を開拓せよということである。これらの背後でみえかくれするのは、各地方自治体が、分権の名のもとに地方予算を自由に使用していたことへの制限である。これは、あきらかにイギリスがこれまで誇ってきた地方自治に対する侵害でもある。

だが、どうしてこうなったのかをみていくとここでもこうした政策を掲げてきた保守党が勝ちつづけてきたことも含め、マイノリティの増大とその政治参加という要因を無視することはできない。

イギリスの地方行政で考慮しなければならないのは、地方分権に加えて一般行政と教育行政が分離していないことである。[30] それゆえ、マイノリティの議員が当選すれば、地方によってはかなり独創的な教育行政が可能になるばかりか、教育の中立性が日本のように議論もされないので彼らの要求を反映させることも容易である。マイノリティが、定住を決めた段階から積極的に地方政治に参加してくるのも、地方分権の妙味を盾に自分たちの政策を上から導入できるという、このイギリス型が大きく関係している。

ここには、確かに中央集権のフランスなどと比べてもいくつかのメリットもある。中央集権の場合には、一地方の問題も全国に波及し動きがとれなくなることがある。そればかりか、一地方のできごとにも国家の統一見解がしばしば要求される。この点、地方分権なら国家は、抽象的な理念をうたうだけで一地方のできごとにいちいち煩わされることもない。好例は、フランスなら一地方のスカーフ事件も全国的な話題となり、国家の姿勢が問われるが、イギリスでは、こうした事件は各地方の処理にまかされる。分権は、多文化社会には、その伸縮自在性ゆえに柔軟な構造を備えている。しかし、それが過ぎるとときに国家を分解しかねない危険もある。

イギリスでマイノリティの多い地方を中心に、積極的に多文化教育や反人種差別教育が語られ始めたのは、多くのマイノリティ議員が誕生した七〇年代からである。マイノリティは、自分たちの生活も軌道にのると、今度は積極的に政治に参加して上から自分たちの要求を実現させようとすることは前述した。その結果、各自治体で実に多様な政策が試みられることになった。しかしなかには、そこまで譲歩する必要があるのかと明かに逆差別と思われるようなものまで存在するようになった。メディアはこれを書き立てるから、地域によっては多文化政策をめぐって騒然となってくる。これでは、子どもの教育にとって不利とみる白人は、この区域を去るからますますマイノリティが多くなり、そうなると教育方針も一層マイノリティ向きとなる。こうなるとこれらの区域は、中央権力も及ばぬ一種の「真空地帯」となる。

しかるにこれが、サッチャー首相の気に入らないことであった。ナショナル・カリキュラムをとおしてどの地域の生徒にも中核科目と基礎科目に一定の時間をさくことを義務づけたなかに、ここはイギリスなのだという気持ちが反映しているし、さらには外国語科目をEUで使用されている科目とそれ以外に分け、前者から一科目を義務づけているなかには、次に将来の欧州統合がにらまれていることが分かる。先ごろの教育改革には、二重のエスニシティ問題に揺れるイギリスを「束ね」、さらに欧州統合に備えるという戦略が託されていたのである。

これがまた、長年のイギリスの伝統だった地方自治をおかしかねない危惧にもかかわらず支持を集めた理由でもあった。その結果が、ＬＥＡの存亡も揺るがしかねない事態となり、今やイギリスが誇った成人教育をも大きく変えようとしているのである。イギリスの成人教育に関心をもつ者にとって目の離せない時期であり、今日の苦悩する先進国の共通要因であるマイノリティ問題が、イギリスの成人教育を変える遠因の一つにもなっていたのである。

注

(1) Ａ・ギャンブル『イギリス衰退一〇〇年史』都築忠七・小笠原欣幸訳、みすず書房、一九八八年。
(2) Seldom, A. *UK Political Since 1945*, p. 131.
(3) 佐久間孝正『イギリスの文化と生涯教育—ケンブリッジの夜間学校』人間の科学社、一九八三年。
(4) *FACTSHEET 3*, Scottish Education, The Scottish Office, 1993, p. 9.
(5) 佐久間孝正『英国の生涯学習社会—反サッチャリズムとこれからの日本』国土社、一九八九年。
(6) Seldom, A. p. 127.
(7) *op. cit*, p. 126.
(8) *op. cit*, p. 126.
(9) *op. cit*, p. 129.
(10) Macintyre, G. *Education for Adults in Northern Ireland*, The Open University, 1983, p. 83.
(11) ジンメル『社会学』居安正訳、白水社、一九九四年。「圏」の内容をめぐっては、さまざまな解釈が成りたつが、ここでは積極的な相互作用の行なわれる範囲としておきたい。また、梶田孝道『統合と分裂のヨーロッパ—ＥＣ・国家・民族』岩波新書、一九九三年をも参照。
(12) エマニュエル・トッド『新ヨーロッパ大全』Ⅰ．石崎晴巳訳、一九九二年。Ⅱ．石崎晴巳・東松秀雄訳、一九九三年。

(13) 佐久間孝正『イギリスの多文化・多民族教育—アジア系外国人労働者の生活・文化・宗教』国土社、一九九三年。

(14) The Institute of Race Relations and Southall Rights, *Southall—The Birth of a Black Community*, 1981, p. 7. 以下、サウスオールについての記述は、本書から得ている。

(15) The Times, *Guide to the House of Commons, 1974–87*, Political Reference Publications Chichester, *British Parliamentary Election Results 1950–1970*, 1971.

(16) The Institute of Race Relations and Southall Rights, *Southall*, p. 91.

(17) Todd, R. *Education in a Multicultural Society*, 1991, London.

(18) Naylor, F. *The School Above the Pub*, 1989, London, p. 74-6.

(19) Todd, R. p. 121-5 M. Sarup, *Education and the Ideologies of Racism*, Trentham Books, 1991, p.102-3.

(20) Macdonald, I. R. Bhâvnani, L. Khan, G. John, *Murder in the playground, The Burnage Report*, 1989.

(21) *op. cit*, p. 15.

(22) Todd, R. p. 129-31. なお、「多文化教育（ＭＣＥ）」と「反人種差別教育（ＡＲＥ）」との対立については、拙稿「分極化する多民族社会イギリスの教育—『多文化主義教育』への『反人種差別教育』の挑戦」『公明』一九九四年三月号を参照のこと。

(23) Todd, R. p. 130-1.

(24) Troyna, B. and Carrington, B. *Education, Racism and Reform*, Routledge, 1990, p. 84.

(25) *op, cit*, p. 87-9.

(26) キャラハン党首の演説が、その後の教育改革に与えた影響の重要性については、以前、「英国成人教育研究会」にて、小川剛お茶の水女子大学教授より示唆を得た。なお、キャラハン演説の背景には、「四四年法」成立に際してのかくされた政治的意図からその後の評価に至るまで幾多のドラマがあるので、この詳細については、改めて論じることにしたい（これについては、拙著『変貌する多民族国家イギリス』明石書店、一九九八年のⅣ章2節で全面的に論じておいた）。

(27) 佐久間孝正「イギリスの生涯教育—近年の動向を中心に」『神奈川大学評論』「小特集・生涯学習の時代」一五号、

一九九三年。

(28) Annual Report 1992-1993, *Workers' Educational AssociationLondon District.*

(29) National Curriculum, *From Policy to Practice, Department of Education and Science*, 1989.

(30) 奥田泰弘「イギリスにおける教育改革の動向—日英教育行政比較研究の試み—」『教育学論集』第三五集、中央大学教育学研究会、一九九三年。

# 生涯学習社会アメリカの苦悩

——中等教育・高等教育・成人教育の諸問題——

赤尾　勝己

## 一　苦悩の中のアメリカ教育

アメリカが今や、国際的な政治・経済上の諸問題に苦悩しつつあることは周知の通りである。国際政治におけるパクス・アメリカーナの崩壊、旧ソビエト崩壊にともなう冷戦構造の終結と緊張感の弛緩、貿易不均衡による累積赤字の拡大、低成長経済における不況、若年労働者の失業の増加等、苦悩の材料は多岐にわたっており、こうした諸問題は教育の分野にも濃い影を落としているが、ここではまず、アメリカの教育が抱えている苦悩を四点ほど指摘したい。

第一点は、学校教育全般を覆う学力低下の問題である。一九八一年にベル教育長官のもとに組織された「教育の優秀性に関する全米審議会」(The National Commission on Exellence in Education) が、一九八三年に発表した報告書『危機に立つ国家』(*A Nation at Risk*) によると、次のような危機を示す事実が挙げられている。(1)

・アメリカの成人のうちおよそ二三〇〇万人は、日常の読み、書き、理解についてのもっとも簡単なテストにおいてさえ、機能的に非識字である。

• アメリカで一七歳の人の約一三%は、機能的に非識字であると考えられる。少数民族の青年のうち、機能的な非識字者は四〇%にも及ぶであろう。

• 一七歳の青年の多くが、我々の期待する「高度な」(higher order) 知的スキルをもっていない。四〇%近くは書かれた教材からの推論ができないし、説得力のある論文の書ける者は五分の一にすぎない。また、いくつかのステップを必要とする数学の問題で解答できる者は三分の一にすぎない。

また、大学入試委員会が実施し、各大学が入学者選抜の材料として利用している進学適性テスト(SAT)の平均得点は、一九六六―六七年において言語部門四六六点(八〇〇満点)、数理部門四九二点(八〇〇点満点)であったのが、その後、低下傾向にあり、一九七一―七二年には、言語部門四五三点、数理部門四八四点となり、一九九〇―九一年度では、言語部門四二二点、数理部門四七四点となり、両部門の合計八九六点は、過去八年間で最低であった。〈表1〉

第二点は、ハイスクールの教育レベルの低下である。カリキュラムが選択科目を多くした「カフェテリア型」になり、生徒たちは比較的容易に単位を取得できる「体育・保健」「校外勤労体験」「成人生活・結婚生活の準備」「料理」「自動車運転」といった科目を選択し、「化学」「生物」「フランス語」「アメリカ史」「地理」「代数」「微積分」などの知的科目を選択する生徒が減っている。生徒の学力が低下するにつれて、宿題も減少し、教師による成績評価も甘くなっている。かくして、ハイスクールの卒業要件も低下する一方で、中退率は一二・五%(一九九一年)に達している。一九八八年から九一年までを人種別に見ると、白人非ヒスパニックは一〇%以下で、黒人非ヒスパニックは一〇%代であるが、ヒスパニックは三〇%を越えている。一九九一年の中退率一二・五%の内訳を男女別に見ると、最も少ないのは、白人非ヒスパニック男女の八・九%であり、もっとも多いのがヒスパニック男子の三九・二%であった。それでも一九七二年や一九七九年に中退率が全体で一四・六%であっ

〈表１〉ＳＡＴ平均点の推移

1971-72年度から1990-91年度まで

科目・男女別　[各部門　800点満点]

| 学校年度 | 言語部門 | | | 数理部門 | | |
|---|---|---|---|---|---|---|
| | 男女全体 | 男 | 女 | 男女全体 | 男 | 女 |
| 1971-72 | 453 | 454 | 452 | 484 | 505 | 461 |
| 1972-73 | 445 | 446 | 443 | 481 | 502 | 460 |
| 1973-74 | 444 | 447 | 442 | 480 | 501 | 459 |
| 1974-75 | 434 | 437 | 431 | 472 | 495 | 449 |
| 1975-76 | 431 | 433 | 430 | 472 | 497 | 446 |
| 1976-77 | 429 | 431 | 427 | 470 | 497 | 445 |
| 1977-78 | 429 | 433 | 425 | 468 | 494 | 444 |
| 1978-79 | 427 | 431 | 423 | 467 | 493 | 443 |
| 1979-80 | 424 | 428 | 420 | 466 | 491 | 443 |
| 1980-81 | 424 | 430 | 418 | 466 | 492 | 443 |
| 1981-82 | 426 | 431 | 421 | 467 | 493 | 443 |
| 1982-83 | 425 | 430 | 420 | 468 | 493 | 445 |
| 1983-84 | 426 | 433 | 420 | 471 | 495 | 449 |
| 1984-85 | 431 | 437 | 425 | 475 | 499 | 452 |
| 1985-86 | 431 | 437 | 426 | 475 | 501 | 451 |
| 1986-87 | 430 | 435 | 425 | 476 | 500 | 453 |
| 1987-88 | 428 | 435 | 422 | 476 | 498 | 455 |
| 1988-89 | 427 | 434 | 421 | 476 | 500 | 454 |
| 1989-90 | 424 | 429 | 419 | 476 | 499 | 455 |
| 1990-91 | 422 | 426 | 418 | 474 | 497 | 453 |

National Center for Educational Statistics, Digest of Educational Statistics 1992. U.S. Department of Education, Office of Research and Improvement, NSES 92-097, October, 1992, p. 125.

〈表２〉ハイスクール中退率

16～24歳　　人種／民族別　　1972年10月～1991年10月　[単位　%]

| 年 | 全人種 | 白人<br>非ヒスパニック | 黒人<br>非ヒスパニック | ヒスパニック |
|---|---|---|---|---|
| 1972 | 14.6 | 12.3 | 21.3 | 34.3 |
| 1973 | 14.1 | 11.6 | 22.2 | 33.5 |
| 1974 | 14.3 | 11.9 | 21.2 | 33.0 |
| 1975 | 13.9 | 11.4 | 22.9 | 29.2 |
| 1976 | 14.1 | 12.0 | 20.5 | 31.4 |
| 1977 | 14.1 | 11.9 | 19.8 | 33.0 |
| 1978 | 14.2 | 11.9 | 20.2 | 33.3 |
| 1979 | 14.6 | 12.0 | 21.1 | 33.8 |
| 1980 | 14.1 | 11.4 | 19.1 | 35.2 |
| 1981 | 13.9 | 11.4 | 18.4 | 33.2 |
| 1982 | 13.9 | 11.4 | 18.4 | 31.7 |
| 1983 | 13.7 | 11.2 | 18.0 | 31.6 |
| 1984 | 13.1 | 11.0 | 15.5 | 29.8 |
| 1985 | 12.6 | 10.4 | 15.2 | 27.6 |
| 1986 | 12.2 | 9.7 | 14.2 | 30.1 |
| 1987 | 12.7 | 10.4 | 14.4 | 28.6 |
| 1988 | 12.9 | 9.6 | 14.5 | 35.8 |
| 1989 | 12.6 | 9.4 | 13.9 | 33.0 |
| 1990 | 12.1 | 9.0 | 13.2 | 32.4 |
| 1991 | 12.5 | 8.9 | 13.6 | 35.3 |

たことをみれば、近年は減少傾向にある。〈表2〉（ちなみに日本の高等学校中退率は二・一％（一九九一年）である。）また、このことが逆に、ハイスクールに対して中退率を高めないように暗黙の圧力をかけ、「幼児の世話」「鯨の観察」「ボーリング」といった、低学力の生徒に迎合した非アカデミックで安易な授業科目の増加をもたらしている。

第三点は、上記一・二点の結果としての大学生の学力低下問題である。近年、日本においても大学生の基礎学力の不足が問題となり、いくつかの大学で高等学校レベルの補習授業が実施されているが、アメリカの大学ではすでに補習教育が一般化している。一九八三―八四年の全国調査によると、アメリカの全高等教育機関うち八二％が、ハイスクール・レベルの基礎学習技能の治療教育（remedial/developmental education）を実施しており、名門カリフォルニア大学ロスアンジェルス校（UCLA）においてさえ、新入生のうち約半数が非単位科目である数学と英語の「治療科目」に配属されていると言われる。(2) 日本の大学に比べて教育レベルにおいて卓越しているといわれるアメリカの大学においても、ハイスクールが抱えるのと同様な低学力問題が存在しているのである。先の『危機に立つ国家』においても、「一九七五年から一九八〇年にかけて、公立四年制大学では数学の補充指導授業が七二％も増えており、いまではこれら大学での数学の授業の四分の一となっている」事実が挙げられており、大学卒業生の学力テストの平均得点が低下し、ハイスクール卒業者数および大学進学率の伸び悩み傾向の中で、「一部の大学では、学生数の確保が日毎の関心事で、きびしい学問的水準を維持することより大切になっている。こうして、学校教育の本来の目標である学問研究の優秀性という理想は、アメリカの教育から消え去りつつある」状況が指摘されている。

第四点は、一〇歳代の妊娠、未婚の母、学校内外における非行の増加、麻薬使用という問題である。それは貧困や人種上の問題を伴っている。一九八五年現在で、黒人の子どもの六六％、ヒスパニック系の子どもの七〇％

が貧困な生活の母子家庭であり、八六年現在で、黒人の一〇歳代の少女の約三〇%が妊娠して、その半分が出産したという報告もある。(3) こうしたマイノリティ出身の子どもたちは増加傾向にありながら、アメリカが目下推進している教育改革において、ともすれば忘れられがちである。一九八八年には、そうした子どもたちに焦点を当てた『忘れられた半数―進学しない若者たち―』(*The Forgotten Half: Non-College Youth in America*)と題する報告書が出され、ようやく「危機に立つ生徒」(At Risk Students)に目が向けられつつある。(4) また、司法省が一九八八年から八九年にかけて全国から抽出した一二歳から一九歳の生徒一〇、四四九人を対象に行った学校犯罪調査によると、学校内にギャングがいると回答した者は一五%, 教師に危害を与えたり脅迫した経験のある者は一六%であった。ドラッグやアルコールについては、三一%の生徒が学校内でも入手可能であり、マリファナについては三〇%の生徒が入手可能と答えている。(5) そして、一九九〇―九一年度の統計では、公立中等学校ではアルコールの飲用や喫煙、生徒の不登校、遅刻が五〇%を越え、麻薬の使用、器物破損、教師への罵詈雑言が三〇%を越え、また校内での麻薬売買、人種間の緊迫、一〇$以上の強奪が一〇%を越えており(教員による報告)、初等・中等学校を通じて生徒間暴力が二〇%を越えているなど、荒れた公立学校の姿が窺われる。〈表3〉

## 二　教育改革の第一の波

このような絶望的な教育における苦悩からアメリカはどう脱却しようとしているのか。

まず、『危機に立つ国家』では、「教育の優秀性」を求めて次のような改善策が提案されている。(いずれも一部略)(6)

〈表 3〉 青少年の薬物・暴力体験

公立初等・中等学校の教員・校長の報告による薬物・規律上の問題発生率

1990-91年度　［単位　%］

| 問題の内容 | 学校段階 | | | |
|---|---|---|---|---|
| | 初等学校 | | 中等学校 | |
| | 教員による報告 | 校長による報告 | 教員による報告 | 校長による報告 |
| アルコールの飲用 | 4 | 2 | 54 | 33 |
| 麻薬の使用 | 5 | 1 | 38 | 16 |
| 喫煙 | 6 | 3 | 53 | 40 |
| 校内での麻薬売買 | 2 | * | 12 | 2 |
| 生徒間暴力 | 32 | 23 | 23 | 21 |
| 人種間の緊迫 | 12 | 4 | 19 | 6 |
| 10$以上の強奪 | 8 | 5 | 19 | 13 |
| 不登校 | 25 | 19 | 57 | 39 |
| 武器の所持 | 3 | 2 | 7 | 4 |
| 生徒の遅刻 | 31 | 28 | 53 | 51 |
| 不法侵入 | 9 | 6 | 9 | 8 |
| 器物破損 | 17 | 11 | 30 | 14 |
| 対教師暴力 | 3 | 1 | 4 | 1 |
| 教師の遅刻 | — | 12 | — | 19 |
| 教師のアルコール麻薬使用 | — | 1 | — | 1 |
| 教師への罵詈雑言 | 26 | 9 | 35 | 14 |

*は5%以下　　—はデータなし

提案A 内容 州および各地のハイスクールの卒業要件を強化すること。そして、少なくとも、すべての生徒が「五つの新しい基礎教科」の基盤を固めることを必要とする卒業証書を求めること。

そのためには、ハイスクールの4年間で次のカリキュラムを履修すること。

(a)英語四年間 (b)数学三年間 (c)科学三年間 (d)社会科三年間

(e)コンピュータ科学半年間

大学進学者には、これらを先に学んだうえで、ハイスクールで二年間の外国語学習が強く薦められる。

提案B 基準と期待 学校・大学はもっと厳しい、測定可能な基準を採用すること。学生・生徒の学業や行動に対する期待をもっと高めること。四年制大学は入学許可基準を高めること。

このことは、学習と真の修得を支援する環境下で、学生・生徒が教材にチャレンジする際に教育上ベストを尽すのを助ける。

提案C 時間 「新しい基礎教科」の学習に、もっと時間をかけること。このためには既存の授業日をもっと有効に使うか、授業日を延長するか、一学年を延長するかしなければならない。

提案D 教員 七つからなる。各々は教員養成の改善、教職をもっと報酬の多い尊敬される職業にしようとすることを意図する。七つの提言は独立しているが、完結した勧告としてばらばらに考えられるべきではない。

提案E　リーダーシップと財政援助　全国の市民が、これらの改革の遂行に必要なリーダーシップを提供する責任を持つ教育者と選挙で選ばれた行政官を支え、市民が、我々の提案する諸改革をもたらすのに必要な財政的な援助と安定性を与えること。

これらの提案は、直接、生涯学習に関わるものではないが、生涯学習の基盤となる初等・中等教育の教育レベル向上のために、提案A、B、Cに関連して、教育内容については、強力なカリキュラムをめざしての新しい五つの基礎教科の詳細な解説や、外国語教育を初等教育段階から始めることや、生徒の教育上、職業上の目標を前進させる科目に厳格な努力を要する内容を入れることが勧告されている。また、教育基準と教育期待については、標準化された学力テストの導入、教科書や他の教材の内容のグレードアップ、教科書の採用方法、ハイスクール卒業要件と大学入学要件の引上げなどが、時間配当については、宿題の増量、一日七時限の授業、年間二〇〇—二二〇日の授業日、出席の強化、学力による座席配置とグルーピング等が勧告されている。

こうした『危機に立つ国家』の提案の前後、アメリカでは『パイディア提言』(*The Paideia Proposal*, 1982)、『大学への学問的準備』(*Academic Preparation for College*, 1983)、『優秀性をめざす行動』(*Action for Exellence*, 1983)、『ハイスクール』(*High School*, 1983)など一〇種類以上の報告書が各種団体でまとめられた。また、一般向けの教育関係の書物も多数出版された。その中で、ひときわ多くの人々に読まれた書物として、ブルーム(A. Bloom)が書いた『アメリカン・マインドの終焉』(*The Closing of the American Mind*)とハーシュ(E. D. Hirsh, Jr.)が書いた『文化的識字』(*Cultural Literacy*)が挙げられる。前者は、高等教育のあり方に関わり、後者は初等・中等教育の教育内容に、大きく関わっているが、いずれも一九八七年にあいついで出版され、『危機に立つ国家』の文中にある「教育の優秀性」を追求する論理を、異なる立場から補強しており、自由な教育実践への批判や進歩主義教育への批判の論調も近似している。

ブルームは、一九六〇年代の大学紛争や公民権運動を「狂気の時代」と評し、西欧文化の古典的伝統と、大衆文化、人種・民族に根ざした文化、フェミニズムやゲイに根ざした文化とを同等に扱う文化相対主義（cultural relativism）を批判し、ロック・ミュージックは性欲をかきたてる野蛮な手段であり教育によくない、と下位文化に対する露骨な嫌悪感を示す。そのうえで、アドラーによって編集された『偉大なる書物』（*The Great Books*）の優位性を指摘し、次のように論じている。

「われわれ一般大衆がより高い教育を受けているという印象は、教育という言葉の多義性、または一般教養教育（liberal education）と専門教育（technical education）という区分のあいまいさから生じた印象にほかならない。コンピュータ技師は専門的に高度の訓練を受けていても、道徳、政治、宗教については必ずしも知識があるとはかぎらず、その点でもっとも無学な人々と何のかわりもない。いやそれどころか、コンピュータ技師たちの教育は狭いために先入観や自尊心が伴い、彼らの専門文献にしても一日で現れてはまた廃れ、流行している知恵の前提を無批判に受け入れているので、彼らは、素朴な庶民がさまざまな伝統の源泉から吸収している一般教養の学習から遮断されかねない」(7)と、一般教養教育の重要性を強調している。

ハーシュは、ルソーやデューイの教育理論を「内容欠落教育理論」として批判し、彼らの理論が学校教育の内側に蔓延したことが今日の青少年の文化常識の衰退と意思の不通を助長していると述べる。学校は一国の主流文化を教えなければならないのであり、アメリカ国内のどこでも使うことのできる語彙としての全国一律の文化常識を教えることを怠ってきたと批判する。『危機に立つ国家』の中でも触れられていた、ショッピングセンターのようなハイスクールにおける雑多な選択科目が大量で形式的な教育課程を生み、それが生徒たちの共有知識の欠如につながったと論じる。最近のアメリカの生徒たちの文化的な無知にこそ、アメリカの教育の危機があるのであり、文化常識を身につけることは、基本的な情報を身につけることであるとして、同書の巻末には、アメリカの基礎教養五〇〇〇語のリストが掲載されている。そして、「文化常識というものの無階級的性格」を主張しながら、多文化国家アメリカで卓越してきた「多文化教育」(multicultural education) について次のように論じている。

「現代国家であればどの国でも、国家的文化の習得が標準言語の完全習得にとって欠かせない。この点は教育政策にとって重要である。なぜなら教育者はしばしば多文化教育の長所を強調するからである。そうした研究はそれ自体、貴重であり、われわれの伝統や価値観についての寛容を教え込み、俯瞰図を提供してくれる。しかし、どんなに賞賛できることであっても、多文化教育を国民教育の主要な焦点としてはならない。アメリカの識字文化を子どもたちが習得できるようにする責任をわが国の学校は負っている。――その責任を奪ったり、損なったりすることは許されない。[8]」

このような論調に対して、アロノビッツとジルー (S. Aronowitz & H. A. Giroux) は、「ハーシュもブルームも同一のイデオロギーの異なった型を示している。それは、批判的かつ解放的な可能性をもった民主主義の罪を浄化することに深く関わっている。同時に、ハーシュとブルームは、特権的で権力をもった人間の視点から、過去を書き直すという共通した関心を共有している。」「特に、ブルームとハーシュは、私たちが過去二〇年以上にわたって見てきたように、民主的生活の公的基盤を掘り崩そうとする右派の知識人と支配集団に対して、その試みを蘇らせるもっとも一般受けする表現をしている。[9]」と分析する。そして、特にハーシュについて、「社会的・政治的な諸力が広範に複雑に絡んで、それらが学校で、ある生徒たちに他の生徒たちを犠牲にした上で利益をもたらしていることを無視している[10]」と批判している。このような批判から、私たちが留意すべきことは、多人種・多民族社会アメリカの中で、「教育の優秀性」を追及しようという試みが、往々にして、社会の支配的な階層の文化資本を元にしてなされ、社会階層の下位に位置づく人々の多様な文化を等閑視して、一方的に「上から下へ」、「改革」の青写真が降ろされてくるということである。

## 三　教育における「構造改革」の関連事項

さて、今日のアメリカでは教育の「構造改革」(restructuring)という言葉が流行している。これは、『危機に立つ国家』が教育における優秀性を求める教育基準の引き上げに専念した教育改革の第一の波に続いて、一九八〇年代後半からの教育改革の第二の波を示すキータームとして今日に至っている。それは、学校制度や組織、教授法、教育内容の編成に関わっている。

一九九〇年九月、ブッシュ大統領は各州の知事を招きバージニア大学で「教育サミット」を開催した。そこで合意された共通教育目標(national goals)のうち教員関係の一項目を除いた次の6項目が、一九九一年四月に発表された『二〇〇〇年のアメリカ—教育戦略』(*America 2000: An Education Strategy*)の中で、西暦二〇〇〇年までに実現されるよう述べられている。(11)

1. アメリカのすべての子どもたちは、学習する用意をして学校生活を開始する
2. ハイスクールの卒業率を少なくとも九〇%へ上昇させる。
3. アメリカの生徒は、四学年、八学年、一二学年を離れる際に、英語、数学、科学、歴史、地理を含む挑戦的な教科の内容において実力を示す。アメリカのすべての学校は、児童・生徒が精神を働かせることを学び、責任ある市民性、継続的な学習、我々の現代社会における生産力のある雇用へと準備されるようにする。

4．アメリカの生徒は、理科と数学の学力において世界一になる。
5．すべての成人は識字能力を有し、世界経済において競争するのに必要な、そして市民としての権利と義務を果たすのに必要な知識と技術を身につける。
6．アメリカのすべての学校は薬物や暴力から解放され、学習を導く規律ある環境となる。

一節でみた苦悩から脱却するために、2．や4．など実現の難しい目標も含まれているが、希望にあふれた目標の列挙である。これらは、基本的にアメリカの経済発展のために教育水準の向上を図るという man power policy の観点から設定されている。しかも大統領のリーダーシップのもとで全国共通の教育目標設定が行われたことはアメリカの公教育史上「画期的」な出来事であろう。[12]

この中で、生涯学習に関わる項目として、2．と5．が挙げられよう。2．のハイスクール中退率については、一九八五年以来全人種で一二%台になっており、漸減傾向にある。〈表2〉

ハイスクールを中退した人々がハイスクール卒業資格を得るために受験できる試験が「ハイスクール卒業認定資格試験」(General Educational Development: GED) である。〈表4〉はその受験者数の推移を示しているが、一九八九年の三五万七〇〇〇人を除き、一九七九年から一九九〇年まで四〇万人余りの人々が受験している。本試験は、アメリカ教育協議会 (American Council on Education: ACE) が実施主体となって、英語、社会科学、理科、文学・芸術解釈、数学の五科目について行われる全国共通試験である。一九九〇年の受験者の年齢別比率を見ると、一九歳以下が三五%、二〇～二四歳が二五%、三五歳以上が一七%、の順となっている。三五歳以上の比率が二五～二九歳、三〇～三四歳の年齢層よりも多いという傾向が、一九七九年を除き一般化している。

5．は成人の識字能力を生涯学習の文脈で強化しようとしていることが窺われる。目下、アメリカでは、これ

〈表４〉ハイスクール卒業認定資格試験（ＧＤＥ）受験者
および年齢別比率（1974～1990年）

| 年 | 受験者総数 [単位　千人] | 19歳以下 [%] | 20～24歳 [%] | 25～29歳 [%] | 30～34歳 [%] | 35歳以上 [%] |
|---|---|---|---|---|---|---|
| 1974 | 294 | 35 | 27 | 13 | 9 | 17 |
| 1975 | 340 | 33 | 26 | 14 | 9 | 18 |
| 1976 | 333 | 31 | 28 | 14 | 10 | 17 |
| 1977 | 332 | 40 | 24 | 13 | 8 | 14 |
| 1978 | 381 | 31 | 27 | 13 | 10 | 18 |
| 1979 | 426 | 37 | 28 | 12 | 13 | 11 |
| 1980 | 479 | 37 | 27 | 13 | 8 | 15 |
| 1981 | 489 | 37 | 27 | 13 | 8 | 14 |
| 1982 | 486 | 37 | 28 | 13 | 8 | 15 |
| 1983 | 465 | 34 | 29 | 14 | 8 | 15 |
| 1984 | 427 | 32 | 28 | 15 | 9 | 16 |
| 1985 | 413 | 32 | 26 | 15 | 10 | 16 |
| 1986 | 428 | 32 | 26 | 15 | 10 | 17 |
| 1987 | 444 | 33 | 24 | 15 | 10 | 18 |
| 1988 | 410 | 35 | 22 | 14 | 10 | 18 |
| 1989 | 357 | 36 | 22 | 14 | 10 | 17 |
| 1990 | 410 | 35 | 25 | 14 | 10 | 17 |

を成人基礎教育（Adult Basic Education: ABE）が担っている。成人基礎教育は、ジョンソン大統領政権の時代、貧困を撲滅する政策の一環として、基礎学力や識字能力を欠く人々に対して行われた教育援助策である。法規上の裏づけは、一九六四年の「経済機会法」（Economic Opportunity Act）と一九六六年の「成人教育法」（Adult Education Act）によってなされた。成人教育法は、経済機会法のタイトルⅡ-bの趣旨を生かしながらその目的を、「成人が自らの英語能力の限界を乗り越え、職業訓練やより利益のある雇用への準備のために基礎教育を改善し、より生産的で責任ある市民となることができるように、成人基礎教育プログラムを奨励・拡大する」[13]こととした。

その流れの上に、一九九一年には、「全米識字法」（National Literacy Act）が制定されている。同法では、その目的を「成人の識字と基礎的技能を拡大し、合衆国のすべての成人が効果的に機能する必須の基礎的技能を獲得し、彼らの労働や生活において最大限の機会を得ることを確実にし、成人識字プログラムを強化・調整すること」にあるとし、「「識字」（literacy）という言葉は、英語で読み、書き、話す能力と、計算したり、仕事や社会で役目を果たすのに必要なあらゆるレベルの問題を解く能力、そして、その人の目標を達成し知識や潜在能力を開発する個人の能力を意味する。[14]」と定義している。

同法では、調査結果として、アメリカ合衆国の約三〇〇〇万人の成人が識字に関して重大な問題を抱えていること、識字問題は世代間の問題でもあり貧困と密接に結びついており、合衆国の経済的福祉への主たる脅威となっていること、現在の公的・私的な識字プログラムではそれを必要とするわずかな割合の人口にしか届かず、最小限度の学習しかもたらさないこと、非識字を防止することが全米の識字率のさらなる上昇にとって不可欠であること、一般に、識字プログラムは適切な財源を欠いており、他の識字プログラムとの適切な調整を欠き、教員養成や技術への適切な投資を欠いていること、などが挙げられている。

これらと関連して、アメリカには、統計上の分類方法によっては一七〇〇万から六〇〇〇万人ともいえる機能的非識字（functional illiteracy）の成人が存在していると言われる。連邦の識字教育プログラムに出席しているのは、対象となる人口のわずか八％ほどで、その人々のうち八二％は一六～四四歳の人たちで、六一％は非白人である（内訳は、ヒスパニック系が三二％、黒人が一七％、アジア系および先住アメリカ人が一二％である）。しかも、彼らの五七％は職に就いていないか公的扶助を受けている状況にある、と言われている。[15]

## 四　生涯学習へ向けての方略

アメリカにおいて生涯学習を連邦の教育政策として根づかせていく試みは、一九七六年の高等教育法修正の形で「生涯学習法」（Lifelong Learning Act、俗称モンデール法）が制定されたことにより、財政的裏づけの必要な生涯学習の領域が明らかにされた。しかし、アメリカ経済の退潮傾向の中で、連邦政府は同法によって財政的な裏づけをしないまま、一九八〇年に同法を廃止したのである。[16]生涯学習法は、幻に終わったが、本節では、前節のような初等・中等教育の改善策と連動しながら、一九八〇年代以降一九九〇年代初頭にかけて、アメリカで生涯学習についてどのような方略がとられようとしているのか、上記の『危機に立つ国家』と、『二〇〇〇年のアメリカ――教育戦略』を見た上で、その具体的な措置を概観していきたい。

『危機に立つ国家』では、生涯学習について次のような言及がある。

「われわれの教育問題の解決を求めるには、生涯学習（life-long learning）への関与を含めなければならない。われわれの学習システムを建て直すのは大きな仕事であり、十分な理解と真剣な取り組みが必要である。……これからの世界では職場での競争がますます加速化され、ますます危険も増大し、心構えのある人々には機会も多くなるが、そうした世界での教育改革は、学習社会（Learning Society）を創造するという目標に焦点化されなければならない。そうした社会の中心では、だれにもその精神の力を十分に伸ばす機会が与えられ、幼児から大人に至るまで、世界の変化に応じて学習を重ねていく機会を与えられるという価値観と教育システムに向かって努力がなされる。そうした社会の根底には、教育が大切なのは、個人のキャリア目標に貢献するだけでなく、その人の人生に一般的な価値を付与するからである、という思想がある。また、学習社会の中心には、従来の学習機関、学校・大学よりもずっと先まで伸びた教育機会がある。それらの教育機会は、家庭、職場、図書館、美術館、博物館、科学センターにも及んでいる。こうして、至る所で、個人は、仕事と生活において、発達および成熟することができるのである。われわれの見解では、青少年期のフォーマルな学校教育は、生涯を通じた学習にとって欠くことできない基礎である。しかし、生涯学習なしには、その人の知識・技能は急速に時代遅れとなろう。[17]」

こうした論理は、基本的に、一九六五年にユネスコでラングラン（P. Lengrand）が提起したような適応主義的な生涯教育論の域を出てはいないが、生涯学習が職業能力の増大に寄与することに傾斜しているアメリカの現状において、個人の内面にも光をあて、価値観を豊かにするという側面にも言及されている点は留意されよう。

次に、『二〇〇〇年のアメリカ——教育戦略』の中では、前節で挙げられた六つの全国教育目標の中で第五番目が大きく関わっており、世界経済における競争力の回復を、生涯学習（とりわけ識字教育）に託していることが窺える。その上で、これを重点視しながら次のような方針を掲げている。[18]

- アメリカの主な各実業界は、教育と労働との連携を強化することに関与すること。
- すべての労働者は、公的・私的な教育的・職業的・技術的・職場その他のプログラムを通して、市場および新たなテクノロジーや仕事の方法に適応するために、必要とされる基礎から高度な技術的な知識・技能に至るまで獲得する機会を有すること。

- 図書館でのプログラムを含む、増えつつあるパートタイム学生や仕事途中の学生の要求により効果的に奉仕できる上質なプログラムの数を実質的に増やすこと。
- 大学に入り少なくとも二年を修了したり、学位プログラムを修了している資格を持った学生――特にマイノリティの学生――の割合を実質的に増やすこと。
- 進化した批判的思考能力や、効果的にコミュニケートできる能力、諸問題を解決できる能力をもった大学卒業者の割合を実質的に増やすこと。

そして、生涯学習の機会を大学に託すことの必要性を次のように述べている。

「最後に、われわれの人口の大半――特に、労働者階級、貧困者、マイノリティの背景をもった人々――は、大学に在学することが援助されなければならない。大学教育の費用は、平均的な家庭の収入の約3倍である。このことは、より多くのローンや奨学金、仕事をしながら学ぶ機会が必要であることを意味する。入学資格のある学生が大学に入ることを保障するには、連邦政府の役割が決定的である。同時に、高等教育システムは今以上にうまく既存の諸手段を活用しなければならない。そして、学生が学ぶものと学ばないものについてより責任を持つようにならなければならない。連邦政府は、学生の負債が増えることを軽減する手立てを考え、補助金とローンの適切なバランスに取り組み続けるであろう。[19]」

アメリカでは、一九七三年のカーネーギー高等教育委員会が提出した報告書『学習社会をめざして』(*Toward a Learning Society*)以降、非伝統的学生(non-traditional students)への優遇策が各大学でとられているが、成人学習者を対象とした「非伝統的高等教育」(non-traditional higher education)は、ハイスクールから大学へストレートに進学した「伝統的学生」とは異なる「非伝統的学生」に対して、彼らの勤労経験や人生経験に対して、大学側が一定の基準を満たしたと評価できるものに単位を授与するという方式を採用している。これは「経験学習」(experiential learning) と呼ばれ、現在、ほとんどの大学で採用されている単位査定方式である。また、「非大学後援教育」(non-collegiate sponsored instruction) という、企業や役所での研修など大学以外の場で受けた教育プログラムのうち一定水準を満たしたものに対して、大学側が一定の単位数を認定する制度もあり、さらに、大学で開講されている科目に相当する試験を受けて合格すれば、単位を授与される「試験による単位」(credit by examination) 制度もある。非伝統的学生はこれらの方法を組み合わせて数単位を授与された後、残余の単位数を満たせば大学卒業資格を取得できるのである。[20]

## 五　生涯学習の実際

〈表5〉は、ウィスコンシン大学グリーンベイ校における非伝統的な学位プログラムの案内である。ここでは、4.「以前の学習 (prior learning) への単位」と5.「標準学力テスト合格への単位」によって、キャンパス以外での学習に対する単位授与の措置がとられていることがわかる。

4.の「以前の学習への単位」では「非大学後援教育」と「経験学習」が利用されている。「非大学後援教育」は、一九四五年にアメリカ教育協議会 (American Council on Education: ACE) が、「兵役経験の認定に関する委員会」(Commission on Accreditation of Service Experience: CASE) を設置して、軍隊経験を有する成人に対して、軍隊で受けた教育・訓練コースのうち、大学教育レベルに相当するものに評価のうえ、単位認定することから始まっ

## 〈表５〉大学における生涯学習機会の例

ウィスコンシン大学―グリーンベイ校
拡張学位および個人学習プログラム

| | |
|---|---|
| 1.学位と学習領域 | 文学士、科学士（個人学習による）、一般学習による文学士。 |
| 2.制度上の資格認定 | ノース・セントラル大学・学校協会 |
| 3.以前の教育についての要件 | 文学士、科学士は、大学に1-2 年在学したこと。一般学習による文学士は、ハイスクール卒業またはハイスクール卒業認定試験合格と同等であること。 |
| 4.以前の学習への単位 | 実業界、政府機関、労働組合、専門職協会または任意の協会での教育、アメリカ教育協議会（ACE）で評価された教育を修了していること。他の教育機関からの単位の転換、証明できる経験学習（生活・職業経験）、アメリカ教育協議会で評価された軍隊での教育経験。 |
| 5.標準学力テスト合格への単位 | 大学レベル試験プログラム（CLEP）の一般試験および科目試験。カレッジボードの特別進級試験（APE）、アメリカ大学テスト協会（ACT）の能力試験、現役軍人教育援助（DANTES）の科目標準テスト。 |
| 6.学位取得に要する単位時間 | 124 semester hours |
| 7.キャンパスでの最少時間 | 文学士、科学士は、各科目について教授と２回面接：各学期に約２日。<br>一般学習による文学士は、成人学習セミナーに出席：１回を週末に設定。 |
| 8.キャンパス外での学習に利用できる教育方法 | 文学士、科学士は、電話と郵便による指導、監督下でのフィールド・ワーク、監督下での経験学習。一般学習による文学士は、通信コース、ビデオカセットテレビ・コース、新聞コース、電話と郵便による指導、一括コース、スタディ・ガイド、監督下での経験学習。 |
| 9.学生を支援するサービス | 学習上の助言、財政援助、オリエンテーション、カウンセリングとテスト、職業相談、就職の援助。 |
| 10.利用できる情報媒体 | 学生便覧、講義要項、講義パンフレット。 |
| 11. 評価システム | A，B，C，D，F，またはA，B，C，を使っての別様式での合格／不合格、　単位／非単位、またはこれらとは別の様式。 |
| 12. 登録者数 | 文学士、科学士は25名。一般学習による文学士は286名。 |

た。一九七四年、アメリカ教育協議会は、「兵役経験の認定に関する委員会」を改組して、「教育の単位・資格に関する委員会」(Commission on Educational Credit and Credentials)を創設して、軍隊での教育経験に限らず、広く企業や官庁などでの研修に対しても、その内容が大学教育レベルに相当するものであるか評価し単位認定することとなった。同年六月には、ニューヨーク州立大学が、ニューヨークの企業における教育コースを評価しはじめ、それらのうち一〇二コースに対して単位の推薦を行った。また、一九七七年、アメリカ教育協議会は、自らのプログラムと平行して、ニューヨーク州理事会の後援下に入り、「非大学後援教育プログラム」(Program on Non-collegiate Sponsored Instruction: PONSI)を発足させ、非大学教育コースのための『単位推薦全国ガイド』(The National Guide to Credit Recommendation)を刊行した。これは一九八二年までに、一五〇組織、一五六五コースを包括するまでになった。[21]

もう一つの「経験学習」は、ある人の生活経験や職業経験が、大学レベルの教育に相応しいかどうか専門の評価スタッフによる審査の上、各大学で単位が認定されるというシステムである。例えば、ある女性が結婚して子どもを育てたので「育児学」の単位を認定されたり、ある男性が市場調査会社に一〇年間勤務したので、「マーケティング」の単位を認定されたりする。これは、日本の大学の常識からすればかなりきわどいシステムであるが、「成人および経験学習協議会」(Council for Adult and Experiential Learning: CAEL)と連携している全国の大学で導入されている。ここには、大学レベルの学習の水準を下げるような不正を防ぐために、「単位は「経験」に対してではなく、「学習」に対してのみ与えられるべきである。」とか「大学の単位は、大学レベルの学習に対してのみ与えられるべきである。」「単位は、その科目に関する理論と実践的応用の適切なバランスを持った学習に対して与えられるべきである。」等、一〇の基準が掲げられている。[22]

また、5. の「標準学力テスト合格への単位」は「試験による単位」と同義である。ここでもっとも一般に利

〈表6〉成人教育参加者の属性　1991年　[単位　千人]

| | 成人全人口 | 成人教育現参加者 | % |
|---|---|---|---|
| | 181,800 | 97,397 | 54 |
| 年齢 | | | |
| 17～24歳 | 21,688 | 9,240 | 43 |
| 25～34歳 | 47,244 | 27,325 | 58 |
| 35～44歳 | 38,565 | 25,043 | 65 |
| 45～54歳 | 25,375 | 14,755 | 58 |
| 55～64歳 | 19,967 | 10,101 | 51 |
| 65歳以上 | 28,960 | 10,934 | 38 |
| 性別 | | | |
| 男性 | 82,154 | 42,163 | 51 |
| 女性 | 99,646 | 55,234 | 55 |
| 人種・民族集団 | | | |
| 白人・非ヒスパニック | 143,144 | 80,099 | 56 |
| 黒人・非ヒスパニック | 20,141 | 8,213 | 41 |
| ヒスパニック | 13,804 | 6,905 | 50 |
| その他 | 4,711 | 2,180 | 46 |
| 最終学歴 | | | |
| ハイスクール卒業未満 | 28,306 | 7,337 | 26 |
| ハイスクール卒業 | 110,384 | 58,135 | 53 |
| 準学士号（短大） | 5,034 | 3,949 | 78 |
| 学士号（大学）以上 | 38,076 | 27,976 | 73 |
| 労働上の地位 | | | |
| •労働力 | 125,440 | 73,513 | 59 |
| 雇用 | 115,620 | 69,421 | 60 |
| 非雇用 | 9,820 | 4,092 | 42 |
| •非労働力 | 56,361 | 23,884 | 42 |

| | | | |
|---|---|---|---|
| 現在の職業 | | | |
| • 専門職全体 | 17,654 | 13,735 | 78 |
| 教員（大学を除く） | 5,732 | 4,550 | 79 |
| 大学教員 | 700 | 404 | 58 |
| 診断医 | 894 | 692 | 77 |
| 処置医 | 3,022 | 2,574 | 85 |
| その他 | 7,306 | 5,516 | 75 |
| • 管理職 | 5,357 | 4,345 | 81 |
| • 技術 | 2,414 | 1,907 | 79 |
| • セールス | 12,685 | 7,763 | 61 |
| • 行政・事務 | 26,714 | 18,132 | 68 |
| • サービス | 18,137 | 8,910 | 49 |
| • 農林水産業 | 2,496 | 1,219 | 49 |
| • 精密機械業 | 9,723 | 4,635 | 48 |
| • 機械運転 | 8,253 | 3,912 | 47 |
| • 輸送業 | 3,286 | 1,577 | 48 |
| • 清掃業 | 2,715 | 905 | 33 |
| 分類不能 | 6,185 | 2,379 | 38 |
| 年収 | | | |
| $10,000 以下 | 27,504 | 10,706 | 39 |
| $10,001 ～ $15,000 | 15,465 | 7,014 | 45 |
| $15,001 ～ $20,000 | 16,117 | 6,335 | 39 |
| $20,001 ～ $25,000 | 16,092 | 7,666 | 48 |
| $25,001 ～ $30,000 | 17,973 | 9,309 | 52 |
| $30,001 ～ $40,000 | 26,110 | 14,922 | 57 |
| $40,001 ～ $50,000 | 21,303 | 13,270 | 62 |
| $50,001 ～ $75,000 | 24,540 | 16,629 | 68 |
| $75000以上 | 16,695 | 11,546 | 69 |

出典　National Center for Educational Statistics, Digest of Education Statistics 1992, U.S. Department of Education, Office of Education Research and Improvement, NCES 92-097, October 1992, p. 344.

用されているのが、大学レベル試験プログラム（College Level Examination Program: CLEP）である。これは、「一般試験」（general examination）と「科目試験」（subject examination）からなり、一般試験は、英作文、人文科学、数学、自然科学、社会科学・歴史の五領域からなり、各試験は九〇分で多肢選択型の客観テストである。科目試験は、会計学入門、アメリカ史Ⅰ、アメリカ史Ⅱ、アメリカ文学、一般生物学、ビジネス法入門、初歩微積分など三〇科目以上ある。特別進級試験（Advanced Placement Examination: APE）とは、ハイスクールに在学しながら大学レベルの教育をハイスクールの教員によって受けた成果を測定するために、カレッジ・ボードが年一回提供する試験である。一九五五年に始まり、一九八五年には、七、二〇一校のハイスクールが参加し、受験者数は二三万一三七八人、参加した大学は二、一二五校にのぼった。特別進級試験は当初、一部の優秀なハイスクールの生徒へ対応するものであったが、徐々に、ハイスクールと大学との学習経験の連続性を実現する手段へと、同試験の意味づけが転換してきている。(23)

また、8．では、キャンパス外での学習に利用できる教育方法として、電話や郵便、ビデオ・カセット、テレビ、新聞などの様々なメディアが利用され、「経験学習」も組み入れられていることがわかる。

次に、アメリカの生涯学習を担っているのはどんな属性を有した人々なのか、統計を通してその傾向と問題点をつかんでみよう。

〈表6〉は、一九九一年における成人教育参加者の属性について調べたものである。この統計でいう成人教育とは、パートタイムで大学の学部・大学院のコースを受講したり、雇用者によって提供されるセミナーへの参加や成人識字教育やレクリエーション活動を含んでおり、アメリカにおいては生涯学習とほぼ同義である。

まず年齢別にみると、参加者数では二五～三四歳が最も多くこれに三五～四四歳が続いている。しかし、参加率では、三五～四四歳が六五％で最も多く、これに二五～三四歳と四五～五四歳がともに五八％で続いている。

性別にみると、女性が男性を参加者数でも参加率（五五％対五一％）でも上回っている。また、人種・民族集団別にみると、白人・非ヒスパニックが参加者数で圧倒しており、参加率では「白人・非ヒスパニック」（五六％）、「ヒスパニック」（五〇％）「黒人・非ヒスパニック」（四一％）の順となっている。

最終学歴別にみると、参加者数では「ハイスクール卒業」が最も多く、「準学士号（短大卒）」が最も少ないが、参加率では、「準学士号（短大卒）」（七八％）「学士号（大卒）以上」（七三％）「ハイスクール卒業」（五三％）の順で「ハイスクール卒業未満」は二六％と低率である。この参加率から、短大を卒業した準学士号取得者が成人教育に参加することで大卒の資格を得ようとする志向と、大卒の学士号取得者が大学院レベルの成人教育で修士号を得ようとしている志向が認められよう。労働力の地位をみると「雇用されている者」が参加者数・参加率とも多い。

現在就いている職業についてみると、参加者数では、「行政・事務」と「専門職」が抜きんでて多く、専門職の内訳では教員が最も多い。以下、「サービス業」「セールス業」「精密機械業」「管理職」と続いている。しかし参加率では、「処置医」「管理職」「技術」「教員」「診断医」の順になっており、「機械運転」「清掃業」の参加率は低い。年収別にみると、参加者数では二万五〇〇〇ドルの幅をとっている五〇、〇〇一～七五、〇〇〇ドルの層が最も多く、これに三〇、〇〇一～四〇、〇〇〇ドル、四〇、〇〇一～五〇、〇〇〇ドルが続いている。しかし参加率では、年収に比例するかのように、七五、〇〇〇ドル以上（六九％）、五〇、〇〇一～七五、〇〇〇ドル（六八％）、四〇、〇〇一～五〇、〇〇〇ドル（六二％）、三〇、〇〇一～四〇、〇〇〇ドル（五七％）の順となっている。

これをまとめるならば、白人を主体に、管理職・専門職を中心としながら、学歴・年収に応じて成人教育参加率が高くなる傾向があり、education more education の法則が見て取れよう。

# おわりに

これまで、一九八〇年代から一九九〇年代初頭に至るアメリカ合衆国における教育全般の立て直し策を、生涯学習の文脈において概観してきた。最後に、ここ数年の構造改革の波において、アメリカの初等・中等教育をめぐる教育の「私事化」(privatization) という新たな局面の発生と、高等教育における生涯学習をめぐる問題について指摘したい。

経済界における「規制緩和」の波は公教育にも及びつつあるが、教育界においては一九七〇年代のカリフォルニア州アラムロック学区でのバウチャー制度の実験後、中断していた「学校選択」(school choice) の理念が八〇年代後半になって人々の支持を得るに至り、今日改めて「効果的な学校」(effective school) づくりにおける学校選択の試みがミネソタ州やニューヨーク市、シカゴ市などでなされつつある。フリードマン (M. Friedman) によって一九五〇年代に提起されたバウチャー制度の構想は、市場原理を導入することで学校間の教育の質を高め競争を生じさせるという文脈にあり、これについてはジェンクス (C. Jencks) らからの批判を浴び、「制限されたバウチャー制度」が試みられた。今日、試みられているのは、市場原理による学校改善ではなく、「抑制と均衡」(check and balance) の原理によって、親の公立学校の選択権を認め、参加によって公立学校を改善するという戦略である。先にみたように、今日のアメリカの公立学校は危機に瀕している。教師の専門職主義に彩られた教育活動が親と生徒の期待とかけ離れたものになり、官僚化・硬直化している。それが私立学校志向を生んでいることに公立学校関係者は無自覚である。そこでは、学校における教職員の教育活動の自由を保障しながらも、民衆がその専門的自由を問う方法として学校選択の自由は考えられている。(24) もちろん、それは必ずしもうまくいくとは限らない。黒崎勲は、シカゴでの試みが「まだ教育の民衆統制と専門的指導性を調和させる鍵をみつけていないといわざるをえない。」とそのジレンマを指摘している。[25] 日本でも都市部を中心に、中学、高等学校の私立志向が出てきており、公立中学校、高等学校に対する不信感が父母や生徒を覆ってきていることは否定できないだけに、アメリカにおける公立学校選択の自由の行方が問われよう。[26]

一方、一九八八年一二月、マサチューセッツ州チェルシー学区では、教育委員会が一〇年契約で、私立ボストン大学へその運営を委任する案を承認した。ボストン大学は教育委員会に対して、教師雇用と解雇、財政運営、契約交渉などの権限を委譲させることに成功した。これに対して、アメリカ教員連盟のシャンカー委員長は、「選挙によって選ばれた委員達によって構成される地方教育委員会の権限および責任を、一私機関が契約に基づいて代行するというこのアイデアは、憲法およびアメリカの民主的諸原則を放棄するものだ[27]」と、その非民主的な手法に反対し、「これは、シカゴ市の最も貧困な地域の一つに住む子どもたちに、授業料免除の私立学校を開くという五〇の会社の連合体の目的でもある。[28]」と、これが教育の「私事化」の異例のケースであることを強調しつつも、こうした動向に無関心ではいられないようである。こうしたチェルシー学区教育委員会の試みは、アメリカ公教育行政における「素人支配」(layman control) の原則が、教育の構造改革の波の中で揺らいでいることと、貧困にあえぐ地域社会における公立学校の絶望的な苦悩を解決しようとする苦肉の策を示しているとも言えよう。

最後に、アメリカの生涯学習の問題について指摘しておきたい。日本においては臨時教育審議会などで、生涯学習に対して「学歴主義からの脱却」が託されているが、アメリカの生涯学習は、むしろ学歴主義の徹底という文脈にある、と言えよう。それは、実業界で、経営学修士(ＭＢＡ)取得者が、大学卒に比べて高い年収とポストで遇されていることからも窺える。アメリカの生涯学習の主たる推進力は、先の統計にも見られたように、職場における個人のキャリア・アップを図ることにあると言える。それは「自由な学習」を通じた「自己実現」よりもむしろ、「学校に戻る」ことによって大卒・大学院修了と学歴を更新させることで、職場においてより高い給与とポストを要求できるアメリカの雇用慣行によるのである。この点、日本の場合、入職時の学歴が「最終学歴」として機能している事態と対照的である。こうした動向は、先に見たアメリカ教育の苦悩を示す指標としてのハイスクールの生徒および大学生の学力低下という問題を内に含んでいる点に留意すべきである。そして、いったん社会に出た人々が大学に戻って学習をする際に、彼らに対して教育上の「特別な措置」がとられていることも銘記されるべきである。

先に見た、非伝統的学生に対する「非大学後援学習」「試験による単位」「経験学習」といった措置は、アメリカの「経験主義」教育の伝統の上に培われたものできわめて「進歩的」ではあるが、問題もないわけではない。それは、「経験学習」の単位認定基準が各大学で異なり、同じ経験学習でもA大学では一単位を、B大学では二単位を認定・授与されるという、大学間における「評価の非一貫性」という問題である。また、そうしたアメリカ社会の学歴資格主義を逆手にとった「学歴産業」(diploma mills) が暗躍しており、特に、「経験学習」はこのターゲットとなりやすく、杜撰な審査と金銭で簡単に単位が「購入」できるとさえ言われている。[29] このように、アメリカの生涯学習も、不況と高失業率の中で、学歴資格要件の上昇した減少傾向にある職業上のポストを、生涯学習によって学歴資格を上昇させようとする人々によって争奪しあうという、資格証明書主義 (credentialism) によって翻弄されているように見える。[30]

注

(1) The National Commission on Excellence in Education, *A Nation at Risk; the imperative for educational reform*, US Depart-

ment of Education, 1983, pp. 8~9. 橋爪貞雄『二〇〇〇年のアメリカ—教育戦略』黎明書房、一九九二年、三一頁参照。本稿執筆に際し同書から多くの示唆を得た。記して感謝を申し上げたい。ただし、以下の引用訳は筆者による。

（2）苅谷剛彦『アメリカの大学・ニッポンの大学』玉川大学出版部、一九九二年、一九六-一九七頁。

（3）西尾範博「総合制ハイスクールの教育課程構造」西尾範博［編訳］『苦闘するアメリカ教育』所収、教育開発研究所、一九九三年、二五〇頁。

（4）二宮皓・佐々木司「米国の『危機に立つ生徒』に関する研究」 平成二・三・四年度科学研究費（総合A）研究成果報告書（課題番号〇二三〇六〇〇七）『後期中等教育の史的展開と政策課題に関する総合的研究』国立教育研究所、一九九三年、一七~三一頁。P.ウェルシュ著、二宮皓訳『危機に立つアメリカの生徒たち』東信堂、一九九四年、一七頁、「危機に立つのは「国家」ではなく「子供」であり「生徒」であるわけである。」（二宮執筆部分）。

（5）文部省大臣官房調査統計企画課編『主要国の教育動向・一九九〇~一九九一年』教育調査第一二一集、一九九二年、四五-四六頁。

（6）The National Commission on Excellence in Education, op. cit., pp. 24~32. 橋爪貞雄、前掲書、五七-七〇頁。

（7）Allan Bloom, *The Closing of the American Mind*, Simon & Schuster Inc., 1987, p. 59. 菅野盾樹訳『アメリカン・マインドの終焉』みすず書房、一九八八年、五二~五三頁参照。

（8）E. D. Hirsch, Jr., *Cultural Literacy*, Houghton Mifflin Co., 1987, p. 18. 中村保男訳『教養が国家をつくる』TBSブリタニカ、一九八八年、四二頁参照。

（9）Stanley Aronowitz & Henry A. Giroux, *Postmodern Education*, University of Minnesota Press, 1991, p. 38.

（10）Ibid., p. 44. 関連研究として、荒木道利「E.D.ハーシュ,Jr.の文化リテラシー論における「共通文化」概念に関する予備的考察」青山学院大学教育学会紀要「教育研究」第三八号、一九九四年。

（11）U. S. Department of Education, *America 2000: An Education Strategy*, revised October, 1991, p. 3.

（12）今村令子編著『各年史アメリカ　戦後教育の展開』エムティ出版、一九九一年、一二八六頁。

（13）Amy D. Rose, The Adult Education Act: 25 Years, IN *Adult Learning*, January 1992, p. 21.

(14) PUBLIC LAW 102-73 JULY 25, 1991. IN *United States Statutes at Large*, Vol. 105 part 1, United States Government Printing Office, 1992, p. 333.

(15) Stephen Brookfield, Lifelong Education in the United States, IN *Lifelong Education in Selected Industrialized Countries; Report of an* ***IIEP/NIER*** *seminar* ***IIEP***, Paris, 7-9 December 1992, International Institute for Educational Planning, UNESCO, October, 1993, p. 158.

(16) 若松文「アメリカ生涯学習法に関する一考察――その成立と挫折をめぐって――」日本社会教育学会紀要No. 30、一九九四年、九四頁。

(17) The National Commission on Excellence in Education, op. cit., pp. 13～14.

(18) U. S. Department of Education, op. cit. , pp. 39～40.

(19) Ibid., p. 45.

(20) 赤尾勝己「アメリカの生涯学習――その光と影――」『月刊私学公論』第二五巻第三号、私学公論社、一九九二年三月。

(21) 赤尾勝己「第三章　資格証明書主義の展開――非伝統的高等教育の展開」現代アメリカ教育研究会編『生涯学習をめざすアメリカの挑戦』教育開発研究所、一九九三年、八〇頁。

(22) 赤尾勝己「アメリカの大学における「経験学習」単位の評価過程――生涯学習の観点から――」帝京技術科学大学紀要第五巻第二号、一九九三年、一四六～一四八頁。

(23) 池田輝政「第五章　入学者選抜におけるエクセレンス」現代アメリカ教育研究会編『特色を求めるアメリカ教育の挑戦』教育開発研究所、一九九〇年、一二四～一二六頁。

(24) 黒崎勲『学校選択と学校参加』東京大学出版会、一九九四年、八〇～八一頁。

(25) 同右書、一六二頁。

(26) 関連研究として、犬塚典子「アメリカにおける「学校選択の自由化」に関する研究――一九八〇年代の教育政策を中心に――」慶應義塾大学大学院社会学研究科紀要第三一号、一九九一年。

(27) 今村令子『永遠の「双子の目標」――多文化共生の社会と教育』東信堂、一九九〇年、三九六頁の囲み記事より。
(28) A・シャンカー「公立学校再構築のための誘因利用の提案――伝統的学校教育モデルの終焉」西尾範博［編訳］『苦闘するアメリカ教育』所収、教育開発研究所、一九九三年、一二七頁。
(29) D・W・スチュワート／H・A・スピル著、喜多村和之他訳『学歴産業』玉川大学出版部、一九九〇年。
(30) 赤尾勝己「生涯学習社会における「資格証明書主義」に関する一考察――アメリカの「経験学習単位」を手がかりに――」日本社会教育学会紀要No. 28、一九九二年。

(付記) 本稿は、拙稿「アメリカの生涯学習――苦悩からの脱却を求めて――」『神奈川大学評論』第一五号、一九九三年をベースに、大幅な加筆・修正と資料の追加を行ったものである。

# ドイツ成人教育の苦悩と課題
## ――成人学習者研究・成人教育方法論の立場から――

三輪　建二

## はじめに

ドイツの成人教育・継続教育の「苦悩」について論じるというばあい、読者のなかには、トルコ人などの外国人労働者を対象とする、異文化理解の労働者教育活動を思いうかべるひともいるだろうし、一九九〇年のドイツ統一後の旧東ドイツの成人教育政策の紹介を期待するひともいるであろう。しかし、残念ながらここでは、これらのテーマを正面からとり組むことはしていない。

筆者の研究テーマが成人学習者研究・成人教育の方法論であり、これらの研究テーマをはなれてドイツの成人教育政策を論じることはあまりしたくないという理由があるためである。さらにまた、ドイツの成人教育の「苦悩」は、なにも、政治体制の急激な変換にともなう混乱といった要素だけではなく、「おとなの学習者」を対象とする「教育方法」というテーマにも見られるのであり、これらの具体的で実践的な問題への注目と解決への努力が、やがては、より大きな成人教育政策や制度上の苦悩の解決にもつながりうるのだということを、読者の方々に知ってもらえればという期待もある。

## 一　「大所高所」からの論議より「小所低所」からの論議へ

わが国の社会教育研究者のなかには、社会教育とは国家・社会のさまざまな矛盾に立ちむかう教育運動、というよりは政治運動であり、社会教育の研究者や指導者は、「権利としての社会教育」「国民の学習権保障」の名のもとに、革新的なイデオロギーの啓蒙普及にたずさわらなければならないといった使命感に立つひとがある。研究者たちの正義感や善意が、かえって学習者たちから遊離してしまうのではないかという心配をいだかせるほどである。他方で、一九七〇年代から急速に発展をみせている生涯学習論のなかには、イデオロギーの鼓吹はないものの、学習者一般の量的な傾向のみを追いもとめたり、客観性と称して学習者を研究操作の対象・客体にとどめてしまいかねない態度も見うけられる。

こんにち、社会教育を守る側と生涯学習を推進する側の双方は、生涯学習の政策をめぐって対立しているが、筆者の立場からすると両者はともに、おとなの学習者、あるいはおとなの学習者の学習活動、教育活動のプロセスを丹念に見ながら問題提起をするという視点、そして学習者研究、学習―教方法論から出発して、制度や政策までをも展望しようというパースペクティヴに欠けているように思われてならない。

ユング心理学者の河合隼雄は、大所高所からの教育論が、善意ではあるが、肝心の子どもの姿を見失ったままにし、知らぬ間に子どもたちの心を踏みにじるようなことをおこなっているケースがあるという反省に立って、子どもの心に耳をかたむける、「小所低所」からの教育論議の必要性を提唱している（参照、河合　一九九二）。こうした、いわば臨床の視座に立って教育を考えるという姿勢は、学校教育研究のみならず、学習者がおとなであることが多い社会教育・生涯学習研究にも有意義なのではないかというのが筆者自身の立場であり、そして、同じような視点にたって、ドイツの成人教育・継続教育の動向を見てみるとどのようなことが見えてくるのかを、小論で明らかにしてみようと思う。

この小論の構成はつぎのようになっている。二．では、ドイツの成人教育・継続教育政策が学校形態をモデルにしたものになっていることをおさえ、学校形態とはちがうノンフォーマルな成人教育方法の展開について、検討する。教育方法に関するこうした論議と実践は、学校化という問題から、さらには近代の価値をどのように考えるのかという近代化・合理化批判という大きなひろがりをもっていることに注目したい。

三．では、学習活動のにない手であるおとなの学習者、とくにかれらの意識の変容に着目した理論について検討する。おとなの学習者とはなにか、かれらはどのように学習するのか、かれらにふさわしい教育方法はあるのか、おとなの学習者の意識は成人教育の講座のなかで簡単に変容できるのかできないのかといった論点をとおして、成人教育の発展は政策上の改革だけではなく、まずは、にない手であるおとなの学習者についての理解を出発点にするのだという姿勢を学んでみたい。こうした視点も、これまでの成人教育研究方法をのり越えたいという、研究方法をめぐる苦悩からの脱出の道なのである。

最後の四．では、ドイツ再統一といった政治体制の激変のまっただなかにる旧東ドイツ人を例にとって、かれらを対象とする成人教育方法上の問題や意識変容の問題を、ごく簡単に素描してみることにする。ここでの説明は、三．での日常意識論を具体化したものになっている。

なお、具体的・実践的なテーマとはいうものの、ここではおとなの学習者の生の声よりは、成人教育研究者の見解を中心にしていることを、あらかじめ断っておきたい。

## 二　成人教育方法におけるフォーマルとノンフォーマル

### 1　継続教育政策と学校形態

一九六〇年代までのドイツ連邦共和国（旧西ドイツ）では、労働者や成人を対象とした教育活動は、一般に成人教育（Erwachsenenbildung）とよばれていた。成人教育は、職業教育の提供にはあまり重きをおかず、一般教養や趣味・レクリエーション、学校修了証の付与といった任務を、フォルクスホッホシューレ（Volkshochschule; 市民大学・民衆大学）とよばれる機関を中心にはたしていたといえる。

ドイツの成人教育は、学校教育の民主化・機会均等の「おくれ」に対応して発展したという歴史的な経緯がある。学校教育は、中等教育の段階からエリート（ギムナジウムから大学へ）と大衆・民衆（基幹学校・実科学校から実社会・職業学校へ）とをわけ隔てるという、三分岐型とよばれる制度になっていた。この制度の不備をおぎない、おとなの労働者・民衆にエリート階層の知識と文化遺産（一般教養）を提供するという目的をもって、成人教育を充実・発展させるようになったという皮肉なめぐりあわせがあったのである。

一九七〇年代にすすめられたドイツの教育改革は、まずはこの、三分岐型の学校教育制度を修正して学校教育段階での教育の機会均等をすすめていくことをねらいにしていた。さらに、質の高い労働力を確保するという観点にたった普通学校教育制度以降の教育制度の充実・発展を、継続教育（Weiterbildung）という名称ですすめようとしたのである（図—1）。ドイツ教育審議会が一九七〇年に答申した『教育制度に関する構造計画』をはじめとする一連の改革では、つぎのような継続教育政策が提言されている。

①　職業継続教育（職業知識・技能のいっそうの向上をめざす補習教育、あらたな職業知識・技能の習得をめ

ざす再教育）の振興

② 学歴のひくい成人のために中等学校（基幹学校・実科学校・ギムムナジウム）の修了証が提供できるような制度の発展

③ 語学などを中心とする資格講座の設置

（図—1）ドイツ連邦共和国の教育制度の構造（1980年現在）

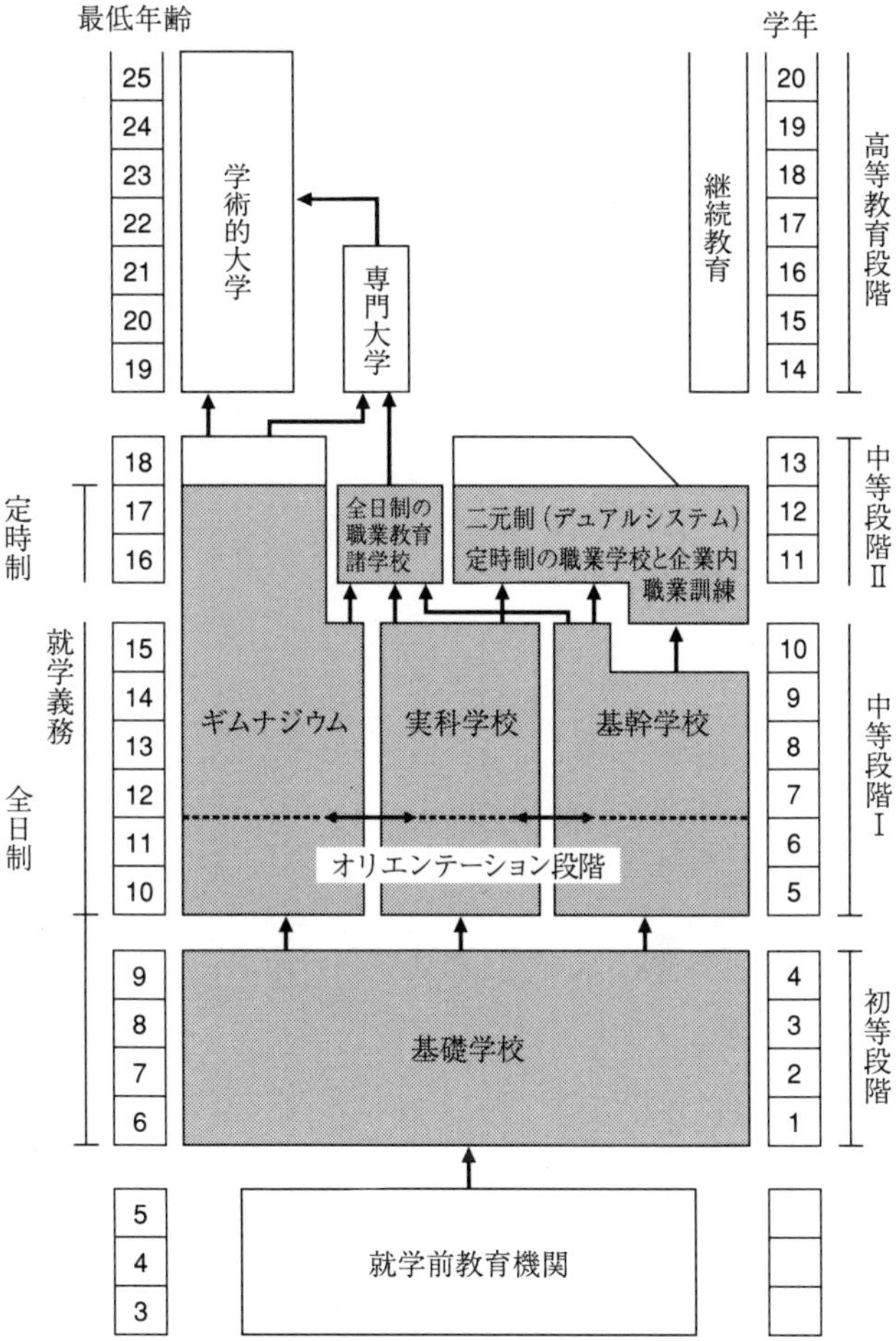


出典：マックス・プランク教育研究所研究者グループ著，天野正治監訳
『西ドイツの教育のすべて』東信堂　1989年，５頁

④　継続教育機関に勤務する教職員の養成制度の確立
⑤　成人教育法・継続教育法の整備
⑥　労働者の有給教育制度の充実・発展

フォルクスホッホシューレでのプログラムも、継続教育政策の展開にともなって、職業教育をはじめきわめて豊かなものになっている。（表―1）は、人口二八万ほどの中都市ミュンスター市のフォルクス・ホッホシューレの、一九九五年度秋・冬学期のプログラムである。

一九七〇年代以降になって、非職業的で一般教育中心の「成人教育」から、職業教育をもつつみこんだ「継続教育」へと、政策が大きくかわっていったが、それにもかかわらず、ドイツの成人教育・継続教育政策には一本の筋がとおっているという印象がある。それは、学習―教育方法という観点から見ると、カリキュラム・期間・教師（講座担当者）・評価・資格といった条件がしっかりしているためであるといえるのではないだろうか。いいかえれば、成人教育・継続教育が学校形態・定型の、フォーマル（formell）な教育として、いわば、学校教育との類似性と延長においてとらえられているのである。

## 2　目標グループ活動など

学校形態の継続教育方法の進展に対しては、あたらしい時代への柔軟な対応という立場から高い評価がなされる一方で、生涯にわたる学校化（Verschulung）や資格中心主義につながるという批判も生まれている。

たとえば、H・ダウバー（Dauber, H.）は、イリッチの脱学校論の見解をふまえて成人教育の学校化批判を展開し、成人教育は、「専門家の保護と指導の下での、［学習者たちの……引用者注］より多くの自律性の獲得」（Dauber 1980, 68）といった矛盾した考えをおし進めているのではないか、その結果、「専門性の洗脳」、つまり、

## (表-1)ミュンスター市フォルクスホッホシューレのプログラム(1995年度秋・冬学期)

| | | |
|---|---|---|
| 1．政治と社会 | | 合計122コース |
| 歴史と文化史 | ギリシャ諸島の魅力（4時間・8マルク）他 | 21 |
| 現代と多文化社会 | イスラムの親・家族（4時間・11.5マルク）他 | 25 |
| 高齢者・高齢になること | シニア・クラブ他 | 18 |
| 意味への問いと宗教 | ソフィーの世界を読む（12時間・24マルク）他 | 14 |
| 教育学と心理学 | 母親と幼児の水泳（10時間・30マルク）他 | 32 |
| 法律と財政 | 労働法入門（12時間・42マルク）他 | 12 |
| 2．健康と環境 | | 合計185コース |
| 健康と病気 | 漢方薬入門（6時間・47.5マルク）他 | 20 |
| 障害者との生活 | 障害者の読み書き（28時間・15マルク）他 | 13 |
| リラックスすることと自己体験 | 呼吸法と運動（13時間・172マルク）他 | 65 |
| 体を動かすことと体の体験 | リラックス体操（26時間・91マルク）・指圧1（16時間・107マルク）他 | 67 |
| 自然・環境・栄養 | キノコ栽培と料理（26時間・78マルク）他 | 20 |
| 3．ドイツ語と外国語 | | 合計250コース |
| 国際的な出会い | 東ヨーロッパとの出会い（6時間・無料）他 | 16 |
| 識字と基礎教育 | 読み書きの学習（76時間・20マルク）他 | 10 |
| 外国語としてのドイツ語 | 午前のコース（100時間・150マルク）他 | 37 |
| 英語とフランス語 | 英語—英語・基礎（30時間・100マルク）他 | 64 |
| | 仏語—仏語検定（39時間・170マルク）他 | 35 |
| イタリア語とスペイン語 | 伊語—伊語集中（42時間・210マルク）他 | 18 |
| | スペイン語—基礎（30時間・100マルク）他 | 26 |
| その他の外国語 | 日本語—基礎（30時間・100マルク）他 | 34 |
| 専門的な集会 | コンピュータによる外国語学習（30時間・無料）他 | 10 |
| 4．職業と継続教育 | | 合計151コース |
| 職業志向と資格提供 | ハーゲン放送大学プログラムの受講他 | 34 |
| 学習技術・作業技術 | 会議決定の技術（9時間・60マルク）他 | 10 |
| コミュニケーションと経営 | 試験不安の克服（15時間・45マルク）他 | 27 |
| 企業経済と商業実務 | 商業簿記入門（42時間・126マルク）他 | 12 |
| タイプライター | タイプ速記入門（30時間・90マルク）他 | 10 |
| ＥＤＶ（コンピュータ） | コンピュータ操作（24時間・108マルク）他 | 46 |
| 成人教育指導者のための継続教育 | 指導者継続教育（25時間・175マルク）他 | 12 |
| 5．文化と余暇 | | 合計163コース |
| 文学・音楽・芸術 | 自叙伝文学（4時間・10マルク）他 | 29 |
| 劇・歌唱・ダンス | ジャズダンス初級（20時間・52マルク）他 | 26 |
| 絵画・スケッチ・工作 | 日本の水墨画（16時間・41.6マルク）他 | 47 |
| メディア・市民放送局 | ビデオカメラ入門（8時間・24マルク）他 | 10 |
| 地方・旅行・散歩 | ドイツの新州（1回・5マルク）他 | 34 |
| 趣味・出会いの場・遊び | ブリッジ（24時間・72マルク）他 | 17 |

注）　1マルクは約80円である。

出典：PROGRAMM, Münster Volkshochschule.
Herbst/Winter 1995.

「生活の意味・創造性・責任性、そして自助といった内容を、専門的に再生産するというパラドックス」(Ebd., 119) におちいっているのではないかとのべる。K・H・ガイスラー (Geißler, K.H.) らも、継続教育の発展により、「文化の一部としての教育とその発展は、経済の手段としての資格に代位させられてしまい、最終的には姿を消そうとさえしている」(Geißler/Heid 1987, 19) とのべて、職業資格の提供に力をいれる継続教育のあり方を批判している。

一九八〇年代にはいるとフォルクスホッホシューレは、こうした批判に応えるかたちで、これまでの講座中心のプログラムのほかに、さまざまな非学校形態・非定型（ノンフォーマルあるいはインフォーマル）の教育プログラムを準備するようになった。たとえば、主婦や高齢者のほかに、これまで学校教育をじゅうぶんに受けてこなかったために成人教育施設に距離が生じている人びと（外国人労働者・移住者など）や、なんらかの社会的譜利益をこうむっている人びと（心身障害者・失業者・下層労働者・受刑者・外国人労働者など）を「目標グループ」(Zielgruppe; target group) と名づけて、かれらがかかえている日常生活上の問題・課題の解決をはかる、「目標グループ活動」(Zielgruppenarbeit) とよばれる学習活動を実施しはじめたのである (Vgl. Breloer 1979)。一九八四年に出版された『目標グループとの教育活動』には、つぎのような活動が紹介されている。

― 基幹学校修了証取得のためのコミュニティ近接の講座
― 失業者のためのフォルクスホッホシューレでの講座
― 基幹学校修了証取得のためのフォルクスホッホシューレ講座と社会教育活動
― 女性フォーラムの活動
― ドイツ語を母国後とする成人のための識字教育活動―オリエンテーション・教育援助サークル（ＡＯＢ）の活動

— 高齢者との教育活動
— コミュニティ近接の両親・家庭教育
— トルコ人子女のための学校外教育活動（Vgl. Schiersmann u.a. 1984）

また、ベルリンのシェーネベルク・フォルクスホッホシューレではコミュニティ教育活動（stadtteilnahe Bildungsarbeit; Stadtteilarbeit; Gemeinwesenarbeit）という名前で、労働者・外国人居住地区に支部をもうけ、トルコ人労働者などにドイツ語を教えたり、家賃相談などの日常生活上の問題の相談にあたっている。コミュニティ教育活動は教員がキャンパスの外にでかけて授業をおこなう方法を意味している（Vgl. von Werder 1982）。

厳密な意味では成人教育活動のわく組みからははずれることになるが、近年になって文化施設・福祉施設のなかで、社会―文化的活動（sozio-kulturelle Arbeit）とよばれる、あたらしい傾向の学習活動が活発に展開されるようになった。これはフランスの民衆教育の活動（アニマシオン）を参照した活動といわれる。たとえばフランクフルトでは、市内一三八の老人クラブがフランクフルト市フォルクスホッホシューレと協力して、「午後のつどい」という高齢者むけの講座をくんだり、市内の刑務所と共同で「刑務所内成人教育のための作業グループ」を結成したりするなどのプログラムを提供している（参照、三輪・谷、一九九〇、二六一―二六二頁）。ドイツ各地で社会政策的・社会福祉的な市民館、民衆教育会館、近隣社会会館、パヴィリオンなどが建てられ、地域振興をかかげる活動がすすめられているという（参照、谷、一九九一）。緑の党をはじめとする政治・社会運動団体も、オールタナティヴ（対案提唱; alternativ）をめざすあたらしい傾向の教育活動をすすめている。

目標グループ活動、コミュニティ教育活動や社会―文化的活動は学習―教育方法の観点から見るならば、伝統的な講座方式、知識提供型のフォーマルな教育活動とは別の学習―教育をめざした方法であるといえるだろう。成人教育研究者はこれらのあらたなうごきを、「学校とソーシャル・ワークとの間の成人教育」（Vgl. Schlutz

1983）などの名称でよんでいる。

ところで、ドイツにおけるこのようなノンフォーマルな成人教育方法への注目を、わたしたち日本人はどのように考えたらよいのだろうか。わが国のばあい、公民館をはじめ行政社会教育が、共同学習、話しあい学習、自分史学習などの非定型的で、福祉活動に類似するプログラムの開発に勢力をそそぎ、そのために学級・講座型のプログラムの開発がおくれる傾向にあった（参照、碓井、一九七三）。近年の生涯学習の政策は、おとなの学習者を対象とする教育活動の分野において、大学開放・カルチャーセンター・専門学校事業などのフォーマルな形態の教育事業のいっそうの進展を意図するものだという見方が可能である。これに対してドイツのばあいには（そしてドイツをふくむ欧米の成人教育のばあいには）、反対に、これまでのフォーマルで学校形態の教育方法に問題を感じとり、わが国の共同学習に似たノンフォーマルなものを、学習―教育方法としてあらたに導入しはじめたのだというい方ができる。

しかしもしそうであるならば、わが国がこの時期に、ノンフォーマルな社会教育活動よりも学校形態の生涯学習事業の拡張に熱心になることの意味および問題を、慎重に考慮する必要があるように思われる。というのは、ノンフォーマルな共同学習や話しあい学習の方法を社会教育の古くさい遺物として遠ざけるのではなく、現代の日本社会の諸問題を解決し、教師―生徒の縦の関係を克服するなど、現代社会の近代化・合理化にともなう矛盾といえるものをのり越える学習―教育方法として再評価できるのではないかと思うからである。以上の論点をもっと考えてみる必要があるだろう。

## 三　おとなの学習者の日常意識への注目

一九八〇年代にはいると、おとなの学習者に注目し、かれらの具体的な日常生活上の経験・意識や問題関心を学習活動の出発点とし、話しあいをすすめながら、日常意識のとらえ直し、ふり返りをおこなおうとする学習方法・教育方法論が発展するようになった。それは一般に、日常意識（Alltagsbewußtsein）志向の学習活動という名でよばれている。

日常意識志向の学習活動の方法は、話しあいやコミュニケーションといったノンフォーマルな方法を重視するものであるが、同時に、おとなの学習者という存在やかれらの日常意識の変容プロセスに注目した学習論になっている。それではなぜ、このような考え方が生まれるようになったのであろうか。

### 1　アイデンティティ危機と日常意識

日常意識志向の学習活動がとり入れられるようになった背景としては、継続教育の学校化への批判のほかに、つぎの理由をあげることができる。

それは一般に、「省察（反省）的な転回」（reflexive Wende）、あるいは「日常への転回」（Alltagswende）といわれており、成人教育の目標を、おとなの学習者のアイデンティティ危機の克服にもとめるようになった点である。継続教育政策の目標のひとつである職業教育や資格制度の振興は、一歩あやまると、社会や経済からの要請に教育のいとなみをひたすら追随させるという危険性をはらんでいる。その結果として現代社会のおとなは、社会的・心理的な葛藤（資格社会によるストレス、異文化間の葛藤、経済の停滞や失業にともなう心理的不安、あるいは離婚などの家庭内の争いごとなど）のなかにおり、かれらのアイデンティティは危機に瀕しているととらえることができる。成人教育の目標はしたがって、危機におちいっているアイデンティティの克服にもとめられるという主張が生まれるようになったのである。こうしたアイデンティティ論をささえる理論として、知識社会学（参照、バーガー・ルックマン／山口、一九七七など）の研究方法論が採用されつつある。

もうひとつの理由は、日常意識のうごきや変容のプロセスを丹念に見ることの大切さという指摘である。これまでのべてきた目標グループ活動の方法論も、現代社会の学校化に対抗するという積極的な意義をもっていた。しかしそれらの多くは、アイデンティティ危機克服の方法を、かれらがかかえる諸問題（失業など）を解決する問題解決学習にもとめようとしている。これに対してカウザースラウテルン大学教授R・アーノルド（Arnold, R.）は、それらの問題を、目標グループのメンバーがこれまでどのように認識し、解釈してきたのかを見ていく方が、したがって、その認識、解釈のわく組みや日常意識の存在そのものをとらえ直していくことの方が、問題解決学習よりも重要であるという問題提起をおこなっている。成人教育において重視しなければならないのは、社会問題よりは、その社会問題を解釈するおとなの学習者の日常意識のあり方のほうであり、そこに、成人教育の苦悩の突破口を見いだそうとするのである。たとえば、ドイツ人の外国人労働者排斥のうごきに反対するばあい、講座のなかで外国人排斥という問題を論じあうよりは、ドイツ人参加者の心理や日常意識のひだにまで立ちいって、日常意識のとらえ直しをはかる学習プロセスのほうが有意義だということになる。

## 2　解釈のパターン論

アーノルドは、おとなの学習者の日常意識のことを、ややむずかしい言い方であるが、解釈のパターン（Deutungsmuster; pattern of interpretation）とよんでいる。かれは、解釈のパターンをいくつかの要素にわけて説明している（Vgl. Arnold 1985. 参照、三輪、一九九五。なお、トルコ人についての事例は筆者自身がつけ加えた）。

①パースペクティヴ性：解釈のパターンは一定のパースペクティヴをもっており、ひとはそれに基づいて社会の現実を解釈する（例―ドイツ人はトルコ人についてまったくの無知、白紙状態でいるわけではなく、「イスラム文化をもっている」「ドイツの文化・ことばを理解しようとしない」「ドイツ人の職を奪っている」など、一定の立場からのトルコ人イメージをもっている）。

②ステレオタイプな表現（複雑性の簡明化）：解釈のパターンが表現されるばあい、ステレオタイプな言い回し、きまり文句になることが多い。それは複雑な社会的現実にすぐに対応できるという点ではプラスだが、意味についてのとらえ返しをしないですむという問題をもっている（例―トルコ人についてのイメージは、ひとり一人のトルコ人の違いには関係なく、一般化されて適応される可能性がある）。

③もっともらしさ：解釈のパターンは社会的現実と対応しているので、社会的現実を自明なものと考える以上、解釈のパターンそれ自体についてももっともだと考え、それになんら疑問をいだかないことが多い。

④潜在性：解釈のパターンはステレオタイプな表現となってあらわれるものもあるが、意識のなかに内在化して無意識・半意識状態にとどまっていて、部分的にしか省察されないものもある。解釈のパターンはかくされたメッセージである（例―トルコ人は、われわれドイツ人がやりたがらない仕事を肩代わりしてくれている、ドイツ人の側にも、いやな仕事をやらせている点で問題があるということを、普段は考えようとしない）。

⑤持続性：解釈のパターンはアイデンティティを守るという観点から、通常は持続的で剛構造になっており、容易には変化しない（例―トルコ人への偏見をあらためない）。社会の現実が変化しても、たとえば認知的不協和の理論（L・フェスティンガー）などのように、解釈のパターンの持続性を守るためのさまざまなメカニズ

ムが発展している。

⑥幼児期経験の固執性：幼児期の諸経験のなかで形づくられた解釈のパターンはとりわけ持続的であり、おとなになってからもあまり変化しない（三つ子の魂百まで、フロイトの精神分析学）。

⑦相対的な柔軟性：解釈のパターンは持続的であるといっても、まったくの無変化状態というわけではない。社会的現実の急変（ドイツの多文化社会化の進展など）にともなうアイデンティティの危機に対処するために、解釈のパターンが変容する場合がある（例—多文化社会の中で生活するうちに、トルコ人に対する偏見からすこしずつ自由になるなど）。一般に社会化のやりなおし、態度変更・翻身などとよばれる。カウンセリングによる変化、政治的転向、宗教上の回向などがその一例であるが、成人教育も解釈のパターンの変容

**（図-2） 解釈のパターンの相対化と成人教育（Arnold）**

| | |
|---|---|
| 教育目標 | 解釈のパターンの多様化とその援助<br>1．疎外からの回復（パースペクティヴ性の相対化・ステレオタイプな表現の克服）<br>2．アイデンティティの危機的状況の回避（解釈のパターンの変容） |
| 内　　容 | 典型的・共通の解釈のパターンの予測<br>↓<br>意識化<br>↓<br>省察・とらえ直し<br>持続性・固執性への配慮<br>柔軟性への配慮<br>↓<br>相対化（代替となる解釈のパターンの修得）<br>社会性の提示<br>科学的知識の提示 |
| 方　　法 | 心理療法的な機能<br>対話 |

にたずさわりうる。

⑧社会的媒介性：相対的な柔軟性の説明だけでは、解釈のパターンの変容が社会への再適応のためだけにおこなわれることになってしまう。しかし、解釈のパターンが社会的産物でもあるのだとすれば、変容の意味は、社会的現実の矛盾を反映した部分を取りのぞくというばあいにも用いなければならない。

アーノルドは解釈のパターンの諸要素をふまえたうえで、成人教育は、解釈のパターンの省察・とらえ直し(Reflexion)によるアイデンティティ危機の克服であるという。つまり、一方では、おとなの学習者がかかえる諸問題は日常意識の内部、解釈のパターンのなかに内在していると考え、解釈のパターンのなかにひそむ矛盾の要素をとり除くことを、さらには、解釈のパターンを変容させて、アイデンティティの危機に対処することを成人教育の到達目標とするのである。また学習方法や教育方法のさいには、以上の教育目標を達成させればよいといった考え方ではなく、パースペクティヴ性・もっともらしさ・潜在性・持続性など、解釈のパターンの剛構造、変容がむずかしいという事実にじゅうぶんに注意をはらわなければならないとしたのである（図―2）。

成人教育における問題の解決は、政策や制度の改革によるだけではなく、また、おとなの学習者がかかえる諸問題を解決する問題解決学習によるだけでもなく、おとなの学習者の心のひだにひそむ日常意識のとらえ直しによってであるという主張が、このような学習―教育方法を編み出したのである。

## 四　旧東ドイツの継続教育―ひとつの事例

一九八九年一一月九日、突如としてベルリンの壁が開かれ、一九九〇年一〇月三日、東ドイツ（ドイツ民主共和国）の西ドイツへの編入というかたちで、だれもが予測しえなかったドイツ統一が達成された。壁の開放とドイツ統一にともない、旧東ドイツの教育制度も急速に改革がすすんでいる。その方向は基本的に、旧東ドイツ教育の旧西ドイツ教育への適用になっている（参照、天野・木戸・長島、一九九二）。

旧東ドイツ地域でのあたらしい成人教育・継続教育の動向についてはドイツでも、わが国にはまとまった研究が少ないが、筆者は、三．の日常意識志向の成人教育と研究の方法が、ここでも積極的な意味をもつのではないかと考える。そのテーマにはいる前に、統一後の成人教育・継続教育の政策動向を簡単にふり返っておきたい。

### 1　旧西ドイツの制度の適用

旧東ドイツの継続教育制度、フォルクスホッホシューレの組織・制度の改革は、基本的には旧西ドイツの組織・制度を模倣する形で進行している。

まず、旧東ドイツ内の五州（ブランデンブルク、メクレンブルク・フォアポンメルン、ザクセン、ザクセン・アンハルト、チューリンゲン）および旧東ベルリンは統一後、これまでの中央集権的な教育制度をあらため、旧西ドイツの基本原理であった教育における州の「文化高権」（文化・教育に関する地方分権制）を受けいれた。学校教育をはじめ成人教育・継続教育は文化活動として、州の任務となったのである。各州の教育学術省は継続教育関連法の整備をすすめているが、コレーク（夜間ギムナジウム・夜間実科学校などで、大学入学資格であるアビトゥアや実科学校修了証ほかが取得できる）について規定した州は全州にわたるものの、フォルクスホッホシューレについて法律に定めのある州は一九九一年現在、ベルリンとチューリンゲンにとどまっている（Vgl. Recht der Jugend und des Bildungswesens 1991）。また、旧西ドイツのばあい、フォルクスホッホシューレの設置・運営の多くは市などの地方自治体であるが、旧東ドイツの地方自治体は財政難のために、フォルクスホッホシューレの設置・運営は市ではなく、州レヴェルになる傾向にある。

旧西ドイツの各州にある州フォルクスホッホシューレ連盟は、旧東ドイツの各州フォルクスホッホシューレ連盟とパートナー関係をむすび、フォルクスホッホシューレの運営、カリキュラム、職員制度についての助言をおこなっている。しかしパートナー関係といっても実質は、旧西ドイツのフォルクスホッホシューレ制度や成人教育理論の旧東ドイツ地域への形式的な適用と啓蒙である。たとえば、ドイツ・フォルクスホッホシューレ連盟教育研究所（フランクフルト）は一九九一年に、旧東ドイツ地域のフォルクスホッホシューレ教職員の研修用テキストを三冊発行した（『成人教育の社会的な諸前提』『成人教育の教授法上の諸側面』『成人との教授―学習プロセスにおけるコミュニケーション』、いずれもTietgens編）が、これらのテキストの内容はすべて、旧西ドイツの成人教育研究者の代表的な論文を項目ごとに並べたものである。

## 2　職業教育が中心

旧東ドイツの継続教育は、職業教育や資格を提供するプログラムが中心になっている。その理由としては、まず、旧東ドイツの経済危機と失業者の急増があげられる。一九九一年九月の統計では、就業可能な旧東ドイツ人八三〇万人のうち、実際の就業者は四五九万人にすぎず、のこりは短期労働（アルバイト）か失業中である。約四八万人が旧東ドイツ地域に住みながら、昼間は旧西ドイツ地域に赴いて仕事をしており、約三〇万人が旧西ドイツ地域へ移住していった（Vgl. Meisel/Neumann 1992, 157）。こうした経済状況のなかでは、失業者に職業資格をあたえたり、転職のチャンスをひろげる可能性のある再教育が、「経済的・労働市場上の構造的な問題すべてを解決する魔法のことば」（Ebd. 158）であるかのように頻繁にもちいられているという。実際に、職業教育や資格に関する講座の人気は高い。

職業教育機関の中心的役割を果たしているのは民間の継続教育機関であるが、そのほとんどが営利をあてこんだ旧西ドイツ資本のものである。ただし、その急速な進出ぶりや、「わたしたちはキャリアをもたらします」といったはでな宣伝、資格の安易な提供などのために、「多くのプログラムの質やレヴェルは納得のいくものではない（Sund 1991, 259）といわれている。一見すると職業継続教育がきわめてさかんであるが、その水準は高いとはいえない状態なのである。

フォルクスホッホシューレは、民間継続教育機関についで職業教育を提供しており、とくに事務（Büro）系統の職業教育プログラムが豊富である。たとえばザクセン・アンハルト州のマグデブルク・フォルクスホッホシューレの一九九二年度のプログラムを見ると、コンピューター（MD—DOS、データ・ベースほか）、速記、タイプライター、商業簿記、秘書学をはじめ、外国語（英語・仏語ほか）の資格講座が多くなっている（表—2）。旧東ドイツ時代のフォルクスホッホシューレでは職業教育は例外的な存在だっただけに、その様がわりは急であるといってよい。また、コレークでは基幹学校・実科学校・ギムナジウムなどの中等教育修了証取得のための授業がおこなわれている。

ところで、職業教育や資格の提供がさかんな理由は、はたして、旧東ドイツの経済的な危機のみにもとめてよいのだろうか。また、旧東ドイツでは職業教育が突出し、西側の資本主義や民主主義をまなぶといった政治教育関連のプログラムが少ないのはなぜなのだろうか。

**(表-2) マグデブルク市フォルクスホッホシューレのプログラム** (1992年度秋学期)

Ⅰ. 社会、歴史、政治　合計20コース
「ヨーロッパの共通市場は何をもたらすか」「地方史の講座」
「所得税法」「破産法」「社会保障法」ほか

Ⅱ. 教育学、心理学、哲学、宗教　9コース
「教育の代わりとしての援助」「自己決定―自発的な動機」「生活の豊かさ」「ブッダ、モハメッド、イエス：世界宗教の比較」ほか

Ⅲ. 芸術　14コース
「ヘルマン・ヘッセ」「絵本や遊戯の世界」「マクデブルクの文学」
「州都マグデブルク入門」「ドイツ・民衆メルヘンの展示」ほか

Ⅳ. 地方誌　4コース
「10月12日は祝日か―アメリカ発見史の批判的な分析」ほか

Ⅴ. 数学、自然科学、工学　26コース
「数学―基礎」「コンピュータ使用の高度な数学」「物理学」　54クラス
「情報学―基礎」「グラフィック入門」「MS–DOS基礎」「表計算(Excel 3.0)」「MS–DOS週末ゼミナール」「データ・ベース(dBASEⅣ)」ほか

Ⅵ. 経営、事務、商業実務　19コース
「ドイツ語速記」「議事録の作成」「タイプライター基礎」　38クラス
「秘書資格ＩＨＫ修了証」「商業簿記」ほか

Ⅶ. 語学　39コース
「外国語としてのドイツ語」「英語」「旅行者のための英語」　87クラス
「ケンブリッジ初級検定コース」「フランス語」「ドイツ人のためのドイツ語」ほか　87クラス

Ⅷ. 手工芸　27コース
「水彩画」「生け花」「陶器」「ラウンド・ダンス」「ビデオの作成」
「写真入門」ほか

Ⅸ. 家政学　7コース
「ダイエット相談」「ジャズダンス」「初心者のためのヨガ」
「テコンドー」「リューマチ療法」ほか

その他　19コース
「高齢者アカデミー」「家庭と社会の中の女性」「研修旅行」ほか

出典：Städtische Volkshochschule Magdeburg. Herbstsemester 1992.

## 3 政治教育の不毛と旧東ドイツ人の日常意識

職業継続教育と比較すると、政治教育関連のプログラム、あるいはあたらしい西側の諸制度への柔軟な適応をすすめようとするアイデンティティ教育（Identitätsbildung）はあまり見られない。その理由を考えるためにはまず、旧東ドイツ人がドイツ統一や旧西ドイツへの統合の際にいだいた心理、日常意識をさぐるのが近道である（参照、ヴァインベルク／三輪、一九九五）。

心理学者であり同時にベストセラー作家である旧東ドイツ人H・J・マーツ（Maatz, H.J.）は、旧東ドイツ人の心理分析をしたうえで、成人教育への参加動機や学習意欲がとぼしい理由をつぎのように指摘している。

「価値観の喪失、意味の空洞化、アイデンティティの分断による不安定な状態は、わたしの観察ではさまざまな反応をよびおこしています。人びとの多くは一種の逃走状態におちこみ、空洞や、内面の空白から逃れることに過度に積極的になっています。ほかの人びとはショック状態におちいり、あたらしい価値観を身につけることでは何もはじまらないと考えるくらいに悲観的、かつ惰眠的になっています。……わたしたちは、物事の多くを学ばなければならないのですが、でもわれわれのなかでだれも、何かを学ぼうとは思わないのです、これはひとつの病気です。これまで学んだこと、知ったこと、わたしたちの生活経験に属することのすべてが、もはや役には立たないのです」（von Fransecky/Maatz 1992, 13-14）。

マーツの見解は、ドイツ統一という歴史的事実が、当初は旧東ドイツ人に東の圧制からの解放をうながしたのであるが、解放は同時に、価値観やアイデンティティの喪失と不可分のものであったことを、そのためにかれらは、職業資格関連をのぞいてはあらたな学習意欲がわきおこらないという心理状態におちいっている事実を指摘している。

## 4　旧西ドイツ側に問題はないか

旧東ドイツ地域の成人教育を考えるさいには、政策の動向だけではなく学習者である旧東ドイツ人の心理、日常意識を知らなければならないとのべたが、それでは、旧西ドイツ人の心理状態や意識（解釈のパターン）は考慮にいれなくてよいのであろうか。東側の成人教育の紺来と停滞の原因に、西側は関わっていないと言いきれるであろうか。西側の成人教育の原理がほぼそのまま東側に提供されつつある現状や、職業教育に関し、西側の民間資本の進出にともなうレヴェルの低下という問題が発生していることを指摘したが、これらの指摘をふくめて全体として何がいえるであろうか。

ハノーファー大学成人教育学教授H・ズィーベルト（Siebert, H.）は、西側の成人教育関係者の傲慢さを指摘する。東の成人教育への援助は、発展途上国への援助と似ていて、いわゆる「援助シンドローム」をもたらしている。援助者はしばしば、善良な意図で行動し、自分たちは何か良いことをしたいと思い、それを支持してくれる考え方を旧東ドイツ人に期待し、こうした考え方が拒まれるとえらく失望してしまう」（Siebert 1992, 123）のである。たとえば、西側の成人教育者は、東の成人教育は党のイデオロギーの啓蒙普及に慣れ親しんでしまい、旧い指導モデル、教師―生徒モデルになっているので、より民主主義的なスタイルに変えなければならないと熱っぽくかたる傾向がある。しかしそう信じて行動すればするほど、旧東ドイツ人の心は閉ざされ、その結果、東側につぎのような皮肉っぽいジョークがはやるようになってしまう。「ヴェッシイ（Wessi; 西側の人のこと）はオッシー（Ossi; 東側の人の蔑称）に、問いに対する答えだけではなく、いまや問いそのものを用意してくれる」（Ebd. 123）。西側の成人教育の内容と方法をあくまでも正しいものとみなし、それを東側にこと細かに啓蒙しようという態度でいるかぎりは、旧東ドイツ人はそのような成人教育には参加したがらないということになる。

西側の傲慢さは、成人教育のレヴェルにとどまるものではなく、ひろく、資本主義、民主主義といった西側の価値観を正しいとする考え方にも向けられる。旧東ドイツ人の意識（解釈のパターン）は、社会主義政権下で培われた強固なもので、かれらはそこからの脱却が容易ではないことに苦しみ、それが不安感情やアイデンティティの喪失といったことばとなってあらわれている。しかしながらかれらの不安感情はさらに、西側の価値観の押し売りによっても生じている。ドイツ・フォルクスホッホシューレ連盟教育研究所のK・マイセル（Meisel, K.）らは、旧東ドイツ人は、東側の価値観が効力をもちえないという自信喪失感のほか、旧西ドイツが採用していた資本主義的な市場経済への不安、薬物やエイズへの不安、外国人労働者に対する不安、将来への、とくに、西側がもつ自由に対するあこがれと不安といった屈折した心理をもっていると指摘する（Vgl. Meisel/Neumann a. a. O., 149）。西側が資本主義（市場経済・勤勉・努力・競争）、民主主義（人権尊重・議会制度）などの、「西側の基準を上から押しつければ押しつけるほど、病を微妙に重くするという事情に行き詰まりの本当の原因がある」（西尾 一九九三、二六二頁）という指摘もある。旧東ドイツ人は東側の体制に安住できないのみならず、あたらしい西側の体制や思想にも組みしえないでいる。その結果として、どちらの側にも頼れるものがなくなり、出口の見えない神経症的な不安感情にさいなまれてしまうのである。

考えてみると、旧東ドイツ人の日常意識（解釈のパターン）も旧東ドイツ人のばあいと同じくけっして永久普遍的なものではなく、特定の価値観に立った相対的なものといえるのではないだろうか。アーノルドのいう解釈のパターンのパースペクティヴ性・相対性は、旧西ドイツ人にもあてはまるものである。西側の価値観がつねに絶対に正しく、東側が間違っていると決めつけるのではなく、両者ともに特殊な、異なった原理の解釈のパターンを身につけているという事実の確認から出発するのがよいのではないだろうか。したがって、東側の人間のみならず、西側の人間も、ドイツ統一をきっかけにして、みずからが身につけている日常意識（解釈のパターン）

の意味や問題点をとらえ直す努力をする作業が必要になる。西側における民主主義という高邁な原理ですら、ひとつのイデオロギーである。市場経済という資本主義制度も利点ばかりではなく、はげしい競争、資格中心主義、外国人労働者への依存、若者の労働意欲の減退、失業などの問題をはらんでいるはずである。

このような、日常意識のとらえ直しの作業をふまえた上でつぎに、一方の側の価値観を啓蒙するというのではなく、両方のドイツ人が少しずつ歩みよりをはかり、お互いの価値観や考え方を確認し、尊重しあう成人教育活動がもとめられるのである。皮肉な言い方になるが、政治的な成人教育やアイデンティティ教育がいま必要なのは、統一の勝者である西側の人間のほうかもしれないのである。

本論は、三輪建二「西ドイツの継続教育—職員の専門職化論を中心に」(日本社会教育学会編『生涯教育政策と社会教育』東洋館、一九八六年、一九四-二〇四頁)、同「西ドイツの成人教育教授論—経験志向の学習活動について」(同編『社会教育の国際的動向』東洋館、一九八七年、一三一-一四二頁)、同「成人教育と日常意識—西ドイツ成人教育教授学における「解釈のパターン」論」(『東京大学教育学部紀要』二九巻、一九八九年、三四一-三五〇頁)、同「成人の日常意識とアイデンティティ—R・アーノルドの解釈のパターン論」(社会教育基礎理論研究会編『生活世界の対話的創造』(叢書生涯学習X) 雄松堂、一九九二年、三一-九四頁)、同「ドイツ連邦共和国における成人の学習方法・教育方法論の展開」(『各国生涯学習に関する研究報告—生涯学習研究会編『生涯学習の研究(下巻)』エムティ出版、一九九三年、一八三-二〇九頁)、同「再統一後の旧東ドイツの成人教育」(川野辺敏監修『生涯学習・日本と世界(下)—世界の生涯学習』エムティ出版、一九九五年、一九九-二一五頁)ほかを、本書の基本テーマにそってまとめたものである。

**(参考文献)**

天野正治・木戸裕・長島啓記「ドイツ統一と教育の再編」『比較教育学研究』第一八号、一九九二年、五-一三頁。
J・ヴァインベルク著/三輪建二訳『変動する社会と成人教育』玉川大学出版部、一九九五年。

碓井正久「社会教育の方法をめぐる一、二の問題」（碓井正久編『社会教育の方法』東洋館、一九七三年）、三-一八頁。
河合隼雄『子どもと学校』岩波書店、一九九二年。
谷和明「ドイツ連邦共和国の公民館類似施設—都市型社会における地域パターンのあり方」（社会教育基礎理論研究会編『社会教育の組織と制度』（叢書生涯教育Ⅴ）雄松堂、一九九一年）、一五一-二〇三頁。
西尾幹二『全体主義の呪い—東西ヨーロッパの最前線に見る』新潮社、一九九三年。
P・L・バーガー、T・ルックマン著／山口節郎訳『日常世界の構成—アイデンティティと社会の弁証法』新曜社、一九七七年。
三輪建二『現代ドイツ成人教育方法論』東海大学出版会、一九九五年。
三輪建二・谷和明「成人教育条件整備の国際的動向—西ドイツの場合」（小林文人・藤岡貞彦編『生涯学習計画と社会教育の条件整備』エイデル研究所、一九九〇年）、二四六-二六四頁。
Arnold, R. : Deutungsmuster und pädagogisches Handeln in der Erwachsenenbildung. Bad Heilbrunn 1985.
Breloer, G.: Aspekte einer teilnehmerorientierten Didaktik der Erwachsenenbildung. In: ders. / Dauber, H. / Tietgens, H. : Teilnehmerorientierung und Selbststeuerung in der Erwachsenenbildung. Braunschweig 1980, S. 8-112.
Dauber, H. : Selbstorganisation und Teilnehmerorientierung als Herausforderung für die Erwachsenenbildung. In: Breloer / ders. / Tietgens. a. a. O., S. 113-176.
Geißler, K. A. / Heid, H. : Die Opfer der Qualifikationsoffensive. In: ders. u. a. (Hrsg.): Opfer der Qualifikationsoffensive. Tutzing 1987, S. 11-20.
Meisel, K. / Neumann, G. : Identitätsbildung, Sinnstiftung und Zukunftsfähigkeit. -mögliche Perspektiven kommunal und regional orientierter Erwachsenenbildung in den neuen Ländern. In: von Küchler, F. / Kade, S. (Hrsg.): Erwachsenenbildung Übergang. PAS des DVV Frankfurt/M. 1992, S. 145-163.
Recht der Jugend und des Bildungswesens. Heft 3/1991.
Schiersmann, Chr. / Thiel, H. -U. / Völker, M. (Hrsg.): Bildungsarbeit mit Zielgruppen. Bad Heilbrunn 1984.
Schlutz, E. (Hrsg.): Erwachsenenbildung zwischen Schule und sozialer Arbeit. Bad Heilbrunn 1983.

Siebert, H. : Umerziehung und Umschulung statt Dialog und Emanzipation? -Aus der Sicht eines Westdeutschen. In: von Küchler, F. / Kade, S. (Hrsg.): a. a. O., S. 120-133.

Städtische Volkshochschule Magdeburg. Herbstsemester. Magdeburg 1992.

Tietgens, H. (Hrsg.): Gesellschaftliche Voraussetzungen der Erwachsenenbildung. Studienbibliothek für Erwachsenenbildung (SBE) 1.; Didaktische Dimensionen der Erwachsenenbildung (SBE) 2.; Kommunikation in Lehr-Lern-Prozessen mit Erwachsenen. (SBE) 3. PAS des DVV. Frankfurt/M. 1991.

von Fransecky, M. / Maaz, H.-J. : Von den Mühen des Zusammens nach der Vereinigung. In: Literatur- und Forschungsreport Weiterbildung Nr. 29. 1992, S. 13-17.

von Werder, L. : Stadtteilnahe Bildungarbeit. In: Nuissl, E. (Hrsg.): Taschenbuch der Erwachsenenbildung. Baltmannsweiler 1982.

# 体系化への模索――イタリアの生涯学習

嶺井　正也

## はじめに

一九九二年四月から、九三年の三月にかけてミラノ大学に一年間留学（学校運営への父母参加を制度化した学校協議会を中心とする各種協議体と、原則として「障害」のある子ども達を普通学級で受け入れる「統合」教育についての理論と実際について主に調査研究するための留学）した折り、私はスカラ座近くの書店に文献を探しに行くついでに、ガッレリアのスカラ座方面の出口にあったミラノ市役所の案内係をよく訪れたものであった。ミラノ市役所の文化課が主催する各種のコンサート、演劇、展覧会の日程を調べ、欲しいチケットを買い求めることが主な目的であったが、やがてそこに教育課が提供している各種の学習講座一覧表があったことに気付くようになった。中心は、大人を対象としたいわゆる「成人教育」プログラムであったが、外国人のためのイタリア語講座もあった。

こうした文化事業や学習講座の提供が、本書のテーマである「生涯学習」とどのような関連を持ち、体系化されつつあるのかは残念ながら十分につかみきれないままに日本に帰国することになったのだが、今日では成人の教養学習にも使われるようになっている「有給教育休暇」を利用した労働者に対する「一五〇時間」の学習権保障（一九七三年に金属機械の労働組合連合が先鞭をつけたもの）、「生涯教育社会センター Centri sociali d'educazione permanente」（それまでの民衆学校を改組したもの）の設置、継続教育の基礎を作ることを小学校の目的に加えた「小学校制度改革法 Riforma dell'ordinamento della scuola elementare」（一九九〇年六月五日、法律第一四八号）等々の動きを踏まえると、イタリアでは生涯教育の体系化に向けた取り組みが、時間をかけながら、しかし着実に進んでいることが理解できる（酒井嗣子氏の一九九〇年度日本教育行政学会大会（於）上越教育大学での発表レジュメ「イタリアの生涯教育」から多くの示唆を得た。ここに感謝の意を記しておきたい）。

しかしながら、筆者が生涯学習研究を専攻としてはおらず、しかも、つい最近になってようやくイタリア教育研究にとりかかった身であるが故に、本稿は全くの概要でしかないことを予め断っておきたい。

なおイタリアでは「生涯学習」という日本語に直接に翻訳できる言葉はほとんど使われてはおらず、専ら「生涯教育」に該当する Educazione permanente になっているので、以下においては「生涯教育」という言葉に統一しておきたい。

## 一 「生涯教育」の概念をめぐって

ジュゼッペ・フローレス・ダルカイス編の『新教育学事典』（初版・一九八二年、二版・一九八七年、Edizioni Polini 社）によると、生涯教育（広義）というのは、空間的な面での継続性と開かれた性格（生活のあらゆる領域を統合するという全体性）を持ちしかも、時間的に見た継続性（人間の生涯を、行き来のできないような部分部分には区分しないという考え）を持ったものであるとしている。それは、多くの国々で時間的にも空間的にも閉じられたシステムとなっている学校教育とも区別されるし、また自覚化し、変化させ、社会化する手だてではあっても、疎外された大衆をだまし順応主義をすすめる手だてではない「成人教育」とも区別されている。したがって、生涯教育は就学前教育、学校教育及び学校後の職業教育や成人教育を含むとともに、学習と労働とを交互に繰り返すリカレント教育という考え方をも含むものである。

生涯教育を考える場合には、仕組み、動機、文化という三つの基本的観点がある。仕組みの観点というのは、生涯教育の場所に関わるもので、識字を中心とした社会化の過程に、地方のより進んだ取り組みや条件などの諸要素を盛り込んでいくということである。動機の観点からすると、生涯教育は、まさしく民主的な社会参加という目的を持った、各個人の「向上」という倫理的な必要性に基づいているものである。新しい技術を認識する必要性と人間精神との間のバランスとして理解されるべき文化的観点では、批判的な姿勢や表現・コミニュケーションの能力を培うものとして、生涯教育を理解するということになる。

また、生涯教育は（生涯にわたって、という）時間的統合や（あらゆる場所で、という空間的統合）という視点だけでなく、「急激な」社会変化を考慮し、経済生活や労働生活と文化的な目標との有機的なつながりを考え、さらには学校と学校外の機関あるいは活動とを調整するという視点からも理解されなければならない。

こうした学校教育をも含みこんだ生涯教育の理解を、ミラノ大学教授のリッカルド・マッサも行っている。直接に生涯教育を定義してはいないが、マッサは次のような提起を行っている（"Istituzioni di pedagogia e scienze dell'educazione" Editore Laterza, 1990）。

「このように現在では、人間形成の仕組みを組織、法律、行政、規範といった総体的な観点から改革しようとする要求が生じている。先ず、十分に機能していない、根源的な教育機関としての家族を保育所や母親学校という基礎的学校を強化したりその他のサービスを提供することで補完することや、これに関わって認識や感情を早期に行うために少なくとも五年間の義務教育を繰り上げることに対する要求がある。そして初等教育でも、一六歳まで義務教育を伸ばして統一性のある高校の二年課程（訳者注・イタリアの高校は五年課程で、基本的に三種類の高校から成り立っているが、その三種類の高校の最初の二年を義務教育にして統一した課程にしようという改革案が出されている）においても、新しいカリキュラムや方法が必要となってくる。先進諸国ではどこでもそうであるが、イタリアでは特に後期中等学校に問題が山積している。職業教育は、いわゆる「ドロップアウト」（あるいは中退者 abbandoni scolastici）の傷を、再入学という合目的的な措置によって癒し、人間形成の行程を連結することによって、職業移動や新しい職業への意識を育むことを可能にするような統合的な人間形成システムの形成という観点で再定義されなければならない。大学に関しては学習の三段階すなわちディプロマ（訳者注・最近導入された短期課程の修了者に対する資格証明）、ラウレア（訳者注・学部修了証明書）、ドットラート（訳者注・博士課程修了証明）を効果的に連続させるようにすべきである。（中略）学校ばかりでなく、地方公共団体の学校外教育機関や青年組織で行われている試みも完全に正統化される必要がある。生涯教育やリカレント教育という観点から、第三期までの全生涯にわたる社会、保健、社会事業、再訓練、文化に関わるサービスを教育的視点から位置づけ直すことも必要である。マス・メディア、マイクロ・インフォルマティクスの衝撃やその可能性についても論じなければならない。」

以上明らかなように、マッサは全生涯を見通しての、保育所を含む学校教育、学校外の教育、様々な社会サービスの教育的機能などを含んでの総体的な人間形成のシステム化が必要になっていることを指摘しているが、これが生涯教育的な発想であることはいうまでもないだろう。

一九九〇年二月二二日から二五日にかけてローマで開催された「全生涯のための学校」と題する会議に提出さ

れたレポートをまとめた『全生涯のための学校 UNA SCUOLA PER TUTTA LA VITA』(一九九一年、La Nuova Italia 社)を見ると、こうした発想を深める理論的な動きが拡大してきていることが理解できる。第Ⅰ章では生涯教育という観点から学校を新しく解釈しようとし、第Ⅱ章では「知」の問いなおしと再構造化を行い、第Ⅲ章では「全生涯のためのカリキュラム」さえ考えられている。この第Ⅲ章をもう少し具体的に見ると、カリキュラムの段階は①〇歳から三歳、②三歳から六歳、③六歳から一〇歳、④一一歳から一六歳、⑤一六歳から一九歳、⑥大学、⑥成人期というように区分されている。第Ⅳ章ではより具体的な学校のあり方の他に博物館・図書館などのあり方が模索され、最終章は「労働の時代、学校の時代」となっており労働と教育との関わりが考察されている。

しかし、制度的な意味あいで使う場合には、「生涯教育」は、学校教育外の、特に中学校や高校を卒業した人々に対する職業教育を中心とする様々な教育機会の保障を意味するものとして使われている(狭義の生涯教育)。

## 二 生涯教育の段階と領域

生涯教育の体系を示した、イタリアの文献や資料が手元にないので、前出の『全生涯のための学校』などを参照しながら、筆者なりの構図を提起しておきたい。

### 1 幼児期

まず、幼児期であるが、ここでは主に家庭教育と施設での保育がある。施設保育の場合には、〇歳から三歳までが保育所 Asilo nido、三歳から五歳までが母親学校 Scuola materna となっている。

イタリアでは家庭は子どもの人間形成にとって基本的な場所としてもともと重要視されてきたが、今日では「その中で子どもは日常の諸体験を整理し、識別し、これらの価値や意味づけを学びつつ、現実ばかりでなく論理的カテゴリーや感情的カテゴリーの仕組みを解釈するための基準を次第に獲得し、人間関係の評価の仕方を理解し、行動規範を内面化するとともに個人的社会的な価値体系の中に徐々に組み入れられることを通して、人間関係のきまりとモデルを獲得し分かち合う。さらに、コミュニケーションとつながりの経験を基にして、表象過程や表現力の発達に至る言語能力を獲得する。」(一九九一年六月制定の「国立母親学校の教育活動指針」より)と捉えられている。

保育所はこうした家庭教育と連係しつつ、両親が仕事をしている幼児を保育する機関であり、将来的にはすべて教育行政の管轄下に入る動きもあるが、現在は、保健省系列の地域保健所 U.S.S.L. = Unita Socio-Sanitarie Locale (保健行政に関しては、かなり地方分権が進んでいる) か、市町村の教育部管轄かのいずれかになっている。イタリアにおける公的な保育所の歴史は浅く、一九七一年の法律第一〇四四号の制定を待たなければならなく、その目的も子どもの成長を育むというようも母性保護に力点があった (B.Q.Borghie L.Guerra "Manuale di didattica per l'asilo nido" Editori Laterza, 1992)。しかし、今日では子ども自身の生涯に及ぶ成長の基礎づくりとして、教育の場として重視されてきている。ただし、保育所で保育を受けている幼児はまだ少なく、統計が古いがイタリア全体では五%程度である。もちろん、北部や中部イタリアの都市部では一〇%を超えている (a cura di Anna Bondini e Susanna Mantovani "Manuale Critico dell'Asilo Nido" Franco Angeli, 1987)

国レベルでは教育省管轄に入る母親学校には、その該当年齢児の九五%を超える幼児(五歳児に関してはほぼ一〇〇%）が通っている。近年は母親学校という名称ではなく「幼児学校 Scuola dell'infanzia」と称して、幼児中心の教育機関であることを明確にしようとする動きが強くなっているが、法的（一九六八年三月一八日の法律第四四四号「国立母親学校制度」）には依然として母親学校である。ただし、教育内容面では一九六九年の教育活動指針を変えた一九九一年新教育活動指針で、幼児学校への転換を明確にしている、といってよい。また筆者が見学することのできたジェノヴァの場合には、学校名がすでに「幼児学校」となっていた。

この新教育活動指針は、社会の変貌、子どもや家族の置かれている状況の変化をその否定的側面と肯定的側面においてとらえて、新たな幼児教育への展望を示している。例えば「多文化、多民族的状況の増大は直接差別に到らずとも、ときに不寛容な態度をもたらすことがあるが、協働、交流、価値としての多様性の建設的受容、それに民主的成長の好機といったものにもとづく共生という観点からすると豊かさと成熟の機会にもなりうる。」、「子どもの尊厳の肯定は消費主義の論理に無制限にまきこまれかねないし、広範な物質的福祉の享受という条件は必ずしも自信、主体性、自己の肯定、拡張、意味、帰属意識、自治といった内的欲求の充足にみあうわけではない。」といった具合である。そうであればこそ、幼児に憲法や「子どもの権利条約」などで保障されている生活権や学習権を含む諸権利を保障するという観点から、母親学校は平等、自由そして連帯という原則に基づいて幼児期の意味と価値を踏まえた積極的な役割を展開しなければならないとする。

こうした観点から設定された新しい幼児学校の目的は①アイデンティティの成熟、②自主性の確立、③能力の発達となっており、まさに生涯教育の基礎として相応しいものになっていよう。特にもっとも重要と思われる②の自主性の獲得は「多様な状況の中で方向を見定め主体的選択を行うことのできる能力を育てること」と位置づけられている（この指針部分の翻訳に関しては、田辺敬子氏の「イタリアの保育指針に学ぶ」乳幼児発達研究所『はらっぱ』所収、を参考にした）。

## 2　学齢期

義務教育は五年間の小学校と三年間の中学校を合わせ、八年間となっている。就学年齢は六歳になっているが、義務教育年限の延長問題と関わって現在の六歳から五歳への就学年齢の繰下げが教育政策上の大きな課題となっている。

小学校のカリキュラムに関しては、一九八五年に新しい教授プログラムが出され、母親学校や中学校との継続性、家族との協力を強調しながら、民主的共生を原理として打ち出し、文化間教育や「障害」のある子どもの普通学校への受入れ（イタリアでのいわゆる統合教育は制度的には一九七一年法から始まるが、大きく前進するのは一九七七年法からである）などを示している。

本稿の趣旨に照らして注目すべきは、学校での教育活動と学校外の様々な学習活動との連係とが原則的に示されている点である。これを受けてボローニャ大学教授のフランコ・フラッボーニは、図書館、博物館、アトリエ、試験所、スポーツセンター、余暇センター、文化センター、それに世俗あるいはカトリックの諸団体など制度的な教育活動と、風景とか記念碑などの非制度的な教育活動とに大きく分けられる学校外活動と学校の教育活動との連係を重視している（Franco Frabboni 'Il curricolo, motore della continuita educativa,' A. Canevaro ecc. "Fondamenti di pedagogia e di didattica", Edito-ri Laterza, 1993）。

この趣旨を制度的に裏付けたものが、一九九〇年の小学校制度改革法である。酒井嗣子氏がイタリアにおける生涯教育体系化への一指標として強調しているように、本法では小学校を「教育過程の継続性を具体化するのに貢献する」（第一条第三項）という一般的目的を掲げている。国家試験である卒業試験に合格すると、小学校卒業資格 Licenza elementare という証明を得て中学校に進学できる。二年生から三年生への移行段階にハードルが設けられており、それをクリアしなければ落第になるが、近年ではそこでの試験はかなり形式的なものになっているという（ミラノ市中心部のモデル学校的な小学校を訪問した時の校長の話）。

中学校については、それまでの複線型を変えて統一を果たした一九六二年の法律第一八五九号「国立中学校の組織と制度」以降、一九九〇年の小学校制度改革法に類するような制度改革はない。しかし、一九七七年の法律第五一七号は評価制度を大きく変えるとともに、「障害」のある生徒を普通学級に受入れたり、生徒の一人ひとりに見合った学習を教育方法的に保障するという全体的な教育関係の変革を制度化した。さらに一九七九年の「国立中学校のプログラム、時間割及び試験」に関する公教育省通達（ラテン語や選択教科を無くし、すべての生徒に統一的なカリキュラムを保障するとした一九七七年の法律第三四八号を具体化したもの）では、基本的には一九六二年法の延長線上ではあるが、中学校を「義務教育を行う学校として……個々の市民及びイタリア人全体の教育水準を向上させるという民主的な原則に応え、文化、文明それに社会的共生といった諸価値を共有しそれらの発展に貢献する能力を高める」ところとして位置づけている。やはり試験に合格すると中学校卒業証明Licenza mediaが得られる。

## 3　義務教育後のコース

義務教育後のコースはかなり複雑である。統一的な法律によって体系化されているわけではないが、学校としては大きく①普通教育中心のリチェオ（五年課程が中心）と呼ばれるもの、②専門職業教育を行う専門イスティトゥート（五年課程が中心。なお小学校の教員養成を行っている師範イスティトゥートや芸術イスティトゥートは四年課程で、それを修了後一年の特別課程を卒業すると、大学入学資格にもなる高校卒業資格Diploma di Maturitaを得ることができる。）、③職業教育を行い職業ディプロマを出す職業イスティトゥート（三年課程が中心で、農業、工業・手工業、商業、ホテル業、女性向き職業のほぼ五種類に分類される。ここに置かれる実験課程を修了した者の大学進学も可能となっている。）に分かれている（これらを合わせてイタリアの高校と呼ぶことにする）。①と②は国立が多いが、③は主として州やコムーネが設置主体となっている（職業教育基本法とも呼ばれる一九七八年一二月二一日の法律第八四五号によって職業教育の管轄権は州に委譲された）。

なお、一九七八年に下院で採択されながらも依然として実現を見ていない「後期中等学校の新しい組織 Nuovo Ordinamento della Scuola Secondaria Superiore」では、その第一八条で「後期中等学校は、生涯教育の場である。後期中等学校は……州および学区が計画した企画、またその他のリカレント教育と地域社会のための文化的サービスの形態に対し、協力を行う。とくに、労働者が教育のための有給休暇を活用しうるような企画に考慮を払う。」と明確に生涯教育を打ち出していることが注目される（前之園幸一郎氏によるイタリアの教育改革動向に関する翻訳資料・海老原治善編『資料・現代世界の教育改革』三省堂、一九八三年）。

職業イスティトゥート以外で、昼間だけでなく夜間課程でも職業教育を行っているコースが各市町村でかなり設けられている。何らかの理由で中学校や小学校の卒業資格を得られなかった人々のための「一五〇時間」コースももちろん設けられているが、「狭義の生涯教育」のコースもある。

例えばミラノ市が「市民高校 Civili Scuole Secondarie」として管轄している高校や各種コースは、案内パンフレットによると一九九二／九三年度には一〇五に上っている（国立や私立の高校は除外されている。また高校卒業資格者を対象としたより高度の職業専門教育その他を行うコースも設けられている）。その中には、中学卒業試験受験にむけた「ドロップアウト・コース」や識字学級、さらには「障害」者の職業選択のための基礎コースなどもある。

「狭義の生涯教育」コースとしては料理、栄養教育、造園、彫版、古物研究、室内装飾、陶芸、写真、絵画、美術史、成人体操、音楽、ワープロ、幼児音楽指導、言語などなど多数設けられている。

## 4 中等教育後コース

大学は国立の総合大学が圧倒的に多いが、カトリック総合大学などの宗教系大学の他は私立大学はボッコーニ大学（ミラノ）を筆頭としてわずかである。

大学には、高校卒業試験に合格すれば卒業資格 Diploma di maturita (Maturita 試験は全国一斉に、最初は筆記試験、後で一人あたり三〇分以上をかけて行う口頭試問の二段階で行われる。口頭試問は公開制になっており、誰でも自由に試験の様子を見ることができる）を得れば、原則的にはどの学部にでも入学試験なしに入ることができる。これはイタリア社会民主化の嵐が吹き荒れた最中の一九六九年一二月一一日の法律第九一〇号により実現したものである。今日では医学部などで若干人数制限をするために試験を課すところがあるが、その他は従来通りである。しかし、日本と違い、イタリアの大学を卒業するのはかなり難しい。単位取得に必要な試験も大変であるが、卒業論文の水準もかなり高い。

大学の所管は一九八九年五月九日の法律第一六八号「大学および科学技術研究省の設立」によって、それまでの公教育省から科学技術研究省へと移管された。

一九九〇年にいたり「大学の教育組織に関する改革」のための法律第三四一号（一一月一九日）が成立したが、これは①短期課程を導入し、二〜三年で第一段階の大学修了資格 Diploma universitato や、特定の職業教育を行い特別課程 Scuola dirette a fini speciali 修了資格を出すようにしたこと、②修士号、博士号の導入、③教員養成を大学レベルで行うこと（酒井嗣子「画期的改革を遂げたイタリアの小学校制度―大学には短期修了制度を導入―」文部省『教育と情報』一九九一年五月号)。①は、大学を修了しないままに挫折していく若者対策と大学への職業教育の役割付与を狙ったものであり、例えばミラノにある大学では一九九一年の場合には、ミラノ大学に「統計学コース」、カトリック大学に「統計学コース」「小学校監督資格コース」「体育コース」などが置かれていた(Reginoe lombardia "Se conosci puoi scegliere" 1991。ただし、"Scuola '92"での説明とは異なっている)。②は大学での研究・学術機能の強化策である。

高校卒業後に通う大学以外の教育機関としては、主として州の「職業教育センター Centri di Formazione Professionale」が組織し、州の専門職業資格証明書 un attestato regionale di qualifica o di specializzazione を出すコースが多様に存在している。この他にはコムーネや組合が組織するものもある。さらに単に履修証明書だけを出すコースもある。

## 三　狭義の生涯教育推進の諸機関

一九六九年五月二三日の公教育省通達で広く設置されるようになった「生涯教育社会センター Centri sociali di educazione permanente (C.S.E.P.)」が、主な狭義の生涯教育機関である。一九六九年九月に設置されたボローニャの生涯教育社会センターは、広範な成人教育活動の他、急激に変化する社会で生ずる問題についての調査研究とそれへの対処法の提供などを行っているし、またリボォルノでは①共同体の発展(現代的課題に関する講演や討論、旅行―ガイドによる探訪、社会活動、演劇活動、若者問題の研究)②文化の促進(教養講座、音楽指導、歴史・地域研究)③現代文明の言語(写真、映画、VTR)、④美学的教育(絵画、陶芸、デザイン、芸術史)などの学習活動が展開されている(酒井嗣子氏、前出・日本教育行政学会発表レジュメ)。

ただし、残念ながら資料不足のため、この組織の全国的な状況や活動形態についてここで論ずることはできない。

なお生涯教育に関しては、学区学校協議会 Consiglio scolastico distrettuale や県学校協議会 Consiglio scolastico provinciale が生涯教育プログラム作成に関して意見を述べるようになっている（一九七四年五月三一日の委任命令「母親学校、初等、中等学校および芸術学校における協議機関の設置と再組織」、前出、前之園氏の資料を参照のこと）。

また「州立教育調査・実験・研修機関 Istituto regionale di ricerca, sperimentazione e aggiornamento educativi (I.R.R.S.A.E.)」や「教育ヨーロッパセンター Centro europeo dell'educazione」（教育システムやプログラムの研究の他、国の内外の教育情報、研究資料の収集を行っている）は、生涯教育に関する調査・研究を行っている。この二つの機関は、一九七四年の委任命令第四一九号「実験、教育研究及び文化的職業的刷新及び関係機関」に基づいている。

## 四　イタリアにおける生涯教育推進上の問題点

イタリアでは日本の「生涯学習の振興のための施策の推進体制等の整備に関する法律」のように、国レベルで生涯教育を推進するという法律はいまのところ存在してはいない。今後どうなるかの予測はつかないが、現在進行中の教育行政の地方分権化の傾向から判断すると、生涯教育推進のための行政施策は州レベルで体系化への方向が強まるのではなかろうか。

イタリアでの問題はこうした行政的な問題よりもむしろ、先ず第一に学校教育と社会における労働力需要との関係の断絶があまりに大きいこと、第二に学校教育とくに高校、大学レベルでの中退者数が大きいことにあろう。

まず第一の点であるが、大学に関して言えば、イタリアの大学の伝統的な性格からして厳密な意味での教養を学ぶ研究・学問機関であり、職業教育的な色彩が極めて少ない、という特徴がある。一方、労働力市場の方は、日本のように社内教育で再教育するという形ではなく、細かな労働資格を要求している。したがって、学士号を取得しても、労働資格を要求する職に就くということはできない。それだけ労働市場が狭まる、ということになる。イタリアの大学生がある面で「失業者である」といわれる由縁もここにある。

ただし、前述したように、短期課程が導入され大学での職業教育の取り組みが開始されつつあるので、今後イタリアの大学も若干変わることが予想される。

高校段階では、普通教育を中心とした高校（リチェオ）と職業教育を徹底して行う高校（職業イスティトゥート）との問題がある。前者に関しては、職業資格が取得できないので、かりに大学に進学して挫折した場合に、就職できないという事態が発生してくる。後者の場合には、逆にあまりに狭い範囲の職業教育になりすぎていて、変化の激しい社会の労働力需要に合致しないという問題がある。酒井氏は、州レベルでの生涯教育振興が職業インスティトゥートでの教育も含んで地域経済発展と技術革新に偏りすぎており、個人の人格発展という視点が弱いことを批判的に指摘している（前出・日本教育行政学会発表レジュメ）。

もちろん、こういった問題はイタリアでも大きな解決課題として意識されており、前述したようにあまりに分化し過ぎた高校を統合し再編する動きが生じている。特に、五年間の課程の中で、最初の二年間を義務教育にして統一した学習内容にすること、名称の違っている三種類の高校をリチェオに統一すること、古典リチェオや科学リチェオでも職業資格を取得できるコースを設けること、等の改革案が議論されているが、主に財源問題や私立学校問題との絡みで進んではいない。

第二の問題に移りたい。イタリアで小学校から落第制度が設けられており、簡単に進級することができにくいシステムになっている。

しかし、小、中学校に関しては子ども達の学習意欲を育て、主体的に考える力をつけるといった観点から落第制度は形骸化しつつある。特に、一九七七年頃から本格化してきた「障害」のある子どもを普通学級に受け入れるという統合教育が進展するとともに、評価方法を変え（点数評価から記述評価へ）個々に生徒に見合った指導を工夫するようになったことが、それに拍車をかけている。教育内容にしても日本に比べるとそれほど高く設定されてはいない（落合俊郎氏は「立ち上がりの遅い教育」と評している。「イタリアの教育に何を学ぶか」イタリア研究会『イタリア研究会報告集・第二六号』一九九一年）。

問題は高校レベルである。中学入学から大学卒業までの進路傾向を整理した次の表（FONDAZIONE CENSIS "CENSIS 26, RAPPORTO SULLA SITUAZIONE SOCIALE DEL PAESE 1992", FRANCO ANGELLI）から分かるように、大学中退よりは少ないものの、高校入学者八七四人（これは中学一年生入学時を一〇〇〇人とした場合の数）の中で、一三二人に上っている。率にして一五％強である。高校から大学への進学と同じように、イタリアでは中学校を卒業すれば、どの高校にも入学試験なしに入れるようになっているが、これだけ中退が多いということは、高校の細かく分かれ過ぎたカリキュラム、伝統的な教育方法、点数評価などから生ずる落第問題が大きい。

と同時に、イタリアでは、進路選択における指導がほとんど学校教育関係では行われないという問題があると指摘されている（同前、"CENSIS 26"）。効果的な生涯教育という観点からすると、やはり問題であろう。学校段階ごとの、そして学校と社会との接続問題の解決がイタリアでの生涯教育推進上の最大の課題となっている。

（表） イタリアの学校教育システムにおける生徒の流れ （1990～91学年度）

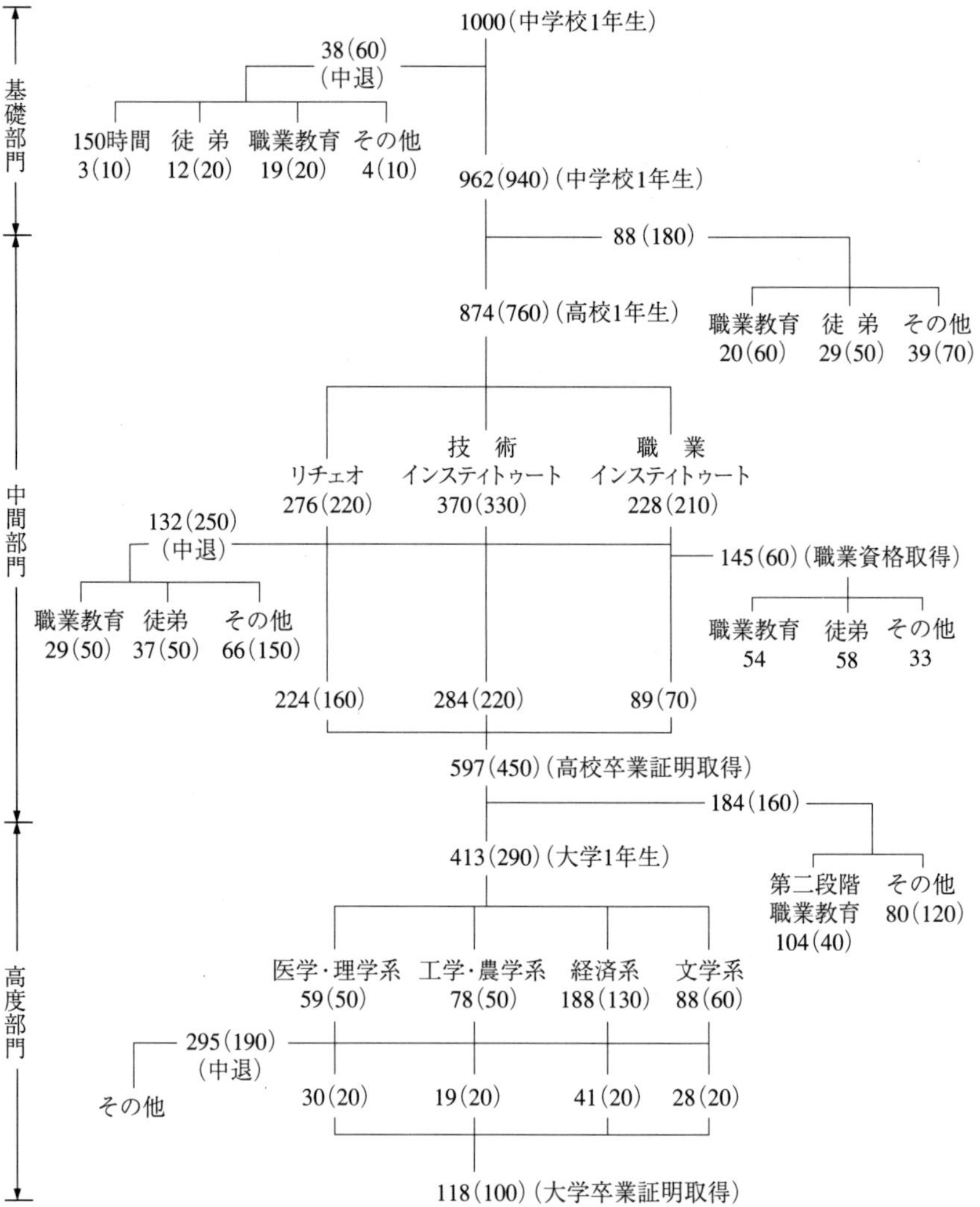


〈訳注〉① （ ）の中の数字は1987～88学年度のもの。
② その他，というのは直訳すれば「教育外の活動」というものである。
③ この表は政府中央統計局と労働省の調査・統計から作成されている。

# 曲がり角に立つスウェーデンのリカレント教育

伊藤　正純

## 一　はじめに

「スウェーデンの教育を一言で特徴づけよ」と問われたら、多くの教育学者が「リカレント教育による生涯教育（生涯学習）だ」と答えるであろう。スウェーデンの教育についての第一人者である中嶋博は、最新の論文「生涯教育システム」で、やはり「リカレント教育制度の確立」という節を立て、リカレント教育の場となっている高校、そして成人の参加割合が高い高等教育（大学）および社会人入学のための「二五：四ルール」（二五歳以上で職歴四年以上の者に大学入学の一定枠を与えるというルール）を論じている。そして、T・フセーン教授の、「学習社会の道標は、リカレント教育の推進による高等教育機関への成人の参加、また一般教育と職業教育の統合にある」ので、「リカレント教育をいっそう具体化することが必要である」との見解を肯定的に引用している。(1)

私も一九九四年二月に発表した論文（原稿提出は九三年五月末）のなかで、スウェーデンの教育のあり方を「リカレント型生涯学習社会の形成」と特徴づけ、「スウェーデンでは一九七〇年代に早くも、労働と教育を循環・交替させるリカレント教育原理の導入が提唱され、教育を青年期だけに集中させ、その後は年金生活に入るまでずっと有給の職業に従事することを当り前とする社会通念を打破する実験が始まった」と述べておいた。

だが、当時から私には一つの疑問があった。たしかにスウェーデンでは大学の学部教育システムを専門職業系学群に編成替えし、大学をリカレント型の成人センターにすることによって、成人のための教育機会を改善し、社会的平等を拡大しながら、変化する労働市場のニーズを満たす知的人材を育成しようとした。しかしその結果、大学は、個人からの要請であるいつでもやり直しが可能な教育機会の保証と、社会からの要請である変化する技術革新に対応できる優秀な人材の育成という、ときに相矛盾する二つの要請のなかに置かれることとなったのではないか、と。[2]

この疑問は、当時（そして今も）漏れ聞こえてきた（くる）限りでの新しい大学改革（一九九三年七月から実施）から直感したものだった。というのは、この大学改革の方向は、平等主義的というよりは能力主義的であり、研究開発のウェイトを高めようとするものだからである（後述）。

本稿では詳しく展開する余裕はないが、今日のスウェーデンの経済的困難は、経済の国際化のなかで起きている。それゆえ、この経済危機を克服するためには、何よりも優秀な人材を養成し、国際競争力に打ち勝てるような技術を開発することが要請されている。ビッグバンとなった今日の市場経済において、一国だけが競争相手とかけ離れたユニークな社会経済システムを選択することはだんだん難しくなっている。

したがって、九三年の拙稿執筆段階でも、労働経験をもった成人を学校に戻すことによって世代間の教育機会の平等をめざすというリカレント教育の問い直しが、スウェーデンで起きているかもしれないと想像することはできただろう。しかし、当時の私にはそこまで想像することはできなかった。

拙稿提出後、スウェーデンの「苦悩する生涯教育」というテーマをいただいた。このテーマは、実は、私の直感を深めるのに絶好の機会であったが、そう思っていなかった私は無為に時間を過ごしていた。そんな時、偶然にも、スウェーデン成人教育研究の第一人者であるケネス・アブラハムソン教授（スウェーデン労働環境基金）をお迎えする研究会の案内をいただき、その会に出席した。そこで、教授は意外なことを言われた。「たしかにスウェーデンの成人教育は、一九七〇年代にはリカレント教育という理念で行なわれていたが、現在はそうではない」と。この発言はショックであった。ただ、教授は、「リカレント教育の概念を広く捉えれば、現在もそう言えないことはないが」と留保もされたように記憶している。しかし、発言の基本は、現在のスウェーデンの成人教育の原則はリカレント教育ではないということであった。[3]

スウェーデンの生涯教育の苦悩、それは端的に言えば、スウェーデンのリカレント教育が曲がり角に立っているということであろう。言い換えれば、スウェーデン型の公教育による教育機会の平等・教育機会の拡大という理念によって世代間のバイアスを解決しようとした教育原理が、競争原理に基づく現実経済の合理主義によって変容することを強要されているということであろう。

このことは、アブラハムソン教授の「スウェーデンにおける生涯教育　再考」（一九九二年）からもはっきりと読みとれる。私なりにその要点を指摘すれば、今日、成人教育を取り巻く環境が市場志向的になっているなかで、公平と接近する権利（access）に焦点が置かれていた初期のリカレント教育はやや時代遅れになっているが、それは成人の（職業）能力開発の面に端的に現われている。というのは、能力開発の主流は、現在、大学を含む学校から、雇用主がスポンサーである職場〔現場〕での教育・訓練に移っているからである、と。[4]

九三年の大学改革を踏まえて言えば、それだけに、かつてリカレント教育の主要な場であった大学に対しては、逆に研究開発重視の教育機関への変容が強く要請されているということでもある。

この新しい二つの動きについて、まだ十分に調べ切れているわけではないが、第四節でその大筋だけは紹介しておこう。それはともかく、スウェーデンのリカレント教育がいま曲がり角に立っていることだけは間違いない。制度的変容の激しい実験国家スウェーデンの動きを日本にいてフォローすることは不可能に近い。だが、それを承知の上で、生涯教育の中心論点たるリカレント教育に絞って論じてみたい。

## 二 リカレント教育——その定義と提案の背景——

中嶋博によると、リカレント教育（recurrent education）はもともとスウェーデン語の återkommande utbildning の英訳だという。それは、故パルメ（当時、文相）が一九六九年五月のヨーロッパ文相会議で、当時スウェーデンで検討されていた六八年教育委員会（U68）での高等教育改革を紹介する際、フセーン教授の進言によって用いた英語なのだという。[5] しかし、リカレント教育の理念は、OECD〔経済協力開発機構〕内の研究機関CERI〔教育研究革新センター〕の一九七三年の報告書『リカレント教育：生涯学習のための戦略』[6]で、世界に広まった。そこで、ここではまずこの報告書を用いて、リカレント教育の定義とその提案の背景からみていこう。

リカレント教育の定義は、次の通りである。

「リカレント教育は、すべての人に対する義務教育または基礎教育終了後の教育に関する総合的な戦略であり、その本質的特徴は、個人が生涯にわたって教育を交互に行なうという仕方にある。つまり、教育を他の諸活動と交互に、特に労働と、しかしまたレジャーおよび隠退生活とも交互に行なうことにある」、と。

したがって、この定義には、（a）青少年に集中している従来の教育戦略とは異なる「生涯学習の原則」と、

(b)教育と他の社会活動との間の有効な相互作用という「生涯学習が組織される枠組み」の提示が含まれるが、そうだとすれば、リカレント教育は、現在もあまり関連づけができていない、次の成人教育の三部門を総合する戦略でもあるのだという。

その三部門とは、我々の言葉で言い直すと、(1)高校およびその後の大学を含む高等教育であり、(2)大部分が民間によって組織されている「現職教育」で、しばしば「労働と一体になった教育」などといわれる職業能力開発訓練であり、(3)スウェーデンの学習サークルのような、「成人に対して広汎に多面的に与えられる教育」活動である。だが、これら三者には青少年教育である「制度化された教育システム」と現職教育を含む「正規でない教育」が存在する。したがって、両者の間の関連を付けなければ、リカレント教育の原則は実現できないので、「義務教育の最後の学年」において、「教育と職業を真に選択できる準備」を生徒に与えなければならないのだという。つまり、スウェーデンでの実践を踏まえて言えば、日本の中学三年生の段階で実地の職業訓練を行なう必要性を提唱しているのである。

ではなぜ、このような非常に早い段階の若者に対して、教育と職業を真に選択できる準備を与えることが提唱されたのだろうか。それは、若者の「中等教育後の教育(post-secondary education)の過剰」を抑制しようとする狙いがあったからである。リカレント教育が提唱された七〇年代初めの問題意識には、先進国共通の現象であった、一九六〇年代の大学進学率の激増という「教育爆発」に対する危機意識があった。

スウェーデンを例にとると、一九六〇年秋学期、四〇〇〇人であった大学生は、六五年に六万五〇〇〇人、そして七〇年には一三万人に急増した[7]。しかし、このような大学へ向かっての若者の教育の拡張は、実は、留年者や退学者の増加を生み、また高等教育修了者に相応しい職種が少ないなかでは、将来の職種や所得に対する学生の高望みを生むことになる。さらには、高等教育は言うに及ばず中等教育すら受けていない成人がいるなかでは、教育における世代間の不平等を助長することにもなる。これらの問題はすべて先進国で生じている教育危機だという。若者を大学に行く前に労働に参加させ、成人になった後、必要に応じて再び学校に戻れるようにするリカレント教育の原理が提唱された背景には、このような教育に対する危機意識があった。

したがって、報告書は言う。「リカレント教育が強く訴える点には、正規の、青少年向きの教育制度を無限に拡張していく現行の方向に対し、別の選択を与え、また個人が早くから社会人の一員になることができるようにするという主張がある」、と。

日本のリカレント教育についての議論には、このような教育危機論が希薄なように私には思えたので、CERIの報告書を詳しくみてきた。それでは、リカレント教育発祥の国・スウェーデンではどのように議論されていたのであろうか。ここでは、六九年五月のヨーロッパ文相会議でのパルメ演説から関連する部分を読み取ってみたい。

テュイユンマンによると、パルメ演説の要点は、(1)リカレント教育は、基本的に民主主義、平等および個人の選択の自由に対する権利を保証する手段であること、(2)機会の平等はリカレント教育を促進すること、(3)リカレント教育のアイデアはスウェーデンの高等教育システムが直面しているいくつかの厳しい問題を解決する手段であったこと、つまり、「リカレント教育の目的は、人生において後になっても教育に戻る機会を提供することによって、若者が学校から直接大学へ行くことに注意を向けないようにすることであった」、と。[8]

パルメ演説の一部が、一九七〇年発行のCERI報告書『平等な教育機会――』[9]に載っているので、ここではこれを用いて、右記(3)の論点を簡単に再確認しておこう。

パルメは言う。「若者の教育が今のまま増え続けるなら、リカレント教育の要素をもつ教育システムをつくる余裕は我々にはないであろう。そこで、まず我々が尋ねなければならない質問は、最初にどこに制限を設けなければならないかということである」、と。

高校を含む学校教育を制限することは低位の社会的グループ出身の生徒に打撃を与えるからできない。また高校教育は、訓練されたマンパワーを要求する労働市場の増大する需要を満たすために必要だ。「したがって、残る唯一不可欠な可能性は、成人教育を拡張できるよう、中等教育後の教育〔高等教育〕の成長を落とすことだけである」、と。

パルメはこの論点を明確にするため、次のような「極端な仮説」を解決策として提案する。つまり、「高校を終了したすべての人々は職業に就き、少し時間が経ってから仕事中にもう一度教育期間を取った後、再び職業に戻ったり、別の教育期間などを経験したりする」という案が、それである。

この極端な提案は、実際には、第一に、大学進学の一般要件を高校二年修了程度のスウェーデン語と英語にすることによって、職業系を含めて高校修了者全員に対して、また成人教育機関である地方自治体成人教育および国民高等学校でも高校のカリキュラムは修得できるので、この条件を満たし得た者全員に対して、大学進学の資格を与え、しかも第二に、大学入学割当枠である「二五：四ルール」に五〇％を割り当てるという方法で実現していった。大学は七七年の改革によって、まさにリカレント教育の場に改編されていく。ところが、パルメが強調するのは、あまり知られていない論点だが、リカレント教育が実現できるかどうかは、実は高校にかかっているという点である。

パルメはいう。「この種のシステムは高校にかなり大きな影響をもたらす」が、それは、「高校が労働市場参入のためと継続教育のための両方の基礎になる」からである。したがって、何にもまして必要なことは、高校の全ライン〔課程〕に職業的なバイアスを与えることであろう。このことは、今日、高等教育への進学ラインにおいてさえ必要なのである。他方、〔職業ラインにおいても〕リカレント教育のための基礎として、多少なりとも一般的で理論的な科目を設ける必要がいまなお存在するであろう」、と。

したがって、リカレント教育を導入したスウェーデンでは、高校は大学改革に先立つ一九七一年に総合制高校に統一・改編された（スウェーデンでは基礎学校修了者に全員高校進学資格が与えられるため、日本の高校入試のような選抜試験はない）。この総合制高校は、その内部に二年制の職業系コースと三・四年制の進学コースを設けたが、進学コースの生徒にも職業実習を課すなど、職業教育を重視する形で、職業教育と理論教育の統一が図られた。そのためであろうか、スウェーデンの一九九一年度の教育コース別高校在籍者数割合は、日本とは全く逆で、一般教育系〔日本の普通科に相当〕はたった二七％で、職業教育系が七三％である。[10]しかも一八歳という卒業標準年齢での卒業者割合は八〇％に留まり、また一九歳以上の高校在籍者がいることからもわかるように、高校はリカレント教育の場として、成人に対しても職業資格を与えることができる教育機関に改編されたのである。

スウェーデンで聞いた話では、高校生の約一割がドロップアウトするそうだ。がしかし、それは退学ではなく休学で、労働に就いた後、必要に応じて再び高校に戻ってくるのだという。[11]というのは、スウェーデンは資格社会であるため、学校で取得した職業資格によって就職・就労が制約される構造になっているからである。したがって、転職・昇進に際しても「学校に戻る」というリカレント教育型の行為は、普通のことだという。

この高校も、一九九二年秋よりすべて三年制の一六のプログラムに再編された〔移行完了は九五年秋の予定〕。その内訳は、二つの大学進学プログラム〔自然科学・技術系と社会科学系〕と一四の職業プログラム〔①児童福祉とレクリエーション、②建築と建設、③電気技術、④エネルギー技術、⑤音楽とドラム、⑥自動車技術、⑦商業と経営、⑧工芸、⑨ホテルと接客、⑩工業、⑪食料生産、⑫メデア、⑬天然資源、⑭ケアサービス〕だが、しかし改革の中身をみれば、プログラム選択〔分岐〕の時期を高一修了時に遅らせ、しかもどのプログラムを選択しても、①スウェーデン語、②英語、③公民（civics）、④宗教活動、⑤数学、⑥一般科学、⑦体育と保健、⑧芸術、⑨選択科目の時間、⑩特別課題の時間、⑪地域での追加科目および関連の労働経験といった一一の科目と活動の最低授業時間が保証されるものになった。したがって、この高校改革は、今日の雇用部門が要求するより高い水準での基礎教育の実現を意図した、職業教育充実化の試みであり、同時に、高校段階での職業教育と理論教育とのいっそうの総合化を図る試みだともいえる。また地方自治体改革も同時に行なわれ、いままで地方自治体成人教育で行なわれていた高校段階の教育は、今後、高校に統合されるようになるという[12]。

このようにスウェーデンの高校はすでにリカレント教育の第一段階になっている。この意味で、ＣＥＲＩ報告書およびパルメ演説が意図したリカレント教育の基礎は、高校段階では実現していると言うことができるであろう。

では、スウェーデンのリカレント教育の象徴的存在であった七七年改革以後の高等教育〔大学〕は、どうであろうか。リカレント教育崩壊の兆しは、実はここにある。次に、この点をみてみよう。

## 三　リカレント教育型大学改革とその変容

スウェーデンの高等教育機関は、一九七七年の新高等教育法〔大学法〕によって、すべて一つの新しいヘーグスコーラ（högskola）という概念のもとに統一された。しかし、それは、すべての高等教育機関が政府機関である高等教育庁を頂点とする六総合大学区に組み込まれ、しかも、次にみるような国が定めた統一的なカリキュラムのもとに置かれたという意味であって、個々の教育機関は、大学院教育まで行なう総合大学と学部教育までの

学部大学と新設された地方自治体立の医療教育機関に分かれている。(13)

ウオメ大学のショルドベリィによれば、七七年の大学改革によって制定されたカリキュラムの特徴は、次の五点だという。①一週一ポイント構造となった。②専攻コースの学習プログラムは四〇ポイント（一年）から二二〇ポイント（五年半）となった。③学習プログラムは全国共通の一般学習プログラムと地方研究所作成の地方学習プログラムとなり、例外として個人学習プログラムが認められた。④地方ごとに単科目コースを設置し、リカレント教育を充実した。⑤労働市場のニーズに適合するように、学部教育の一般学習プログラムと地方学習プログラムは、(1)工学、(2)管理・経済・社会福祉、(3)保健・医学、(4)教育学、(5)文化活動・情報という五つの職業学群に分けられた。(14)

したがって、このカリキュラムからも確認できるように、スウェーデンの大学は日本の大学のような学年制（四年制とか二年制）を採っておらず、専攻コースによって修了年限に一年から五年半の幅がある。だから、修了者にはコース名を明記した修了証書が発行されるだけだという。(15) しかも、⑤から明らかなように、学部教育はアカデミックな編成というよりは専門的な職業教育中心に改編されたため、高校を卒業した後、仕事に就いている成人でも、教育休暇法（七四年制定、七五年実施）と成人教育義務資金法（七五年制定、七六年実施）という成人教育を支える保証制度を利用することによって、容易に大学に進学できるようになった。

中嶋博によると、七七年の大学法第七条には、「教育の企画に際しては、学習と職業活動の交互交換が行なわれるよう、リカレント教育を推進する手段を広く採用することが必要である」と書かれているという。(16) それゆえ、大学でのリカレント教育の推進とは、勤労成人の大学教育への参加促進のために設けられた単科目コースにとどまらず、学部教育それ自身を広くリカレント教育の場に改編したということでもある。そして、これを大学入学の面から推進したのが「二五・四ルール」である。

だが、このような大学改革は、大学教育を労働市場が需要する人材育成と密接に関連づけるものだけに、アカデミズムの立場からみれば、高等教育の公式の政策策定に資本と労働との巨大な利害が踏み込んできたということになる（スウェーデン・コーポラティズムの教育版！）。したがって、スウェーデンでは大学教授たちの伝統的な強い権力と特権は無効にされ、大学は極端に国家調整に近い所に置かれたというのである。[17] この意味では、この大学改革は「教育的というよりもむしろ行政的」であったといえよう。[18]

では、リカレント教育の象徴的存在である「二五：四ルール」はどうなったのか。

七七年の改革で誕生したスウェーデンの大学入学制度は、バウチャーや松崎巌も詳述しているように、[19] 割当選抜制で、その基本は、（1）総合制高校修了者（当初三〇％）、（2）「二五：四ルール」の者（当初五〇％）、（3）外国の高校修了者の三枠から選抜された。しかも、一つの私立大学を除いてすべて公教育である大学の定員は政府予算により厳しく制約されている。そのため、大学入学競争は激しく、選抜基準である高校の成績で入学できなかった者は、労働経験を積みながら、「二五：四ルール」の枠に廻ることになったようである。

しかし、この選抜方法では労働経験のない若者が不利になるということで、八一年以降、「二五：四ルール」の枠は縮小され、若者の入学機会が増大していった。その結果、一九九二年にスウェーデン教育科学省が発行したOECD向け報告書『学習社会へのスウェーデンの道』によると、「二五：四ルール」での入学者は新規登録者のうちのたった五％にまで落ち込んでいる。そして同報告書は、近い将来、「二五：四ルール」は廃止されるだろうとさえ言っている。[20]

ところが、中嶋博によると、九一年から施行された新しい進学規則では、「二五：四ルール」は見られなくなったという。しかし、そこには学業成績に職歴を加算する方法で、社会人の大学入学は保証されているという。新しい進学規則の原則は、志願者が定員をオーバーした場合、志願者の学習意欲によって入学を決定するというものだが、そのとき高校の学業成績は卒業後の活動によって積極的に変化すると考え、大学検定（högskoleprovet）の成績を学業成績に代替するものとして利用できるようにした。つまり、（1）学業成績（高校、地方自治体成人教育、国民高等学校、外国での）によるものと、（2）検定の成績によるものに、それぞれ入学割当枠の約三分の一を与え、さらに検定の成績に職歴による加算を認めた。その加算点は五ヶ年で〇・五ポイントとし、最大二・〇ポイント加算できるようになったという[21]。

このことから言えることは、「二五：四ルール」そのものはもはや機能していないが、しかし、大学検定と労働加算点によって成人の大学進学の道は依然として保証されているということである。だが、その実態はおそらく七〇年代のようにリカレント教育の原則によって積極的に成人の入学を促進するというものではなく、むしろ若い高卒者を優先しながら、成人にも大学進学の道を残しているというものであろう。リカレント教育の原則はこの意味で崩れつつあると言えよう。

では、主に学生が継続教育かあるいは追加教育として履修し、ファクト・シートによると「中等教育修了後のレベルのリカレント教育をサポートする手段として多くの助成を受けている」[22]という単科目コースについてみてみよう。

単科目コースとは、一般学習プログラムに含まれる諸コースの一つであり、同時にそれだけでも別個に受講できるコースであるが、なかには正規のどの学習プログラムにも含まれない場合もある。

この単科目コースに在籍する学生の割合は、ファクト・シートが挙げている数字では、一九八九／九〇年で全学部学生の何と三四％にも達している。しかも、このうちの四七％は減単位履修学生（part-time student）だ。減単位履修は、夜間コースに多く、単位修得に通常履修学生（full-time student）の倍近くの時間を要するとはいえ、勤労成人が履修できるという利点がある。手元にある大学庁発行の一九九二年度の大学案内によると、例えば、総合大学のルンド大学は五〇〇以上の単科目コースを設けており、また七七年の大学改革で設立されたシェヴデ（Skövde）学部大学も多くの減単位履修コースを提供している[23]。

ところで、単科目コースの現状はどうであろうか。一九九〇年秋学期に単科目コースで学んだ学生に対する追跡調査（一九九二年春に実施した郵送サンプル調査）があるので、その要点を列記しておこう[24]。

まず学習理由と科目との関連だが、大学での学習経験や労働生活での経験からコースを選んでいるため、科目に対する関心が強い。学習理由として多いのは、他大学での教育の補足（四〇％）、仕事に必要な知識（三三％）、昇進、家の近く（それぞれ二五％）である。また学習科目の四四％が社会科学系で、学習者の多い科目は、ビジネス経済学、経営管理、英語、法律／商業法と行政学であった。

この学習理由と科目選択は、履修学生の構成に関わっている。過半数の五八％の人はかつて単科目コースで学んだことがあり、初めての人はたった二〇％に過ぎなかった。また女性が六割で、年齢分布では二四歳以下が三四％、二五～三四歳が三二％、三五歳以上が三四％だった。

労働生活経験との関連では、八八％の人が最低三ヶ月の経験があり、五四％の人は四年以上働いたことがあった。

では、どのような職業の経験者が多いのか。それは、基礎学校〔日本の小中学校に相当〕および高校の教師、医療関係者、聖職関係者あるいは秘書、タイプライターである。だからこれからも推測できるように、入学前の学歴も全般的に高く、三年以上の中等教育後の教育修了者が三一％、三年未満のそれが五〇％もいる。したがって、単科目コースといっても、「中等教育後のレベル」（ファクト・シートの表現）を超えた大卒者のための再教育機関の感すらする。逆に言えば、リカレント教育の本来の狙いであった教育機会に恵まれなかった人たちの履習は、非常に少ないのである。中等教育〔高校〕修了者は一四％、九年制の義務教育修了者はたった一％しかいなかった。

仕事との関連では、学習以前に有給の仕事に従事していた人のうち七〇%が仕事を継続しており、このうち二五%が教育休暇を取っていた。また四〇%がパートタイムの夜間クラス、一五%が遠隔教育だった。九二年春の調査時点で、専攻したコースを修了していた人は六四%で、二一%の人が中断し、一三%の人がドロップアウト（脱落）していた。しかし、多くの人は最初から、専攻コースのいくつかの部分を修了しており、「本当の脱落ではない」という。それはともかく、大部分の人は専攻コースに満足していた。というのは、二〇%の人がもっと資格のいる仕事を手に入れるのに役立ったと感じ、五〇%の人が仕事がよりよく解決したと感じ、二五%の人が仕事でより大きな責任を持つようになり、三三%の人が仕事がより好きになり、そのうちの四〇%の人が仕事にいっそう関心を持つようになったからである。

したがって、この調査結果からみて、広く勤労成人に大学を開放し、労働と教育を循環・交替させるリカレント教育推進のための単科目コースは、その学習効果を上げており、学習者の満足度も高いと言える。この意味で、成人教育機関としての意義は高い。しかし、その実態はエデュケーション・バイ・エデュケーション〔学歴の高い者ほどさらに教育を受けるという傾向〕ではないだろうか。評価は分かれるであろうが、スウェーデンのリカレント教育は、この意味では十分な成果を上げているとは決して言えないのである。

ところで、最終学歴が大卒の者はスウェーデン社会全体でどのくらいいるのだろうか。

OECDの統計によると、一九九一年の二五〜六四歳層で一二%だという。ちなみに、中等教育後の非大学修了者の一一%を加えた高等教育修了者をみても、二三%と非常に少ない。この大学修了者一二%という数字は、二五〜三四歳層（統計は男女別）でみてもほとんど変わらない（男一一%、女一〇%）。またこの数字は、スウェーデン政府発行の九二／九三年予算の概説書に載っている図の三年以上の高等教育修了者、約一五%とほぼ同じである。だから、ＯＥＣＤ統計がいう大学修了者とはほぼ三年以上のコースの修了者という意味であろう。[25]スウェーデンでは、大学修了者は非常に少ない、しかも短期コースを含めた中等教育後の教育修了者も少ないのである。

リカレント教育の原理は若者の大学進学を抑制することによって、勤労成人の大学進学に道を開くものであった。しかし、どうも社会全体の大学進学率を抑制してしまったのではないだろうか。考えてみれば、ほとんどすべての成人に高等教育への機会が開放できるということは、非常にたくさんの成人が高等教育をめざさないがゆえにこそ可能だったのではないだろうか。

日本の大学生のように、親がかりで大学に行くことなど考えられないスウェーデンでは、学費は無料だとはいえ、生活費の負担は大きい。そのため、学生たちが国から借りる学生ローンの額や返済方法さえ政治問題になる国である。しかもこの国では、ＬＯ〔ブルーカラー労組の全国組織〕と社会民主労働党が強力に推進した連帯賃金政策と累進課税制度によって職種間の可処分所得の格差は非常に小さい。そのため大学教育へのインセンティヴをなくしていると、ＯＥＣＤの報告書が非難しているほどである。[26]

スウェーデンのリカレント教育は多かれ少なかれこのような条件の上に成立していたのではないだろうか。そのためもあってか、スウェーデンにおいても、やはり階級到達度と教育達成度とのあいだには相関関係がみられる。つまり、親が上位の階級の者ほど、子どもも高学歴志向が強く、また教育達成度も高い。そして、労働者階級出身者の大学進学希望が低いのは、育った家庭環境が大きく左右しているからだという。[27]階級社会の残滓はまだ残っているのである。

以上の展開を一言でまとめると、スウェーデンの大学で七〇年代に確立したリカレント教育は、八〇年代を通じて実質的に変容していったということである。実は、この延長線上に一九九二年に成立し、九三年七月からスタートした新高等教育法〔大学改革法〕がある。

次に、リカレント教育からの離脱の二つ動きとして、現職教育における変化とこの大学改革法の狙いをみてみよう。

## 四　リカレント教育からの離脱の動き――企業内教育と九三年大学改革――

一九九三年七月から実施された大学改革に触れる前に、まず勤労成人の職業能力（再）開発に関する変化からみていきたい。というのは、先にみたように、七〇年代に確立したスウェーデンのリカレント教育が、大学のなかで変容していったのは、実は、それまでリカレント教育に頼っていた現職教育の中心が、大学を含む学校から別のところに移動したということと同時進行だからである。それゆえ、この点から先にみておこう。

第一節で挙げたアブラハムソン教授も自身の論文のなかで取り上げていた国立教育ボード〔九一年七月、組織替えのため廃止〕発行の最後の報告書『一九九〇年代の成人教育』をみると、成人教育と労働との結合方法が「リカレント教育から学習組織に」移動しているのがわかる。[28]

同報告書は、労働力の教育・訓練に関するスウェーデンの学習組織（learning organisation）の拡大に触れ、スウェーデンの職員訓練への投資はアメリカの二、三倍もあるが、注目すべき本当の対象は、八〇年代中葉以降、熟練および生産性を発展させてきた「日本および技術的に進んだ他のアジア諸国」だと指摘して、次のように言う。

「日本の主要企業の雇用主は彼らの従業員に対して、事実上、一生の仕事を保証しているだけでなく、職場での継続的な訓練も保証している。この観点からみれば、リカレント教育および学習休暇というモデルは見当違いである。それゆえ、これに代わって我々が努力すべきことは、継続的な問題解決と学習活動の余地を創造するような仕方で、仕事を企画し、働くチームを形成することである。この文脈から言えば、改善（kaizen）という概念が、つまり『恒常的改良』と解釈でき、永続的な学習過程として機能するところの改善という概念が、その役割を果たすのである」、と。

この一文から明らかなように、ここでは、例のMIT調査[29]がバラ色に描いた「ジャパニーズ・リーン・プロダクション」における「改善」が、リカレント教育に取って替わるべきものだと位置づけられている。学習組織のモデルは日本企業だというこの見方は、我々からみれば多分に虚像[30]だが、スウェーデンでのこの高い評価は経営者側だけでなく、労働組合文書にもみられた（もちろん全面的に賛成しているわけではないが）[31]。

それはともあれ、同報告書はリカレント教育を批判して、大要、次のように言う。

四半世紀近くのあいだスウェーデン的思考を特徴づけるものであったリカレント教育は、個々人の生涯の過程のなかで、個人が教育と訓練を労働や他の職業と交替できるようにするという、教育制度と雇用部門との組織化の仕方に関わるものだが、この種のモデルでは、学習組織とならんで学習休暇と学習援助に強い力点が置かれた。ところがそのため、「我々は、労働生活における初歩的な学習形態としての諸コースにあまりにも専心しすぎた」。しかし、今日では、「体系的な熟練開発とまでは言わないが、有益な仕事と作業組織（work organisation）が、多くの職場で自然なことになっているのである」、と。

実は、八〇年代になってからスウェーデンでは、現職教育の中心は、雇用主がスポンサーとなった大規模な「開発プログラム」に移っている。そのため、そこでの学習する仕事（learning jobs）と学習企業（learning enterprises）に、教育学者が注目するようになっている。

我々の言葉でいえば、これはまさに企業内教育（職場での能力開発）重視であるが、この変化を生みだし、加速させていったものは、実は、一九七〇年代の「労働の人間化」にみられた職場改革の動きであり、七七年の労使共同決定法であり、さらには、その民間部門での合意である八二年の「効率と参加に関する協定」であった。[32]

ダールベリィとテュイユンマンによると、企業内教育が重視されるようになってきた理由には、①企業規模拡大のためリストラクチャリング（事業の再構築）によって置換された労働者でさえ、企業内で配置転換できるようになってきたことや、②ハイテク製品のシェアが高い輸出主導型経済では、経営組織改革の合理化投資やロボット、コンピューターなどへの技術革新投資だけでは駄目で、何よりも国内外の競争に打ち勝てるような新型の職場内での熟練形成が必要だったことなどがあった。八〇年代中葉以降、三、四〇歳代の壮年層を中心に約六〇％の労働者が、雇用主負担の企業内訓練に参加したという。[33]

以上のことを大胆に要約すれば、リカレント教育ではその中心が初歩的な学習形態となるため、国内外の競争に打ち勝てるような熟練形成に対応できず、その結果、現職教育の中心は企業内教育に移っていった、ということになる。

ところが、もしそうだとすれば、大学もほぼ同じ理由で、つまりスウェーデン産業の国際競争力を担っていく人材育成という理由で、その性格をリカレント教育の場から研究開発重視の教育の場に変えていかざるを得なかったのではないか。八〇年代を通じて、リカレント教育の原則は実質的に変容してきていたが、九三年七月実施の大学改革法は、この課題変更に法的な表現を与えたものではないのか。ただ私の語学能力の不足と紙幅の制約のため、詳細については別の機会に譲り[34]、ここではジャーナリスト、エーストロームの最新論文「高等教育の根本的な改革」と、なぜ政府が高等教育改革を断行したかを説明した教育科学省発行のパンフレット『知識と進歩』から、その要点を紹介するに留めざるを得ない。

エーストロームは、自分の論文の要旨を次のように書いている。
「スウェーデンの高等教育は根本的変化の真っ只中にあるから、現在は、学生、教師、カレッジの校長、管理者および政治家にとって、彼らがスウェーデンの高等教育について知っていることを全部忘れるべきときである。いままで厳格に中央でコントロールされていた教育制度が、市場の力の大きな影響を受けて、コース選択制に置き換えられている。補助金および入学手続きが変更され、労働志向的学習プログラムという制度が廃止された——少なくとも、原理的には廃止されている」、と。

このように今回の大学改革は大改革なのである。まず、ここでいう労働志向的な学習プログラムという制度が廃止された理由からみていこう。

労働志向的な学習プログラムとは、もちろん、一九七七年の大学改革によって導入されたもので、まさにリカレント教育の一翼を担うものであった。これが廃止されたという。というのは、エーストロームによると、短期コースの学生が多くなるこのプログラムは、「教育が国内の労働市場の要請によって決まっているときには望ましかった」が、しかし、今日のように国際化の時代には、長期コースの学生を増やし、国際的な人材育成を計らなければならないからだという(35)。

スウェーデンでは、いま大学生が急増している。否、急増させている。それは、現在の不況による若者の高い失業率を回避するという消極的な理由からだけではない。一九八九年に二〇万五〇〇〇人だった学生は、九三年にはおよそ三〇万人になり、今後も増え続けるだろうと言われている。また「他のエリート国家」と競争するために、大学院生を増やし、二〇〇〇年までに博士号保有者の数を現在の二倍にする計画もあるという。そしてそのためには、あまりにも少なすぎる大卒者と高卒者の賃金格差を拡大し、優れた能力のある大卒者が金銭的に報われるようにしなければならないとさえ言われている(36)。つまり、リカレント教育の理念とはまったく逆のことが、いまスウェーデンで、そしてスウェーデンの大学で進行しているのである。

ビルト保守中道政権の大学改革戦略——その基本は社民党政権時代からのものだが——は、「自由を通じての質の向上」（一九九二年）という法案のなかに提示されている。九三年七月以降、大学には「大きな自治」が与えられた。各大学は、「学習の組織化の仕方、カリキュラム、学生の入学および学部学生のための財源の配分」を自由に決定できるようになった。したがって、大学入学のための一般要件は意味を持たなくなっている。入学要件は大学ごとに異なり、ほとんどのコースで特別な成績が要求されるようになり、学科ごとに違う科目が要求されるようになったからである。こういうなかで、高校の選択科目で社会科学系や自然科学系の科目ではなく芸術を取った者の成績を、入学ポイント換算の段階で一ポイント低くするという、ルンド大学学長の驚くべき提案さえなされている。[37]

だが、何といっても「自由を通じての質の向上」という政府戦略を露骨に推進するのは、新しい財源配分制度である。

大学がもつ財源配分の自由は、財源獲得の自由ではない。大学の財源は政府の補助金である。そしてその補助金は、政府と大学との間で取り交わされた「一般的な三年の教育業務契約（general three year Education Task Contracts）」にしたがって配分されるが、この契約には修了総単位数に対して支払われる報酬決定のルールや質を保証するための必要条件が含まれている。

政府が配分する補助金には、①登録学生数に基づく学生バウチャー、②学生の成績評価である到達単位数に基づくもの、および③質のプレミアムと呼ばれる、優秀な特質を奨励するための特別補助金という三種類のものがある。このうち③の質的プレミアムは将来、総支出金のおよそ五％にするというものなので、それを除く①と②の配分比率はどうなっているのだろうか。当初、学生数と学業成績による補助金の配分比率は、三〇対七〇と言われていたが、結局、四〇対六〇になったようである。[38] この配分比率でやや緩和されるようになったとはいえ、このような補助金配分システムでは、各大学は否応なく大学間競争に巻き込まれていく。

スウェーデンでは、かつて学生は必要な単位を取得するため自由に大学を移動できた。今はもう、このような移動はできないのであろうか。もし学生の大学間移動がまだ認められているとすれば、大学は学生バウチャーをできるだけ確保するため、魅力ある講義をすることによって、学生を自分の大学に惹き止めておかなければならなくなる。また政府予算である補助金には、当然上限がある以上、大学間での補助金争奪をめぐる競争が起こることも、必至だ。その上、半分以上が学業成績による査定なのである（学生の方も学業成績が悪いと、学生ローンが停止されるため、必死だ）。

スウェーデンでは大学生が急増している。だから、大学の大衆化が起こっているともいえる。しかし、おそらくその実態は、以上のことから推測するに、大量の選抜主義、エリート養成主義の進行と同時併行であろう。したがって、この大学改革の動きもリカレント教育からの離脱の一つと考えられる。

ところが、この大学改革の動きはこれに留まらない。大学改革を断行した考えの根底にスウェーデン産業の国際競争力強化という課題がある以上、同様の動きは研究開発（R＆D）においても起きている。

スウェーデンは、日本やドイツと並んで、ＧＤＰ（国内総生産）の三％近くを研究開発に支出している研究開発国家である。がしかし、スウェーデンの特徴は、何といっても、この研究開発の多くの部分を大学が担っているという点にある。そのためもあってか、大規模な産学協同の研究開発財団プロジェクトがいま進行中である。そしてその財団基金には、何と一九九一年の政権交替によって終焉した労働者基金が当てられているという。[39]

いまスウェーデンは、大きな転換点に立っている。そのなかでスウェーデンのリカレント教育も曲がり角に立っている。

## 五　結語に代えて

曲がり角に立つスウェーデンのリカレント教育という本稿を終えるに当たって、是非とも触れておきたい論点がある。それは成人教育の一環である国民高等学校である。というのは、私はリカレント教育が曲がり角に立っていることを強調するあまり、スウェーデンの現在の大学改革のメリトクラティクな側面を全面に出しすぎたきらいがあるからだ。

現在のスウェーデンの「学習社会」は、中嶋博がJ・ヤンソン（『転換点に立つ福祉のなかの教育的資源』）の見解を踏まえて言うように、「教育的に平等な社会」と「メリトクラティックな社会」という二面性をもった社会であろう。(40)

本稿ではほとんど触れることができなかったが、スウェーデンにおける成人教育は、現在もいささかも衰えていない。第四節で挙げたスウェーデン国立教育ボードの報告書『一九九〇年代の成人教育』の末尾に、現在あるすべての成人教育機関〔大学を含めて一三種類〕の案内が載っているが、そこに付けられた解説によると、「成人人口の五〇％以上の人が、一年コースで編成された何らかの学習形態に参加している」という。この学習形態には、もちろん余暇時間を利用した学習サークルから企業内での現職訓練や大学での学習まで含まれている。(41)

国民高等学校（folkhögskola）は、地方自治体成人教育とならんで、若い時に何らかの理由で十分な義務教育や高校教育を受けられなかった成人に対して、学習機会を保証する一種の補償教育（compensatory education）機関である。そして、北欧特有の民衆教育運動に起源を持つこの学校は、以前の教育的背景がどうあれ、すべての人が利用できる任意の学校である。とはいえ、私が訪れたヨーテボリの国民高等学校で聞いた話では、実際には受け入れ定員があるため、面接し、試験をして入学者を決定するそうだ。だが、その時の判定基準は何と成績が悪く、貧しく、年齢が高く、ハンディがあるような人から優先的に入学させる。というのは、これらの人たちこそ、福祉の恩恵にもっとも浴してこなかった人たちだからだという。私はこの話を聞いたとき、福祉国家スウェーデンの基盤の強さに感動した。そして、リカレント教育がめざした世代間の教育機会の不平等を解決するという課題に、実践的に取り組んでいる姿をみた思いがした。(42)

アブラハムソン教授によると、国民高等学校というのは、試験や成績に価値においたり純粋に理論的な授業を提供するのではなく、個々人に相応しい教育を提供することに信念をおく機関なのだそうである。(43)

国民高等学校に関する統計を少し挙げておくと、一九九二／九三年現在、学校数は一三四校で、このうちの五校は九一年以降の新設校である。また学生総数は一七万五六四七人で、その内訳は、一四日以下の短期コースが一四万人弱でその大半を占めているが、一五日以上の一般コースおよび手芸・ドラマ・演劇・外国事情・ジャーナリズムなどの特殊コースに、それぞれ一万人強が参加している。なお、国民高等学校には標準化された教育計画やカリキュラムは存在しないが、一般コースでは基礎学校程度のものが、特殊コースでは二年制高校および三年制高校程度のものが多いという。また学生の六〇％は女性、一〇％は身体障害者である。入学最低年齢は一八歳で、年齢の上限はないが、いくつかの学校では一八歳未満のコースも設けている。一般コース、特殊コースとも一八〜二四歳層と三〇〜四五歳層が多い。(44)

近年の企業内教育の急増や新大学改革をみていると、スウェーデンのリカレント教育がいままさに曲がり角に立っていることがわかる。これは、スウェーデンの苦悩する生涯教育の姿の一つであろう。しかし、スウェーデンでは、国民高等学校を含めて成人教育はなお健在であり、隆盛である。この意味では、リカレント教育の精神はなお生き続けている。この両面のなかに、スウェーデンの現在の生涯教育の姿をみることができる。

## 注

(1) 中嶋博「生涯教育システム」(岡沢憲芙・奥島孝康編『スウェーデンの社会』早稲田大学出版部、一九九四年)、一〇五―一〇九ページ。

(2) 拙稿「成熟国家スウェーデン」(平田清明他『現代市民社会と企業国家』御茶の水書房、一九九四年)一八九ページおよび一九四ページ。〔**私は本稿を一九九四年九月に入稿した。したがって、本文中の時期を示す表現を訂正した。しかし、微妙な表現のため元のままにせざるを得ないところもあった。このことを最初に断わっておきたい。なお、九五年九月の時点での追記は、すべて**を付して挿入した。〕

(3) 一九九四年三月二六日、京大会館。

(4) Kenneth Abrahamsson (1992) ,Lifelong Education in Sweden Reconsidered; Concepts, Organisation and Current Trends. このペーパーはまだドラフトであったが、最近のスウェーデンの成人教育の動向を知る上でもっとも役立った。

(5) 中嶋博『学習社会スウェーデンの道標』近代文藝社、一九九四年、一六二―一六三ページ。

(6) CERI\OECD (1972), *Recurrent Education: A Strategy for Lifelong Learning*, Paris, pp.24-25, pp.7-13. 邦訳である文部省大臣官房教育調査第八八集『リカレント教育』一九七四年三月、一八―一九ページ、一―七ページ、および抄訳である海老原治善編『資料　現代世界の教育改革』三省堂、一九八三年、二四―二六ページを参照した。

(7) (注18)のルイーン論文、三六〇ページ。

(8) Albert Tuijnman, *Recurrent Education, Earnings, and Well-being*, Almqvist & Wiksell International Stockholm, pp.26-27. また瀧端真理子「スウェーデンにおけるリカレント教育提唱の背景と目的」『教育・社会・文化研究紀要』(京都大学教育学部)第一号、一九九四年、も参照。

(9) CERI/OECD(1970), *Equal Educational Opportunity 1*, Paris, pp.25-26. 〔 〕内は私の補足。

(10) OECD(1993), *Education at a Glance*, p.117, p.119, p.176. なお、日本のコース別在籍者数割合はまさに逆で、一般教育七二%、職業教育二八%である。

(11) 一九九四年八月の視察旅行で聞いた話。高校で自動車整備と木工の授業を見学したが、そのときの印象は、製図・コンピューター・数学などを使っての講義と、まさに小さな工場での作業そのものであった実技との微妙な結合というものであった。

(12) Kerstin Weyler (1993), Big Changes in Swedish Education, *Current Sweden*, No. 399, June. pp.3-4.

(13) 正確には、この他に医学研究で有名なカロリンスカ研究所のような専門研究所も、高等教育機関に含まれる。

(14) Kaj Sköldberg (1991), Strategic Change in Swedish Higher Education, *Higher Education*, Vol.21, p.557.

(15) Svenska Institutet (1992), *Higher Education in Sweden*: Fact Sheets on Sweden, February.

(16) 中嶋、前掲論文(注1)、一〇七ページ。

(17) Burton R. Clark (1983), *The Higher Education System; Academic Organization in Cross-National Perspective*, University of California Press.（バートン・R・クラーク『高等教育システム』東信堂、一九九四年、一九二ページ、一六一ページ、一二四ページ、参照。

(18) ウーロフ・ルイーン「スウェーデン：大学外の統制と学内参加」（ハンス・ダールデル、エドワード・シルス編『大学紛争の社会学』現代書館、一九九〇年）、三八一ページ。この論文執筆は一九七七年の改革直前で、当時ルイーンはストックホルム大学政治学教授であったが、改革後、スウェーデン大学総事務局副局長に任命された。

(19) Leon Boucher (1982), *Tradition and Change in Swedish Education*（邦訳『スウェーデンの教育』学文社、一九八五年）および松崎巌「スウェーデン——生涯学習体制における民主化と合理化の一つのモデル——」（中島直忠編『世界の大学入試』時事通信社、一九八六年）、参照。

(20) Ministry of Education and Science, Sweden (1992), *Report to OECD: The Swedish Way Towards a Learning Society*, p.123, p.128.〔**このレポートは、若干の字句修正はあるが、全文、OECD (1995), *Reviews of National Politics for Education; SWEDEN* の第一部に所収されている。〕

(21) 中嶋、前掲書(注5)、一二五—一二六ページ、一四四ページ。なお、「一二五：四ルール」そのものは一九九二年の大学改革法によっても堅持されている。SFS 1993:100, *Svensk Författningssamling, Högskoleförding*, utfärdad den 4 feb-ruari 1993., s.16. 参照。

(22) Svenska Institutet, *ibid.* (注15)

(23) UHÄ (1992), *Swedish Higher Education in English*, Sveska Institutet. p.35, p.40.

(24) SCB (Statistiska Centralbyban) (1993), Statistiska Meddelanden: *Studerande på fristående kurs*, s.48-49. なお、本文中の％の多くは私が計算したものである。

(25) OECD (1993), *ibid.* (注10), p.201, p.203. The Ministry of Finance (1992), *The Swedish Budget 1992/93*, p.82.

(26) 一九八七年のOECDの報告書は、スウェーデンの大学教職員間の税引き前後の給与を比較し、税引き前に二・五倍あった大学教授と守衛との給与格差が、税引き後に一・七倍にまで縮小していることを指摘する。そしてこの事態に対して、同報告書は「不健全(unhealthy)」だと判断し、大学の研究職に対する給与が低すぎると、優秀な人材がそれだけ大学に集まらなくなり、引いては産業界の損失も増大すると警告している。OECD (1987), *Reviews of National Science and Technology Policy*, ***SWEDEN***, Paris, pp.79-80.〔**これに対して、スウェーデン人の平等意識の強さを示す調査結果がある。それは、Statistics Sweden が全国三八〇〇人の労働者に対して行なった「賃金決定と賃金格差に関する意識調査」で、それによると、スウェーデンでは高額所得者も賃金格差縮小を支持しているという。つまり、「月給二万クローナ以上の労働者のうち過半数を優に超える人が『賃上げを一部放棄しても低所得者層を援助すべきだ』と回答している」。『海外労働時報』一九九四年八月、五三-五四ページ。元資料は、LO Trade Union News, Februry 1994.〕

(27) Jan Jonsson (1990), Education Reform and Changes in Inequality in Sweden, Swedish Institute for Social Research: *Reprint Series* No.283. また滝充「スウェーデンにおける選抜・配分過程」『日本比較教育学研究』第二〇号、一九九四年も参照。

(28) Swedish National Board of Education (1990), *Adult Education in the 1990's; Considerations and Proposals*, R 91: 112 pp.15-17. この文献は、アブラハムソン教授が来日の際、持参されたものの一つである。

(29) D. Roos, J. P. Womack and D. Jones (1990), *The Machine that changed the World*. Harper Perennial.

(30) 原正敏・藤岡貞彦編著『現代企業社会と生涯学習』(大月書店、一九八八年)、参照。

（31）Metall (1987), *Rewarding Work*, The Swedish Work Environment Fund.

（32）峯学「スウェーデンにおける労働の人間化の展開」（下）『社会労働研究』（法政大学社会学部）第三八巻第一号、一九九一年〔**同『労働の人間化の展開過程』御茶の水書房、一九九五年に所収〕、および拙稿「スウェーデンの職業教育　覚書」（桃山学院大学教育研究所『研究紀要』第二号、一九九三年三月）、参照。

（33）Åke Dahlberg and Albet Tuijnman (1991), Development of Human Resources in Internal Labour Markets: Implications for Swedish Labour Market Policy, *Economic and Industrial Democracy*, Vol. 12, pp. 159-162.

（34）*Svensk Författningssamling* に載っている *Högskolelag*（SFS 1992:1434）と *Högskoleförordning*（SFS 1993:100）、および *Den Högre Utbildningens Ekonomiska Villkor och Betydelse*, Rapport Nr 2, agenda 2000を最近入手することができた。

（35）Lilian Öhrstrom(1994), Radical Reforms in Higher Education, *Current Sweden*, No.404, July. pp.1-3.

（36）Ministry of Education and Science, Sweden (1993), *Knowledge and Progress; A summary of the Swedish Government's Bills on higher education and research*. pp.6-8, pp.18-20.〔**このパンフレットを私は訳してみた。桃山学院大学教育研究所『研究紀要』第四号（一九九五年三月）、参照。〕

（37）ストックホルムにいる知人が教えてくれた *Expressen*, den 14 april 1994. の記事による。

（38）ストックホルムにいる知人が聞いてくれた、ヨーテボリ大学教授の話。〔**Svenska Institutetet (1994), *Higher Education in Sweden*: Fact Sheets on Sweden, November も参照。〕

（39）Ministry of Education and Science, *ibid.*（注36）, pp.9-11.〔**政府は、スウェーデンの研究開発を強化するため、労働者基金の資産のうちかなりの部分を占める一〇〇億クローナを用いて、三つの研究財団を設立することを提案した。これら三研究財団の名称とその財源の割当額は、①戦略的研究財団（自然科学、技術工学および医学における戦略的研究）、六〇億クローナ、②戦略的環境研究財団、二五億クローナ、③人文科学・社会科学研究財団、一五億クローナである。①②の研究財団は、研究上の性格から研究集団と産業界との代表者から構成される運営委員会で運営される。また、労働者基金から拠出された財源は約一五年以上にわたって用いられることになるという。なお、融資の対象とされる研究には、（1）スウェーデンの将来の競争力の発展に貢献すること、（2）資格を有する研究者の数を大幅に増加させることに貢献すること、（3）国際的基準からみて最高の研究であること、（4）限定された数の分野に研究を徹底的に集中すること、（5）国際的レベルでの協力を奨励すること、（6）大学との密接な連携のなかで行なわれること、という条件が付けられている。」

（40）中嶋、前掲書（注5）、一四一ページ。

（41）Swedish National Board of Education, *ibid.*（注28）pp.44-49.

（42）一九九四年八月二六日の訪問。

（43）Kenneth Abrahamsson (1992), Adult Education in Sweden; A brief introduction to history, aims, ideology and economy of Swedish popular education, Non-formal.

（44）SCB（1994）, Statistiska meddelanden: *Folkhögskolan 1992/93*, s. 2., s. 10.

# ソヴェト・ロシアにおける生涯学習[1]

関　啓子

## はじめに

ここでは主に転換期（ソ連崩壊前後の数年）に焦点を当て、生涯教育・学習の発想とそれの具体化を、政策と人々の学習のありようの両方から明らかにしようとしたものである。

旧ソ連において、生涯教育が大きく注目されるようになったのは、統一的生涯教育体系の創造の必要を謳ったソ連邦共産党第二七回大会でのゴルバチョフ演説によってであった。

本稿では、ペレストロイカ期に脚光を浴びた生涯教育の理論を整理し、特に注目された経済教育について生涯学習と社会主義という観点から論究する。さらに、ペレストロイカ期に登場した成人教育の新しい動きに言及した上で、ソ連邦崩壊後の生涯学習をめぐる最新情報を提供したいと考える。それに先立ち、革命期の成人教育についてふれることとする。

ソヴェトにおける公的成人教育は、革命前の遺産がかろうじてわずかに存在するにすぎない部門であった。そのため、革命後、創造的に構想、実施されざるをえなかったのである。革命期の成人の学校外教育の政策化は、ほとんど無から作り出すという困難[2]と、革命前の労働者の学習運動を継承・発展させる可能性とをはらんでいたといえよう。革命前の成人教育運動は、社会変革に向けての大衆運動と不可分なもので、労働者の要求に基づく学習運動であった。

概して、ソヴェト政権は、青年と成人に、勤労しながら学習する機会と、勤労経験をふまえて学習する機会の両方を保障する方針をとってきた。この方針の具体化を、革命後の識字運動に、さらには、労働者階級出身の知識人層を創造するための学部の創設や、入学時の彼らの優遇措置に、あるいは夜間制に学ぶ勤労学生の職場での優遇措置に見ることができる。

ソヴェトにおける成人教育は、萌芽的形態においては、社会の改革運動と関連した大衆的学習運動という特質を帯び、その制度化の出発点においては、労働者と農民の強いられた文化的疎外の克服と、身体的労働と精神的労働との分化の克服という意味を有していた。(3)

## 一　生涯教育の概念と機能

### 1　ペレストロイカ期における生涯教育のコンセプト

生涯教育は、ゴルバチョフ教育改革のキー・ワードの一つであった。一九八九年三月には、「生涯教育の基本概念」(以下、「基本概念」と略記する)(4)がソ連邦国民教育国家委員会と全ソ連邦国民教育会議との合同会議で承認された。この「基本概念」は、生涯教育の中心的理念として、「人格としての人間の発達、生涯にわたる活動と交流の主体としての発達」を掲げ、「教育のあらゆる段階と水準での全面発達の前提をつくりだす」のが、生涯教育であると規定した。ここにはまだ社会主義教育へのこだわりが見られた。

「基本概念」における生涯教育体系とは、就学前教育、初等・中等教育、職業教育、高等教育(大学院・研究所を含む教育と研究）、労働者と専門家の再教育と資格の向上を含み、さらには、文化や市民性などの向上の援助をも包括する概念と定義された。

この「基本概念」は、生涯教育体系の基本構造として、さまざまな階梯の学校を位置づけ、それらとは独立した機関を生涯教育の平行的機関とし、さらに、インフォーマルな補足的機関が機能する、というような重層構造を構想していた。例えば、初等・中等教育ならば、ピオネールの家やスポーツ・クラブなどが補足的機関であり、職業教育ならば、基本構造が職業・技術施設で、平行的構造が企業内教育というように、である。(5)

## 2 社会主義社会と生涯学習

それでは、ソヴェト社会において、おとなたちはどのような学習機会をもち、どのような学習要求をもっていたのか。成人教育の第一人者、ダリンスキーは、生涯教育は二段階からなるとし、その第一段階を、すべての青年を普通教育の面でも初歩的職業教育の面でも準備する段階、第二段階を、成人教育とした。彼によれば、その成人教育には、二つの方向が含まれていた。その一つは、勤労者の職業資質の向上であり、主に、国家施設（研修所、講習会、夜間制および通信制の高等・中等専門教育機関等）と社会施設（人民大学、共産主義労働学校等）とにおいて実施されてきた。いま一つの方向は、勤労者の思想的・政治的水準の向上、彼らの教養と文化の向上であり、この機能を担うのが政治教育体系、夜間・通信制の普通教育、人民大学、成人用学校外教育施設である、とされた。以上は、ペレストロイカ以前の成人教育の概要である。

生涯教育の論者は、生涯教育には三つの機能があるとしてきた。機能の一つは、「補償的機能」で、なんらかの原因で学齢期に失った学習機会を取り戻す可能性を提供することである。(6) 次は、「補完的機能」である。それは「多くの場合、狭い職業的性格を帯び、働き手に、生産の発達した技術やテクノロジーが要求する水準まで学習させることや、ある専門や職業が衰退した場合再教育を与えることを、課題としている」[7]。だから、「教育内容は、労働力としての人間の完成を目指しているのであり、人格の全面的で首尾一貫した・調和的・前進的発達の保障を促進しようというのではない」[8]。この段階では、主に新しい職業と専門の習得、労働者とコルホーズ員の資格向上が教育目的となる。

成人教育の発展においてもっとも現代的な段階とされたのが、「基礎教育に続く機能」である。それの特徴は、獲得される知識・能力・習熟が複雑さを増し、個人の学習活動と社会的実践的活動が人格の発達過程において統合されることを助成するところにある。[9] しかし、この機能が実現されているのは、最も複雑な労働形態の担い手(例えば、医師、教師、国民経済の様々な部門の専門家、管理にかかわる要員等)の資格習得後の教育だけである、ともいわれていた。

上の「補償的機能」と「補完的機能」に加えて、「人格の創造的潜在的な力を絶えず豊かにする」[10]「発達的機能」を指摘する論者もいた。この教育の「発達的機能」は、「進歩的・社会的理想に相応しく周囲の活動を改革し、再編〔ペレストロイカ〕する仕事に、積極的に、事に通暁して参加する能力を形成する」[11]ことを意味し、先の「基礎教育に続く機能」と共鳴する概念である。

なお、ソヴェトでは教育機能の一つとして、経済的機能(労働力の再生産)と並んで、社会的機能(「全面的に発達した人格の形成」[12])が指摘されてきた。この機能にこだわる限り、生涯教育の先の「基礎教育に続く機能」(あるいは「発達的機能」)が重視されることになる。

生涯教育への要求の変化を、上記の三つの機能(補償・補完・基礎教育後)に即して見ることができる。統計資料によれば[13]、一九五〇〜六〇年代はじめにかけて、成人の学習要求は、成人教育の補償的機能に向かっていた。一九六五年のデータで、成人教育を受ける学習者中、「補償的教育」機関の学習者の割合は三七%、うち、夜間制および通信制の普通教育学校の学習者が一九％であった。同年、「補完的教育」の資格向上のための成人教育履修者は三六％、「基礎教育後教育」はわずかに九％にすぎなかった。科学・技術が発展するに従い、成人は、再教育、職業知識の更新、資格向上をもとめるようになっていく。つまり、成人教育の「補完的機能」の方が、労働者にとっても、管理者にとっても重要になってくる。職業知識が八〜一〇年で陳腐になってしまう以上、仕事のためには知識の不断の更新が不可欠というわけである。[14] 同統計資料によれば、「補償的教育」の学習者は、一九七〇年…二七％、一九七五年…二一％、一九八〇年…一六％（うち夜間および通信制の普通教育学校…九％）と減少し続けている。それに引き替え、「補完的教育」の資格向上のための成人教育履修者は、一九七五年…四七％、一九八〇年…五三％と増加している。「基礎教育後教育」の履修者も、一九八〇年には成人教育機関の学習者の一八％に達した。

しかし、こうした傾向に対して教育学者は警戒の色を隠さなかった。「補完的教育機関と国民経済企業との密接な関連は、否定的側面をも有している。すなわち、学習過程を、狭い、特に実践的生産的・技術的課題へと方向づけてしまうという問題[15]」は見逃し難いというのである。「補完的教育」では、「人格の一面的発達だけを促進する[16]」ことになるとの批判がなされた。ここにはたとえ実現の可能性が乏しく困難であっても先の教育の社会的機能（「全面的に発達した人格の形成」）を重視したいという教育学者のこだわりがあった。

## 二　生涯学習と経済教育

### 1　ペレストロイカと経済教育

ペレストロイカ期には、社会・経済発展の加速化の方針とかかわって、加速化の人間的要因が注目されるようになった。一九七〇年代末から八〇年代初めにかけて、経済成長率の低下が深刻なものになり、資源や労働力の投入にたよる経済の粗放的発展に代わって、技術革新による資源の効率的利用、生産効率の向上による経済の集約的発展の道をとることが不可避となったのである。経済発展をこの方向に完全に切り替えるためには、経済メカニズムの改善とならんで、科学・技術進歩の促進およびその成果の速やかな導入と、人間的要因の活性化とが重要であるとみなされた。

社会・経済のペレストロイカをめぐる論議は、当初、人材養成や再教育ばかりでなく、人間のための政策の重要性を浮上させ、人間の全面発達や人間的要因の活性化の自己目的性を示唆してすらいた(17)。

第二七回党大会後次々と打ち出された改革——経済メカニズムの抜本的改革、経済発展の社会的指向性の強化、政治システムの民主化など——は、いずれも、これまでの行政的＝指令的、官僚主義的管理システムのもとでイニシアチヴを抑圧されてきた勤労者の社会的所有の主体としての地位の回復、国の主人公としての意識の発揚、科学・生産における人間的要因の活性化を目的としたものであった。協同組合的原理の再生や、賃貸請負制の導入などに見られるように、労働集団の自治性の発現、勤労大衆の自主的活動の発達を理論上は不可欠の条件とする政策が打ち出された。

このような人間的要因の活性化という課題の緊急性に拍車をかけていたのが、人口動態的問題、すなわち、労

働力の増加テンポの激しい低下現象であった。(18)

「完全ホズラスチョートと資金自己調達への全企業の移行を考慮すると、これらに対する準備が［社会的］要求にあっていない」(19)という問題がますます深刻になった。経済・管理メカニズムの改善が、経済的知識に裏付けられた現代的経済思考と管理の習熟を強く求め始めていたのである。(20)この新経済メカニズムの実現を可能にする意欲・知識・思考・習熟の形成こそが経済教育の課題であった。特に、現代的経済思考の形成は、指導者と専門家ばかりでなく労働者・コルホーズ員をも考慮に入れなくてはならないと指摘され、(21)生産の主人公としての労働者という、決して実現されたことはないが、それでも引き下げ難い理想に少し光明がさしたような感じがあった。

## 2 「すべての勤労者に経済教育を！」

人間の顔をした社会主義社会の創造という思潮があった一九八七年頃、経済教育の課題は、ソ連邦全体を視野にいれての「すべてのソヴェトの人々の現代的経済思考の形成、勤労者による経済的管理方法や、完全ホズラスチョート、生産活動の民主化、自主管理の条件のもとでの活動の技量の習得」(22)を促し、「現代的経済運営方法の実際的習得」(23)を助成するというところにあるとされた。こうした中、全般的経済教育が労働者の資格向上課程に導入されることとなった。(24)

また、一九八七／八八年度から、「(全般的) 経済教育をいたるところで展開するよう」にとの勧告がなされた。(25)ペレストロイカの当初、労働者が自ら計画をたて、自らの企業の現状に正確な判断を下し、自治的な決定を行いうる自主管理の主体になることが、理論上は求められ始めていた。そのため、「すべての勤労者に、教育の継続、知識の生涯にわたる拡大と更新、一般文化と職業水準の絶えざる向上のための都合の良い可能性をつくりださなくてはならない」(26)という指摘もあながち空虚には思えなかった。つまり初期のペレストロイカは、一人ひとりの人格の全面発達に資する社会・経済の発展を期待させる要素さえ理論的には示唆していた。例えば、注意を引いたのは、労働のブリガーダ形態であった。それは、様々な労働を交替で行う可能性をもっていた。ここでは、一つの職業に縛られる資格向上よりも、むしろ、労働者による二~三の職業の習得が課題となる。[27] 職業知識の拡大の必要性と社会において自己を実現する領域の拡大の可能性とが望見された。人格と能力の発達に資する経済社会がほんのわずかでも実現されそうな細やかな予感さえした。

一人ひとりの生き方が問われるという側面もあった。上からのある生き方への誘導はあったが、自己の生活スタイルの選択と創造が徐々に可能になり、科学・技術革新下の自己実現の可能性の広がりをわがものにできるかどうかが課題となった。[28] 生涯学習の「発達的機能」(「人格の創造的潜在的な力を絶えず豊かにする」機能)の展開の基盤が少しずつ整いつつあるかのようでさえあった。だが、現実的な問題は、この機能の実現が機会として保障され、カリキュラムによって裏付けられるかいなか、にあった。

社会主義へのこだわりが残っている間は、経済教育は、すべての勤労者を学習者として想定し、かれらを生産の主人公・自主管理の担い手に育成することを目的とするという理想性を謳っていたが、この理念がメッセージ体系に翻訳されることはなく、スローガンに止まっていた。

それまで、企業は、文化・教育活動にそれなりの力をいれてきたが、経済教育に熱心であったわけではない。経済教育は以前から行われてはいたが、その評判は芳しいものではなかった。経済理論の図式主義、経済的管理方法の無視、企業のホズラスチョート的権利の狭小、停滞原因の批判的分析の欠如といった経済の停滞現象の原因は、そっくり経済教育の質に反映し、勤労者の学習意欲を減退させていた。経済教育システムはドグマ的命題の繰り返し、ステレオタイプの大量宣伝に陥り、経済学習の関心を低下させてきた。[29] つまり、指令経済のもとでは経済教育の必要はなかったのである。

経済教育の内容や方法そのものが反省されるようにもなった。まず、従来の政治・経済教育の図式主義・形式主義[30]を克服し、授業における抽象的訓育的性格を払拭する必要が感じられていた。「ある労働集団が一定の具体的条件の下で解決しなくてはならない課題」[31]と関連した具体的知識の習得こそ何よりも重要であると考えられるようになり、指導過程と学習形態に、「課題教授」[32]を導入するという主張がなされた。それは、当該の労働集団の実生活における実際的問題と密接に結びつく学習を促し、学習形態に討論やさまざまな見解の自由な比較考量等を取り入れるというものであった。

こうして「課題教授」が注目されながらも、実際にはまず第二七回党大会の資料集、中央委員会総会の資料、第一九回党協議会の文書の学習が必要であるとされ、従来の党主導の上からの教育計画という限界がつきまとっていた。生涯学習はこうした矛盾を抱えていた。

## 3 労働者は経済学習を希望したか？

全般的経済教育を実施する段になっての問題は、企業の指導者が経済教育の重要性を理解していなかったことである。「すべての指導者が、カードルの資格向上の意義を、経済的管理方法への移行を成功させるための不可欠の条件とみなしていたわけではなかった」[33]。従来、指令にもとづき企業は経済活動をしてきたのであり、経済を学習する緊急性はなかった。そればかりでなく、労働者集団もまた経済教育に対して積極的ではなかった。経済知識の水準やそれの利用能力が幹部による評定や昇給の査定材料にならないことも、経済教育の軽視を招いた。[34]

ソヴェト社会にあって人々は、長い間面従腹背を余儀無くされてきた。表立って党の薦めるのとは反対の生き方を選択することは避け、党による統制の網の目をかい潜って自己のおもいを遂げてきた。こうしたしたたかさを身につけてきた。上からの指令に逆らわず、心からは従わず、開かれた可能性の中でよりよい生き方を選ぶのである。いままで、開かれた可能性の中に自主管理的な要素（すなわち、生産の管理者＝計画者的要素）が含まれていたことはなく、よりよい生き方にとって党主導の学習が役立つこともなかった。結局、勤労者にあっては生涯学習への要求は低かったといわざるをえない。

従来、労働者の資格向上への動機も高くはなかったのである。「私たちには、……教育への欲求が育まれなかった。企業の指導者も同様である」[35]。「実際、今日、誰一人として自己の生涯にわたる資格向上に興味をもっている者はいない」[36]、とまで言われていた。

このように、党主導の学習である限り、従来の成人教育の形式主義は克服されず、前述の教育の「発達的機能」がカリキュラムによって裏付けられることもなく、長い時間をかけて培われた成人教育への不満や無関心は依然として解消されないままであった。人間的要因の活性化も、結局は労働への動機づけとしてのスローガンという虚ろな実相をみせ始めた。

しかも、実際には、経済のペレストロイカそのものがうまくいってはいなかった。新旧のメカニズムが平行的に存在し、指令的管理方法は存続していた。国家発注の形をとって旧来の義務的生産課題の企業への下達が行われ、優良企業から非効率企業への資金の再配分を可能にするようなノルマチーフの制定もなされていた[37]。したがって、残念ながら、先の労働者が生産の主人公になる気配は、幻想の域を出なかった。すなわち、経済教育の実質化の基盤は脆弱なままで如何ともし難い事態が続いていた。

## 4　ビジネス教育となった生涯経済教育

その後、社会主義ばなれが濃厚になったとき、「全面的に発達した人格の形成」へのこだわりは失せ、かわって市場経済を促進する管理者層の早期育成がクローズ・アップされるようになった。途端にビジネス・スクールへの関心が高まった。

自主管理をもとめる声は極端に弱まり、すべての勤労者が生産の計画＝管理主体への過程を歩む可能性は霧散し、かれらの生涯経済学習という課題は大幅に後退した。

しかし、人々の学習意欲が低下したわけではない。人々の、いな正確には、管理者と未来の管理者の学習意欲は高まり、ビジネス・スクール型の学習が強く求められるようになった。新しくできつつあるシステムの中での可能性を模索し、学習成果を期待できる道を選ぶことに、人々の注意と活力が集中していった。

モスクワで一九九二年の春に開催された第一〇回世界経済会議での報告[38]によれば、当時主に企業家、管理者、実務のエコノミストが経済教育を受けていた。言うまでもなく、こうした経済教育には、すべての勤労者を生産の計画・管理・遂行者にする要素など微塵もない。経済教育は、市場経済のリーダーたち、管理者層を対象とし、かれらが早急に市場経済の知識を身につけるのを促進する機能を果たそうとするものとなった。

上の会議の開かれた一九九二年当時、経済教育は国立高等教育施設とテフニクムで、あるいは、独立大学とビジネス・スクールで行われていた。前者には、マクロ経済学やミクロ経済学の講義がなく、経済教育を行う条件が乏しいと批判され、後者は、エリート的であり、教育費が高い、と指摘されていた。例えば、当時、モスクワ国際大学（独立大学）の場合、学費は一万ドルであった。一九八八／八九年が転換期になり、市場経済の知識がエコノミストたちに必要となったために造られた国際ビジネス学校などは高い授業料で運営されていた。

こうして、経済教育は、ビジネス教育として生涯教育の重要な一環となった。市場原理は成人教育の世界にも浸透し、様々な学習機会が開かれ始めた。「ロシア連邦教育法」（一九九二年八月）は、新しいタイプの教育施設の創設を認めた。新しいタイプの高等教育施設には、非国立のロシア公開大学のほかに、非伝統的国立高等教育施設のモスクワ国立大学付属教育センターなどが含まれていた[39]。

生涯的経済教育はビジネス教育一色になりそうな勢いとなった。

## 三　ペレストロイカ期における成人教育の刷新(40)

### 1　新しい成人教育機関の誕生―オープン・ユニバーシティ―

創造的教員同盟や科学アカデミー、ソヴェト文化基金の協力を得て一九九〇年に改革派は、ロシア公開大学を創設した。初代学長には、改革派の旗手の一人、ビム＝バート氏が就任した。大学は人気を博し、入学希望者が殺到した。これは国家から独立した社会的な、いわば最初の民間の大学で、基本的にはまず通信教育を行うとされた。教師の給与は学生の学費で賄われる。財政難から本格的な活動の開始が遅れた。当初、学生の年齢は一七歳から七〇歳までさまざまでだれでも無試験で入学でき、期間は五年とされた。政治学・社会学・法学コース、心理学・人類学・教育学コース、宗教学コース、社会的・心理的リハビリテーションコース、ソ連邦の言語と文化コースが開かれたが、さらに、文献学、歴史学、哲学、ビジネス、数学、コンピュータ科学の各専攻が加えられた。この大学の学部長へのインタヴューから、入学希望者のニーズが経済教育にあり、学生の約七八％が、経済教育を学ぶためにビジネス学部に属していることを知らされた。

公開大学の眼目は、人民大学のような従来の成人教育に強かったイデオロギー性を克服し、高い水準の教育を実施し、修了書を付与することである。公開大学の関係者は、既存の成人教育機関の孕む問題点、すなわち、学習期間がたとえば一月間とか比較的短期で、教育水準も低く、現代的要求に応えきれていないことや、何よりも社会的に認められる修了書を出さないために履修が具体的なメリットにならないことを克服しようとしていた。

この大学は、当初二つの困難を抱えていた。その一つは、財政難と紙不足が響き教科書印刷がおもうに任せず、通信教育としての本格的活動を展開できないことであった。そこで過渡的措置として文献表を送付し、問題点を提起してもらったり、論文を提出してもらい、点検して返却するといった方法を取っていた。学費も値上げせざるをえず、入学者は相当の負担を覚悟しなくてはならない、と関係者は憂慮していた。いま一つの問題は、教師であった。また、この大学の教師になることを、サイド・ビジネスとして考えている人がいる、と学部長は頭を痛めていた。

なお、公開大学の最近の動向については、付記を参照されたい。

## 2　成人教育機関再編の試み

ペレストロイカ期には、人民大学を中心とした従来の成人教育の再編も始まっていた。人民大学は正規の高等教育機関ではない。人民大学の源泉は、革命前のロシア社会にあった日曜学校に求められる。革命後の人民大学の発展を促したのは、一九六八年一〇月八日付けソ連邦共産党中央委員会規程「人民大学の活動の改善について」である。同年には、技術進歩や経済知識を教える人民大学への要求が高まり、再教育と資格向上といった役割を果たすように人民大学は求められた(41)。一九六四年にはソ連邦で九六〇〇の人民大学が開校されており、二〇〇万人が学習していた。人民大学が大いに発展したのは、七〇年代である。一九八一年には、施設数約五万校、学習者数一四〇〇万人を数えた。

人民大学は、工業企業、合同、コルホーズ、ソフホーズ、常設の教育施設、科学研究施設、文化会館、技術会館、博物館、図書館、創作活動の団体などを基盤として設立されてきた。人民大学には、再教育や職業上の技能資格の向上を目的とするものもあれば、一般的文化の向上や教養のための大学もあった。講師陣は大学などの教育施設の教師、研究者、企業や施設の専門家、創作活動家、模範的労働者というように多様な人々によって構成されていた。

人民大学は、部門や学部をもち、例えば、技術進歩と経済知識モスクワ市人民大学には、総合技術教育、機械製造、化学と化学的テクノロジー、軽工業の四部門二一学部（計算技術と科学的技術進歩、管理問題、環境保護等）があった。ここでの学習の目的は、専門家の資格向上であり、履修期間は、一年から二年であった。

生涯学習の理論的指導者ダリンスキーは、一九八四年教育改革時の論文において、人民大学は、生涯教育センターに移行しつつある、と指摘さえしていた。人民大学の長所は、誰もが入学でき、学習目的と内容が多様であるところにあるが、部門別人民大学網の発達の不均等などの問題が指摘されていた。また、教育学系の人民大学が一九八四年学校改革の普及という目的を担ったように、政府の政策の円滑な進展に貢献するイデオロギー装置的役割を果たしていた。

人民大学の講師や研究者派遣などをてがけてきたのは、知識協会である。知識協会と人民大学が成人教育の分野で果たしてきた役割は小さくないが、それらにプロパガンダ的色彩がつよいといった特徴も見られた。

既存の成人教育の再編に立ち上がった人々は、学習者の要求を反映する運営の民主化を促進し、合わせて、教育内容の高度化をはかろうとしていた。ここでも、経済教育が重視され、企業長むけビジネス・コースをはじめ、技術者コースとか、一般勤労者むけコースというような教育の多様化が企画されていた。その他にエコロジー教育や健康教育が、重要なテーマである、と成人教育協会の事務局長（アルションキン教授）は指摘した。

人民大学は、内容を高度化、多様化し、成人教育の二つの目的、すなわち、専門家としての水準のさらなる向上という目的と、自由時間をつかっての知識の増大という目的をともに実現する学習機関として再建されようとしていた。そのために新たにつくられたのが成人教育協会で、国民教育アカデミーの名に値するような高水準の成人教育をめざして、人民大学などの学習内容を改めようとしている、と協会の事務局長は旺盛な意欲をのぞかせていた。

こうして形成された全ソ成人教育協会〈生涯教育〉は、さまざまな教育施設や企業、文化・芸術組織などの労働集団の連合体で、その設立者は知識協会であった。この全ソ成人教育協会〈生涯教育〉の目的は、規程によれば、「国の全住民の教育権を完全に無限に保障するための条件の創造」であり、各人が普通教育と職業教育を一生にわたりより完全なものにできるように、また、個人の精神的・教育的欲求を満たすようにすることであった。資格向上や再教育などのすぐれた経験の研究と普及、講義や文化・啓蒙活動などの実施、シンポジウムの組織化などが協会の基本的な課題とされていた。ただし、以上の協会のデータも、協会関係者とのインタヴューも、ソ連邦解体前のものである。

## 四　生涯学習をめぐる新事情——ソ連邦崩壊後の新しい教育——

### 1　ビジネス・エリートの養成

ソ連邦崩壊後、成人教育はどのように展開されているのか。三において紹介したペレストロイカ期を象徴するような成人教育の試みがその後どのように展開されているのかを、一九九四年夏に調査した。

新しい社会を象徴していたのは、ある高等教育機関であった。人民大学を刷新し、国民教育アカデミーの名にふさわしい新しい成人教育のネットワークを造ろうとしていた人々の熱意は、アカデミーという名称をもつ高等教育施設として具体化されていた。青年と成人の学習要求を敏感に察知した人々は、経済教育と法律研究を二大柱に据え、社会的要請の著しく大きいビジネス・エリートと法律の専門家とを養成する「経済・法律アカデミー」を創設したのである。このアカデミーは、有料（例えば、学習者が学費の八〇％を負担、二〇％は派遣企業が支払うなど）で、特に中小企業の専門家養成に力を注ぐ成人教育機関であり、ロシア各地に支部をもつ。

このアカデミーの責任者は、従来の人民大学に代表されるような成人教育の問題点を、養成者数や学習者数にばかりこだわる数量的アプローチに求め、この反省にもとづき、専門家養成の質の重要性を強調した。かれは、成人教育の現状についても批判的考察を加え、狭い専門家を準備している点や、有料である点をついた。教育機関の有料化傾向の強まりの中で、以前の文化と教育の水準が果たして維持されうるかどうかを憂慮している、とも語られた。

新しく企業を起こし運営したいという意欲をもつ野心的な人々は、経済教育に大きな興味をもっている。かれらにとって、経費も問題だが、経費にみあった即戦力を付けてくれるかどうかが、教育機関を選択する際の基準となっている。

## 2　従業員所有企業の教育関心

ペレストロイカ期の経済教育の理論の高揚は、労働者自主管理的経営の可能性という客観的基盤に支えられていた。しかし、その基盤そのものが弱く、市場経済化の進展とともに、効率重視の観点から自主管理はむしろその障害と見なされるようになった。いま労働者が管理に参加する可能性があるとすれば、それは、民主化の過程で生じた、従業員が自社の支配株を所有する従業員所有企業で、ここでは労働者には株主として企業経営に参加する道が開かれている。

国際従業員所有企業協会の事務局の責任者の話によれば、こうした企業では、労働者は自分のために働いていると感じ、これが労働規律や職場の雰囲気の改善につながり、プラスの面が大きいという。もちろん株式を持つだけで自動的に企業の主人公になりうるわけではなく、労働者自身の心理やメンタリティの変化や、相応の経営・経済教育が必要になる。しかし、当面かれらが重視しているのは、やはり企業のトップのための教育である。この責任者は、協会は従業員持株制に理解のある経営者を育てることが中心で、労働者の間ではことさらに教育活動をしているわけではないと述べた。教材として挙げられたのは、アメリカ合衆国の従業員持株制度（ESOP）に関連した書物である。これらは、トップ・エリート、エコノミストのためのセミナーで利用されるという。

## 3　女性に向けられた新しい構造的暴力

今、看過できないのが、失業問題である。一九九三年末に登録失業者数八〇万人（一・一％）と数字的には高くはないが、しかし、ILO方式で算定される失業者数は三八〇万人（五・一％）、不完全就業者を加えると七八〇万人（一〇・四％）といわれ、国家による支えがはずされればたちまち失業は顕在化するおそれがある。[42]

登録失業者数の六九・八％が女性であるというショッキングな指摘を行った論文「ロシアにおける女性の失業」[43]によれば、労働者職種ではなく、専門家、職員の失業者が多くなっており、失業は中・高等専門教育を受けた女性の問題となっている、という。ここにきて新しい構造的暴力が女性に加えられつつある。「女だというだけで職がない、という社会的不公正」[44]が現実のものとなってきたのである。

同論文は、労働市場における女性の不利な理由を次のように分析している。理由は、企業が産休などの特典を与えなくてはならないこと、小さい子どもがいるために職業斡旋が難しいこと、熟練水準が低いこと（男女差は二〜三等級）[45]、自分の事業を起こそうという起業家精神が稀薄であること（六分の一の女性しか事業をやる意欲がないこと）[46]などである。

女性にとって、まず、第一に必要なことは、再教育、再訓練、資格の向上、とくに社会のニーズにみあった資格の取得ということである。[47] すなわち、生涯学習の機会がつくられることが重要な課題である。しかし、現実には、女性の就業の難しさが、女性の地域的流動性の低さや、社会的ニーズに応えようとする起業家意欲の乏しさ、保護規程などによる使いにくさなどに求められ、女性の生き方が受動的であると攻撃対象にさえされている。他方、失業女性に対するニーズのある職場として、以前はモスクワに流入した季節労働者が担っていたような職種が示唆されている。女性の就職を助ける再教育の必要が主張されるにはほど遠い。

職業斡旋に関するハバロフスク州の調査によれば、三歳未満の子どもをもつ女性の七〇％は一定の条件が満たされれば働きたいと考えている。その際の条件とは、子どもを就学前施設に入れられること、家から近いこと、専門に合っていること、などであった。[48] 女性にとって第二に必要なことは、託児所などの施設網の拡充である。現在、就学前教育施設が閉鎖されたり、その場所が賃貸にだされたりしており、破産の危機に直面した企業には、いままで維持してきた就学前施設をもちこたえることは難しい。[49]

ソヴェト時代、就学前教育は先駆的に進められ、女性の社会進出の条件となってきた。就学前施設の充実も女性の社会進出も社会主義社会の優越性の証拠として声高に語られてきた。しかし、次第に量質ともに不備が指摘されるようになり、一九八〇年代の教育改革は、就学前施設の拡充を重要な改革課題として取り上げていた。いまや「児童の就学前施設に対するニーズが満たされないのに、失業者の中には専門教育を受けた保母がいる」といったパラドクスがロシア社会の現実を如実に物語っている。[50]

女性の場合、再教育の可能性の困難が教育施設まで通うことにあるとの指摘を考慮して、この困難を解決する生涯学習体系の創出、たとえば、通信教育などの取り組み、あるいは社会福祉施設との連携などの多様な方策が具体化される必要があると言わざるをえない。

一九九四年の夏、モスクワにある女性の社会団体を訪れ、この困難な女性の実態をどのようにとらえ、どのように支援しようとしているかを尋ねた。「ロシア婦人連盟」は、以前にあった女性団体が一九九二年に再編されたもので、独立採算の組織であり、収入を得るために、美容サロンなどのプロジェクトを実施したり、文化・学習のための教室を開設したりしている。この組織の現在の主な活動の一つは、女性の失業問題への取り組みである。求人のある企業を招いて、就職希望者と引き合わせるとか、様々な就職情報の伝達と職業斡旋の試みを行っている。また、女性にビジネスを教えるコースなどの、就職活動にも役立つ生涯学習の機会もつくられていた。

ここでも、学歴の高い女性の就職の難しさが指摘された。それでも、どのような社会変化にも動揺せずに生き抜こうとする逞しさ、家族の問題を解決する強さ、交流や友情に生きる心性などの、引き受けてきた困難さゆえに女性が身に付けた力強さが、女性解放の最後の砦として楽観的に語られた。

生涯学習機会の多様化が進み、競争も厳しくなってきた。成人教育への興味はかなりプラクティカルであり、生き残りをかけて人々が学習機会を調べ、選択している。成人教育の新しい発展を見定めるにはいま少し時間がかかりそうである。

## 4　生涯学習を特徴とする新しい学校の登場

ペレストロイカ期に出された「生涯教育の基本概念」は、生涯教育を、就学前から高等教育までの一貫した教育体系と定義していたが、文字通りこの理念を教育目的に掲げた学校が登場した。「スラヴ文化アカデミー」である。一九九二年に開校されたこのアカデミーは、幼稚園、初等・中等学校（リツェイ）、大学、大学院からなる。就学前から高等教育までの一貫教育を、生涯教育と性格づけている。ここでの生涯教育とは、各生徒の個性、特にある創造的な能力を高めるように、段階ごとに次第に学習内容を高度化するシステムを用いていること、つまり一貫してある能力と個性を発達させていくことを意味している。平たく言えば、一人一芸の学校である。生徒は三月間の試行期間の後、ある創造的技芸を選択し、段階ごとにその学習を深めていく。専門家が各技芸の指導にあたる。生徒は教師を、教師は生徒を、共に選べる仕組みになっている。選択肢として準備されている技芸は、絵画、文化遺産の修理と保存、木工、フォークロア、聖像画術、芝居と映画、ピアノ、クラッシック・ギターなど三三コースである。創設されて日がたっていないので、生徒数は、幼稚園が四五名、初等・中等学校が一七五名、大学が一六八名と小規模である。

校風に特徴がある。特徴の一つは、カリキュラムからも忍ばれるロシア文化の尊重である。二つは、ロシア正教という宗教的基盤である。宗教教育は選択制で義務ではないし、その他の宗教を信ずる生徒の入学と学習に何の障害もない。しかし、学校内には、教会の機能を果たす小さいが小綺麗な部屋があり、お祈りができる。イコンも飾られている。司祭が学校運営のブレーンとして重要な役割を果たしている。第三に、宗教的文化的背景にもとづく共通の教育思想で結ばれた、いわば「共同体」的雰囲気をあげることができる。教師たちは「家族のような繋がり」（学校長の話）をもち、意思の疎通も円滑である。子どもが学校を愛しているので、両親は学校を信頼し、物的援助を惜しまない、という。両親と教師の会合、教師の会議も定期的にかなり頻繁に持たれている。生徒は夏休みには教会の修復工事にボランティアとして集団的に参加したり、集団的な文化行事に取り組み、文化的な成就感を分かちあっている。学校には多文化状況があるが、コンフリクトは見られない。なお、この学校は私立学校ではなく、誰でも入学試験を受けられる。

この学校では、教材、指導過程、学習形態を通じて、文化の歴史と哲学、特にスラヴ民族の文化、芸術、エコロジー文化などに大きな関心が払われている。学校が全体として、ロシア文化とそれを支えるロシア人の内面性を重視し、それらを生徒に自覚させ、さらには豊饒化していくことを目指している。

この学校を思想的に支えてきた人々は、社会主義教育を全否定するのではなく、それの良い面を発展させ、それに止まらず学校教育を刷新していこうとしている。ソ連邦とともに従来の教育理念が崩れていく中で、かれらが生きることと教えることの支えとしたのは、ロシア正教とロシア人の心性であった。かれらは、ヨーロッパ諸国に教育思想と原理を求める改革派とは一線を画して、自前の教育づくりに挑んでいる。

一般的には父母の教育要求が、受験学力の習得に傾いている時に、この学校は、個性的創造的能力、一人ひとりの生徒の内面性に価値を置いている。ロシア文化の創造活動を学ぶことによって、ロシア人の内面性をときあかし、自覚し、ひいては豊かにすることが教育である、という思想が共有されている。受験競争と私立学校化といった時流に逆らうかれらの試みは、ロシア人のアイデンティティの一つの証なのかもしれない。

［付記］

一九九五年に教育調査を行い、ロシア公開大学を訪問した。この公開大学は、一九九五年よりロシア教育アカデミーに属する機関となるとのことであった。現在、一一の学部があるが、学生に人気の高い専門は法律とビジネスである、とビム＝バート学長は指摘した。新しい職業に就けるように助ける、すなわち第二の高等教育を施す新しい教育機関をつくりつつあるという学長の自負も大きい。一二の分校をもち、従来通り通信教育を行うが、それだけではなく、全日制の大学教育も始め、夜間のコースも開いている。

**注**

（1）生涯学習の基礎理論、生涯学習への要求、企業内教育の実態などについては、拙稿「ソヴェートにおける教育の再編」（『一橋大学研究年報　社会学研究』第二七号所載）、拙稿「旧ソビエト連邦」（国立教育研究所所内生涯学習研究れたい。

（2） ЦГА, Ф. 2306, оп. 15, д. 63, лл. 1-2.

（3） 革命前のロシアでは、中等・高等教育とは異なり、初等教育とわずかにあった成人教育の部門では、ある程度、地方の創意を生かし中央から独立した分野があった、と言われている。このハンスの指摘に学べば、成人教育の分野は、教育運営の分権化・民主化といった革命期の教育思想となじみやすい素地をもっていたことになる。

Nicholas Hans, *Comparative Education, A Study of Educational Factors and Traditions*, London, 1955, p. 309.

（4） Бюллетень государственного комитета СССР по народному образованию, 1989, № 8, С. 2–12.

（5） 拙稿「ソヴェートにおける教育の再編」（『一橋大学研究年報　社会学研究』第二七号）を参照されたい。そこでは、ある企業の経済・社会発展計画の一次資料を分析し、加えて、従来の企業内の職業教育の概略、さらには、ペレストロイカ期になって出された資格向上と再教育のシステムについての方針を紹介している。

（6） Теоретические основы непрерывного образования, Под ред. В. Г. Онушкина, М., 1987, С. 25.

（7）（8） Там же, С. 30.

（9） Там же, С. 31.

（10）（11） Там же, С. 25.

（12） Там же, С. 66.

（13） Там же, С. 32.

（14） Владиславлев А. Система непрерывного образования—состояние и перспективы, Коммунист, 1984, № 2, С. 57.

（15） Теоретические основы непрерывного образования, 1987, С. 27-28.

（16） Там же, С. 29.

（17） 拙稿「社会・経済発展の加速化と教育改革」『ソビエト教育改革の性格に関する考察』筑波大学教育学系学校経営学研究室、一九八七年、一八―二〇頁、拙稿「ソビエトにおける社会・経済発展と教育改革」『一橋論叢』第九九巻第一号、一九八八年、六一―六二頁を参照されたい。

(18) Матвеев Г. Г. Вопросы развития системы образования в стране, Известия Академии наук СССР, Серия экономическая, №. 5, 1988, С. 104.

(19) Костин Л. Всесторонне развивать профессиональную и экономическую подготовку рабочих, Экономические науки, 1988, №. .1, С. 103.

(20) Розов В. К. Гершкович Б. Я. Бепова В. Б. Непрерывное экономическое образование студентов, Советская педагогика, 1988, №. 5, С. 78.

(21) Суслов В. Перестройка массовой экономической учебы, Экономические науки, 1988, №. 8, С. 113.

(22)(23) Экономическая газета, 1987, №. 41. 邦訳『日ソ経済調査資料』一九八七年一一月号、三〇、三三頁。

(24) Розов В. К. Указ. соч., С. 78.

(25) Экономическая газета, 1987, №. 41, 邦訳『日ソ経済調査資料』一九八七年一一月号、三三頁。

(26) Ващенко Н. М. Повышение квалификации кадров в системе непрерывного образовния, Советская педагогика, 1988, №. 8, С. 65.

(27) Костин Л. Указ. соч., С. 105.

(28) Бестужев-Лада И. В. Соверменные социальные проблемы молодежи, История СССР, 1988, №. 2, С. 30.

(29) Суслов В. Указ. соч., С. 111-112.

(30) Политическое образование, 1988, №. 14, С. 4.

(31) Кухаренко В. Овладение экономическими знаниями—актуальнейшая задача, Экономические науки, 1987, №. 10, С. 86.

(32) Там же, С. 87.

(33) Политическое образование, 1988, №. 14, С. 4.

(34) Суслов В. Указ. соч., С. 112.

(35)(36) Вестник высшей школы, май 1989, 5, С. 25.

(37) 岡田進「第一九回党協議会と経済におけるペレストロイカの現況」(『日ソ経済調査資料』一九八八年一〇月号所載)参照。

(38) Экономика и жизнь, 1992, №. 39.

(39) ジュリンスキー「ロシアにおける新しい教育施設」『ソビエト研究所ビュレティン』第二四号(一九九二年一二月号)所載。

(40) この節は、註(1)にあげた拙稿「旧ソビエト連邦」(国立教育研究所所内生涯学習研究会編『生涯教育の研究――その理論・現状と展望・調査資料――』下巻所収)に加筆し訂正を加えたものである。

(41) David Currie Lee, *The People's Universities of the USSR*, Greenwood Press, p. 69.

(42) Экономика и Жизнь, 1994, №. 6.

(43) Власова Н. Кочеткова М. Прохорцева Т. Женская безработица в России, Человек и труд, 1994, №. 3, С. 6.

(44) 上野千鶴子「『進歩と開発』という名の暴力」『世界』一九九四年、一〇月号、一三一頁。

(45) Власова Н. Кочеткова М. Прохорцева Т. Указ. соч., С. 9.

(46) Там же, С. 7.

(47) Там же, С. 9.

(48) Там же, С. 8.

(49) Там же, С. 7.

(50) Там же, С. 8.

# 国際関係における権力と教育

エットーレ・ジェルピ
（前平泰志・訳）

## ——権力はどこに存在するのか

権力とは、ある国の表面的には国家や地方の行政機構のなかに、あるいは政治的責任者のなかに存在すると思われている。実際には、何事かを決定する権力の存在は、ナショナル、インターナショナルな（軍事、警察、情報）構造のなかに、（とりわけ金融の）多国籍企業のなかに、コミュニケーションと情報のネットワークのなかに、そして最も強力な研究の中心部のなかに、そしてしばしば前三者（安全保障、金融、情報）のシステムと結び付けられ、位置づけられているのである。

これらのシステムは非常に重要である。というのも、きわめて洗練されたテクノロジーを駆使して、きわめて効率的なナショナル、インターナショナルなネットワークを利用することができるからである。近年の最も重要な教育革新は、これらのシステムの内部からしばしば発展してきたものである。教育の制度的世界は、遺産を受け継ぐように、その調査結果と教育実践を継承してきた。不幸にして、これらの革新の起源は必ずしも知られているわけではないし、ましてや批判的な観点から分析されているわけではない。

国際関係をとってみれば、公的な性格を持つ市民的な力（国家と公共の使命を持つ国際組織）の弱体化を証明することができる。二国家間協力の中で、ＩＭＦと世界銀行は、今日ユネスコやＩＬＯの様な専門機関と匹敵するくらい教育に大きな影響力を持っている。これに対してＯＥＣＤは、今日の産業化諸国において強い影響力を持っており、文化や教育に使命を持つ、どの他の組織よりもはるかに抜きんでている。強大な国際ネットワークを持つ民間テレビ放送は、プログラム全体を通して、あるいはより特殊には通信教育の手段を通して、直接、間接に種々の国々に影響を与え続けている。

政府間、非政府間の国際組織への最も強大な国家の影響は、これらの組織の教育の分野の政策をも条件づける。これらの政策はひるがえって、経済的に自立できない国家を条件づける。これらの国家の政策はまた、その国際組織の「援助」政策によって、あるいは二国家間の政策によって条件づけられている。教育や軍事の分野で依存している国々の、教育政策のより重要な部門（研究、プログラム、評価）への投資がきわめて限られているために、最も強力な国家は、未来の教育に影響を行使し続けるのである。この条件づけは、教育のリーダーたちを外国で養成したり、奨学金を提供したり、情報への接近に便宜を与えることによって強化される。これらの自国のリーダーたちの養成の自律性が一度失われると、経済的に弱い国家は、中期的にも長期的に自立した教育政策を発展させるのは困難である。

国際協力・二国家間協力の民有化（privatisation）は、さまざまな国での教育の私事化（privatisation）と密接に結び付いている。とりわけ子どもや青年のある種の学校外の教育活動が、経済的にあまり恵まれない人々の排除と並行して私事化される。生産のための訓練（基礎訓練と継続訓練）の重視は、教育活動の重要な部分を私事化する起源となっている。教育におけるマスコミュニケーション手段の増大（テレビ、衛星放送、情報ネットワーク）はこれらの構造の私的性格に結び付けられる。この民有化の進展に伴って、情報・出版・コミュニケーションの多国籍企業は、非常に重要な役割を演じている。それは豊富なコミュニケーション手段を駆使して十分競争に耐えられるような価格を設定し、原材料を調達できる状態にある。

ある国、ある文明にとって、教育における宗教の重要性は、教育の私事化のすべての水準の別の側面を構成している。

国々を分割し、国内の人々を分断する国際分業は、優秀な研究者を永続的な移住——南のほとんどの国々から北の国々へ（一部であれ、すべてであれ、自前の研究者を擁する新産業国家は例外として）、あるいは同一国の内部での——に向かわせる源となっている。自国で研究を続けるための物質的な困難、科学やテクノロジーでの最先端の領域での研究者の訓練の可能性の減少、大多数の南の国々の不安定な賃金の条件、そして東ヨーロッパ諸国や旧ソビエト連邦の現在は、研究者の永続的な流出の源となっている。このような現象は他の国々の生産や研究に非常に大きな結果をもたらすことになるだろう。

この移住の結果もたらされるものは、「地球」のかなりの部分の人々に関係深い医学、テクノロジー、生産、教育の分野の研究の停滞である。そして、南の国々の財政状態の悪化である。

不幸にして、このような研究や生産の現状から次のようなことが予想される。すなわち、研究者の移住はその国の窮乏化に伴って止まることがないだろうし、頭脳流出を許す国々は、科学生活や政治生活の発展に対する研究成果の恩恵に浴すことができないだろう、ということである。

## 二　教育的排除と文化的暴力

北の人々の無視できない数の少数者もまたそうであるが、大多数の南の人々にとって、フォーマルな教育構造への接近は非常に限られたものであり、すべての教育サービスを享受しているわけではない。この接近の困難さは、間接的に将来の排除を準備する。たとえば、南のある国々では、非識字者の絶対数は増加し、また北のある国々では、機能的非識字者や非識字者（illettrés）の数が増加していることがわかる。即席の効用を追求する立場からは、これらの人々は有用な人的資源ではないとみなされ、従って、彼らへの投資は非常に限られたものになるのである。

国によっては、フォーマルな教育構造からの排除についてもうひとつの原因が存在する。子どもの労働である。労働する子どもの絶対数は減少していない。というのも、失業率が非常に高いパーセンテージを占める国でさえ、これらの子どもの労働の経済的な効率は非常に良いからである。子どもは急速に消費される人的資源である。権力は、子どもが社会にとって将来人的資源になるためのかけ替えのない存在であるとはあまり考えていないように見える。

これらの排除の起源は、不当な国際分業であり、不当な一国内部の社会関係であり、それらは国際・国内レベルの経済政策を決定づけ、従って教育政策や実践をも決定づける。

民族語と文化の喪失、民衆文化の喪失、科学とテクノロジーの伝統の喪失は、また最も周辺や周縁に押しとどめられている国々や社会集団に教育政策や教育活動を押し付けた結果でもある。逆説的にいえば、教育を通して人々は、従属の条件として新しいアイデンティティーを獲得するが、その結果、自分達のアイデンティティーを失っていく。生産、コミュニケーション、教育などの種々の国際的なネットワークは、新しいモデルを世界の人々の一部に押し付けている。このモデルは、それらの人々に批判の可能性や、それとは違うもう一つの提起の可能性を何も示すことなく、この押し付けたモデルの利用者へと変えてしまう。教育は、このようにして暴力の手段になる。

固有の文化のための闘いは、これらの種々の暴力にあえいでいる国や社会集団が生き延びるための唯一の道具なのである。

今日の教育イデオロギーに影響を与える教育思想のあるものは、古今の教育史に属すものである。かつてのナショナル、インターナショナルな権力は、生涯教育、平和や普遍性のための教育、エコロジーのための教育といった理念に対して抵抗を示すか、あるいは、あからさまに敵対してきたものであった。今日、同じ権力はこれらの理念の推進者として立ち現われてきている。生涯教育は、資格労働者や十分な訓練を要求する生産の発展のために、有用で、そして時には必須の道具となる。しかし不幸なことに、それは一部の労働者にしかあてはまらない。普遍性を求める教育は、普遍性の道具、そして物質的文化的財をのみ消費する道具となることがある。「人間主義的な」色合いを帯びる教育の平和的次元は、地球規模の従属の新しい形態をつくるために変質させられることが起こりうる。真に自然を尊重する代わりに、エコロジーの教育は、しばしばエコロジー市場の利害の結果であり、とりわけ北が自由に入手できないエネルギーの分野を南の世界を犠牲にすることによって、なされるということも起こりうるのである。

新しい教育の計画（projet）は絶えず抵抗に遭遇する。なぜなら、それらはナショナル、インターナショナルな権力にとって機能的でないからである。排除や失業に反対する教育（それは失業者や排除されたものへの援助ではなくて、そのようなものを乗り越えていくものなのである）や、文化的アイデンティティーの尊重とともに異文化交流の尊重、職業訓練のみならず、文化や政治をふくめた教育を通した生産生活への人々の参加等は、常に抵抗に突き当たってきた。なぜなら、これらの計画や行動を実施すれば、北においても同じであるが、南の一部の人々の排除の責任者であるこの権力の継続に脅威を与えるかもしれないからである。諸個人（そしてあらゆる個人）を「人的資源」としてみなすのではなく、人間存在として考える教育は、常に危険な企図だと考えられているのである。

## 三　新しい社会運動の呼応

新しい社会運動発生の起源は、おそらく労働と非労働の時間と場所との労働者の新しい関係のなかにあると思われる。伝統的な産業社会は、比較的同質な社会階級と集団によって特徴づけられていた。しかしながら、今日民衆階級や中産階級の内部に深い亀裂が広がっている。新しい集団は異なる労働条件によって養成され、闘争の目的は社会集団の多様性の故に過去とは異なったものとなっている。危機はこれら両階級の再生産の困難性の故に民衆階級と中産階級を同時に分断する。これらのいずれかの階級に属す家族の子どもは、必ずしも彼らの親の労働に接近できるわけではない。このことは、これまで社会再生産の連続性と社会移動の可能性（農村から都市へ、そして工業やサービス労働の内部へ）によって特徴づけられてきた産業文明の歴史における新しい事実である。

生産の国際化は、南北の労働者を矛盾しながら離したり、結び付けたりする（移民の構造的次元、ある国から他の国への生産構造の移転、新産業国家の財とサービスのますます重要な生産）。南北諸国の社会的な活力が必ずしも局地的な所から出てくるわけではないが、南北の労働者が共通の政策や戦略を策定するための出会いの機会は少ない。

多国籍企業のコントロールによる生産構造のもとで、あるいは移転された生産構造のなかで働く移民労働者、南の労働者そして時には北の労働者は、労働者間の闘争や出あいに根拠を置く重要な社会運動の源泉となる。南の労働者の賃労働化の増大は、北の労働者の脱賃労働化を伴う。賃労働者となった南の労働者は、疎外の一部を引き継ぎながら、北のなかで獲得されてきた社会的な保障をほとんど知らない。賃労働の条件から自らを解放する北の労働者は、自立した労働者の地位に接近することもできれば、マージナルな地位に落ちることもあるいは排除されることもできる。単なるその時々の条件ではなく、移民という構造的な条件は移民労働者の物質的な条件――その社会的政治的権利――に関する新しい問題を提起している。国家は、実際には移民労働者の種々の条件が半永久的に変わらないにもかかわらず、あたかも彼らが一時的な条件のなかにあるかの様にみなすことによって、重要な権利の一部を認めることを拒絶している。これらの労働者は、一般的に言って、とりわけ特別な団体に属しているというわけでもないのに、社会活動、組合活動、地域活動において大変積極的である。

産業化諸国において、農村から都市への移住は終わった。これらの国の農業人口は、農業生産の必要性や自然保護の必要性に関して生き残りの限界にある。外国人労働者の都市への移入と並行して、今日新しい移民労働者の存在が現われつつある。それは高度な資格を持った労働者であり、ある都市から別の都市へと移り住んでいく。なぜなら同じ国内にあってさえ、労働の可能性は大変異なっているからである。産業化諸国の地域矛盾は必ずしも半永久に固定的なものでなく、未来において一層強化されるかもしれないのである。

新しい政治的状況の内部に新しい移民の問題を予測することができる。ヨーロッパ連合（EU）はそのひとつの例である。また北アメリカ、南アメリカ、アジアで同じように発展しつつある新しい地域構造は、アラブ、アフリカ諸国においては一層困難をもたらすかもしれない。これらの移民は近年の移民と異なる性格を持っている。なぜなら高度な職業資格を持った無視できないほどの労働者の移動が予測されるからである。

社会運動に変換しうる新しい社会的活力が、失業の周辺に造られつつある。失業という現象は、今日、構造的であり、世界の国々のどこにも見られる現象である。失業労働者の条件は、その失業者の社会的出身、教育水準、地理的分布などによって大いに異なっている。失業者の主体の形成は労働組合、移民労働者の団体、そして時には失業者組合のなかで組織される。この主体形成は労働者間の異なる利害を一つに合わせることもできれば、反対に対立することもありうる。賃労働者、不安定労働者、失業者の団結は、民主的な社会の一つの条件であり、構造的失業を乗り切るための条件でもあるが、今日までこの団結は、必ずしも賃労働者の運動の主要な目標になっているとは言い難い。首切りの脅威が、賃労働者や労働組合の一部にのしかかっているために、失業にたいして防御的な姿勢をとっているからである。

異議申し立ての運動は、また自立した団体や賃労働者の組合の内部にも起こってきている。というのも、一方では労働運動のある部分は過去よりも一層疎外される状況にあり、他方では、賃労働者の一部は彼らの職業活動よりも高い教育水準を持っているからである。

労働よりも失業の周辺に重要な異義申し立ての運動が高揚している。とりわけ、職を失う労働者の当然といえるべき不安を無視して移転を続ける多国籍企業に対してその声が強い。このような多国籍企業は、受け入れ国が本当にその企業が必要かどうかについての判断を尊重しないで、彼らの活動を移転するのである。

非常に興味深い人権をめぐる社会運動が、世界の北から南まで出現している。あるときは殺すな、という基本的な権利が問題であり、あるときは健康、住宅、自己と子どものための教育、退職の権利、同様その他の権利を求めることができる労働への権利が重要な場合もある。移民、難民、構造的な失業者の人権のための闘争は国によってはきわめて活発である。

新しい社会運動は、生態系への無関心からもたらされる自然破壊や明らさまな人種差別主義にみられるような人間のコミュニケーションの破壊に抗する闘いである。これらの運動のなかで科学者や芸術家の参加が見受けられることは興味深いことである。彼らはまさしくこれらの闘いを通して、権力の表現であるメディアの政策によって歪められてしまっている審美的、科学的な目的を達成しようとするのである。メディアは、今日、自然や生命の多様性、統合のなかの男女、諸個人や諸民族の文化的アイデンティティーそして異文化間の交流をはかることに必ずしもそれほど関心を持っていない。軍隊や、警察構造を強化することによって、国内外での安全保障への不安に対処しようとする動きがいくつかの国々で現われてきている。

ときには、これらの構造はこの不安に答えたかもしれない。ときには、この構造は暴力あるいは「反ー暴力」を生み出すことに寄与したかもしれない。平和のための運動は、不服従の兵士のような日常生活において発展した。彼らは自らの生命をかけて他者の死を拒み、矛盾のために闘う。如何にマージナルな人々や賃労働者の一部の人々が彼らの客観的利害からかけ離れた政治的選択をしているかを把握することは困難である。

## 四　過渡期の社会と教育

現に存在し、活動している社会運動と並行して、教育や研究という労働の場で保護されている人々の一部に代表されるような「非―運動」（運動がないこと）が存在する。この事実は逆説的にみえるけれども、現実なのである。最近の大学生は自らの条件を改良するために闘うことはあっても、ローカル、ナショナル、そしてインターナショナルなレベルでのドラマや矛盾を持った社会についての問題意識に対する行動をおこすことはめったにない。最も強力な労働者は、労働の世界で彼らの利害を積極的に擁護するけれども、失業者、移民労働者、条件のさまざまに異なる他国で労働する仲間たちに言及することはきわめて少ない。研究センターや大学で働く研究者は、個人的には社会的な問題に何らかの見解を持っているはずであるが、彼らの集団的な仕事、研究組織、彼らの仕事の比較研究は、非常にしばしば大多数の人々の必要、困難性、願いなどから、かけ離れたものとなってしまっている。なぜ運動がなくなってしまったのか。マージナルな人々、北のマイノリティーや南のマジョリティーは、劇的な生活条件の下で、すなわち真の民主制や新しい近代そして人間の創造力などを駆使することが不可能な下で暮らしているのであるが、彼らにそのような問いかけは、不可能である。マージナルな人々の孤立した闘いは、明らかな困難に出会っているのである。活発な社会運動を「非—運動」と結び付けた新しい戦略が必要とされている。排除、暴力、画一主義、統制がますますはびこる社会、未来を切り拓く想像力の乏しい社会を強化し続けることは不可能である。日常的なユートピアは、今日身体的な生存と男女双方の喜びのために必要である。

永続的な過渡期を生きている社会は、青年や成人がそれに適応するためというのでなく、彼らの創造的な活動を強化するために必要である。「民主制」に向かって移行する社会だけが過渡期にあるわけでなく、あらゆる社会は過渡期にある。もはや生産を通じてでなく、金融投機を通して利潤を得ることは、生産活動間のさまざまな行為者のなかに新しい関係を作り出す。企業家は、今なお続く階級闘争を捨てずとも自分たちと利害が新たに一致した労働者が、現われてくることに関心を持っている。雇用の維持、配置転換、雇用の創出のための活動を通して企業と生産の生き残りとを賭けた訓練に対する同意がある。労働の破壊は、下層労働者の失業のみならず管理職層の失業をも意味する。失業と排除は、また単に労働者に影響があるだけでなく、財やサービスを生み出す企業にも影響を与え、消費の冷え込みや消費者の一部の排除につながっていく。

賃労働者、不安定労働者、失業者間の分裂や、産業化諸国、新産業化諸国そして非常に周辺的な地位に押しとどめられた経済しか持たない諸国との分裂は、不幸なことだが教育政策や実践のなかの現実である。諸個人間、諸国家間の関係へのこのような分裂の深刻な結果を避けるためには、中期的、長期的な視点にたって、これらの労働者間の社会活動、組合活動、文化活動、教育活動、を共通に行う必要があるだろう。

もはや、労働者、市民、人間の教育を分け続けることはできない。これらの教育の統一は社会にとって、ある生産部門のなかで、また生産にとって必須である。ますます選択的な判断を身につけつつある消費者は、良質の製品を要求するが、それらの製品は、純粋に技術的な面のみで形成されるのではなく、文化的に洗練された生産者を必要としている。社会は、専門分野にきわめて通じていながら、文化面では何も知らない人間を養成し続けることはできない。教育は資格と文化を重視する必要をせまられている。資格だけを重視するのでは、社会にとっても経済にとっても、いまわしい暴力を引き起こすかもしれない。事実、矛盾しているように思われるかもしれないが、青年や成人は資格を要求しつつも、文化、社会、性の分野や生産者（狭い生産的な意味だけではなくて）の分野で自分たちのアイデンティティーを強化するための教育を欲しているのである。

青年や成人の教育が、社会批判、情報の批判的分析、創造性豊かで連帯を求める知識の構築として必要とされるとき、教育は知識の伝達であり続ける。大学の教育改革やプログラムでは、カリキュラムや教授法はこれまで以上に重要である。いかなる教授法について話しているのだろうか。ヘゲモニーを押し付けるために権力の空間としてのカリキュラムなのか、それとも人々の必要に見合ったカリキュラムなのか。ライヴァル、分裂、競争を強化するための教授法なのか、それとも集団的、創造的、批判的労働を発展させるための教授法なのか。

研究、カリキュラム、教育方法論や教育テクノロジーは重要である。しかし、それにもまして重要なのは、子ども、青年、成人の自己表現を強化することである。制度化された教育は、しばしば言葉による表現が重要なことを忘れてしまう（かなりの数の人々が言葉によるコミュニケーションに問題を抱えている）。そして、諸個人や社会的諸集団がオールタナティヴなメディアを通して自己を表明するようになる必要性をも忘れてしまう。表現のための闘いは、今日、表現への権利と個人の可視性を減らす傾向にある社会のなかで、決定的に重要である。自己表現という男女の人権、そして自然の表出の権利。東洋の哲学者たちは、人類と自然との間に畏敬の念を抱く関係を発展させることに貢献してきた。あらゆる人間への尊敬と文明の尊重としての相互文化性は、生命の多様性を無視することができない。

学校の教師や成人教育の指導者は、今日でも教育の専門家の一部でしかないし、今後ともそうであろう。情報と組織を持った教育は、大きな発展を遂げつつある生産活動のなかにも見受けられるし、あらゆる生産活動の決定的な次元となる。教育労働者は、教授であり、教育者であり、研究者であり、組織者であり、計画の責任者であり、教育テクノロジーの操作者であり、視聴覚教材の生産者であり、芸術家であり、生産労働者等々であり続けるだろう。このような教育行為者の役割の多様性は別として、重要なことは、あらゆる人間は教育者であり、かつ学習者でもあること、教養があるとともに無知でもあること、そしてコミュニケーションや文化・教育の交流は年齢、ジェンダー、社会階級、国家、民族を交差しあうものであることを忘れないことである。この開かれた教育を管理する困難さは常につきまとうものであるが、現実からもその必要性からも消しさることはできない。幸いにも、男女ともに変化のなかにあるし、創造的であり、好奇心を持つ一方で未来に対する、不安があるので、不本意な教育や情報に抵抗することができる。

## 五　教育と比較教育における複雑な思考と分岐する思想

複雑な思想、そして時には分岐する思想は、教育と社会運動との関係を分析するとき、必須である。複雑な思考の性格は、弁証法的な反省、矛盾の理解、現実との密接な関係を持った「学際的性格」(interdisciplinalité)、さまざまな現実の理解を許す「異文化性」(interculturalité) と「相互社会的性格」(intersocialité)、問題の歴史的次元を知っている「相互時間性」(intertemporalité)、固有の制度の理解を許す「相互制度」(interinstitutionalité)、さまざまな国の関係の理解を促進する「国際性」(internationalité) などである。二つの要素の合計は単純な算術的合計ではプラスになることもマイナスになることもあるかもしれない。しかしこの論理は必ずしも二要素の算術的な総和でなく、対抗する相手は、時には客観的な同盟になるかもしれないし、危機が好機を呼び起こすかもしれない。いずれにせよ、それらは、現実は線形的な思考が提示するものよりも複雑であることを示す例である。

今日、教育は拡大のなかにあるとはいえ、需要と必要の矛盾、教育制度の幻滅と失敗を経験している。この矛盾は線形的な思考と安易さからもたらされる結果である。たとえば、教育の内容、目的、方法を変えることなしに、新しい必要と需要に応えるために新しい教育投資を行おうとすることがそれである。

失業と社会的排除は、しばしば教育を通して排除と失業を支持する構造を生み出してしまう。失業をなくすために、すべてのもの（排除されたものと組み入れられたもの）を分析し、養成する道具としての教育は、必ずしも教育制度のなかで獲得されるわけではない複雑な思考を必要とするのである。

身体と知性の教育、そして理論的な教育と経験を通した教育を統合する教育は、複雑な思考の結果である。この思考はこれらの種々の活動を分離していく教育実践と対立する。

教育政策や教育活動を改良するために有益な道具になることもできる比較教育学は、しばしば真の問題を捉え損なう。比較教育学は、人々の必要性、動機、願い、矛盾と、現実の一部を反映したにすぎない教育のプログラムや法との間の弁証法的な関係を分析しない。旧態依然とした教育法が消失するためには「壁」が落ちるだけで十分である。しかしながら、たとえ「壁」が落ちようとも、社会はその社会的、経済的、文化的現実とともに続いていく。その現実がさまざまな国の教育に反映しているのである。

社会的、経済的、文化的なオペラグラスを通した教育現実の分析は、ある国、ある社会集団の、他の国、他の社会集団への帝国主義的な支配の有効で巧妙な道具となるかもしれない比較教育学に抗して闘うことができる。線形的な思考による教育の分析や実践は、その教育を実践する人々や制度の不安や恐怖を引き起こす。そのより一層の不安に答えるための回答は、これである――評価、評価、評価。帝国主義的な暴力は、しばしば線形的なモノカルチャルな評価の道具を通して強化される。複雑な思考は創造的、連帯的、不安の知識の生産の結果である。複雑な思考は、分岐する思考によって刺激を受けるが、しかし両者は同じ思考ではない。複雑な思考はまた、収れんする思考の観点からも使われる。権力のなかには、この複雑な思考を好む権力もあり、この思考を分析のなかに利用し、ときには政策遂行に活用することもある。分岐する複雑な思考に自らを鍛え、形成することは、たとえこの様な訓練がアカデミックな学問分野として認められていなくとも、緊急の教育課題である。

## 六　ナショナルな教育研究と比較教育研究のための諸提案

1．教育研究の重要性が認知されるにつれて、研究者の依存が強くなっていく。財政的には潤沢になっていくが、人々の真の必要性を考慮する研究が行われるのは、稀なことである。研究者の最初の闘いは、この必要性に応える研究の目的と内容を遂行することである。この闘いは、単にアカデミックな性格を持つだけではない。研究者の関与と科学的好奇心はその条件である。

2．失業、人種差別主義、労働のなかの疎外、排除、社会の「警察化」の進展、制度的な暴力、労働者の組織の異なるモデル、新しい帝国主義的な支配、社会の選択としての排除、といった問題を教育との関係の中で研究するために、研究の物理的条件と自立を保証することが、いくつかの国では必要である。

3．比較教育研究は、新しい教育支配の道具とならないという条件で重要である。ナショナル、インターナショナルな比較教育の運動、その操作的な様式、外務省や政府間、非政府間の国際機関への従属、などに関する批判的分析が、比較教育の必須の側面である。このような分析がきわめて少ないことがかえって、その重要性を強めている。

4．残念ながら、比較教育の研究は、直接、間接的に金融、軍事、コミュニケーションの権力によって押し付けられたナショナル、インターナショナルな教育政策を批判的に研究することを避けている。この強制はたとえば次のような研究が徐々に消失している源となっていることからも明らかである。ナショナル、インターナショナルな教育政策や教育活動との関係なかで、労働者の組織に関する研究や、暴力に反対し、平和を擁護する運動に関する研究、人種差別主義の新しい隠された、あるいは公然たる活動に関する研究などである。

5．研究者は、比較研究を促進するための責任を負っている。たとえ、教育の社会的、審美的、情愛的、文化的な目的がしばしば忘れられる傾向にあり、そのために使用される研究費が限られたものであったとしても、である。研究者たちは、国際分業と教育、構造的調整と教育、未成年労働、軍事の教育研究への含意、というようなテーマを忘れることはできない。なぜなら、権力の構造がこれらの問題意識を事実上忌避しているだけであるから。

6．社会・文化運動の教育の開発への貢献は、教育史や比較教育では自明のことである。しかし、今日、研究の焦点が、教育過程の集団的次元を忘れて、教育の個人的次元にのみ向かっているように思われる。「教育の行為者」としての労働者運動は、研究者の関心が失われているように思われる。北の諸国ではあまり多くないこれらの運動が、南の諸国では強力に展開されていることを、彼らが知らないだけであるように思われる。

7．単に技術としてでなく、研究の精神を持って教育することは、教育と比較教育の研究のための最終的な目的である。研究は、ひとつの専門であるとともに、生活や他者に対する態度でもある。研究は専門家の活動に限ることができない。子ども、青年、成人はすべて研究に関心を持っている。さらに、知識の伝達としての教育だけでなく、研究としての教育は困難な計画であるが、不可能な計画ではない。その成果は人類にとって、魅力あふれるものになるだろう。

［解題］

本論文は、ユネスコで永く生涯教育部門を担当していた著者が、ユネスコから離れた後、その経験を踏まえて今日の国際社会における権力と教育の問題を論じたものである。権力や教育の問題を一国レベルで語るのではなく、国際的な次元に設定し直して検討していこうとする姿勢は、著者の一貫した姿勢である。ただ、問題が、やや抽象的に語られていることと著者独特の言い回しが使われているために、わが国の読者にとって理解しにくい箇所があるかもしれない。

今日の社会を過渡期の社会と捉えるジェルピは、古典的な教育システムや権力という概念も今ではすっかり色あせてしまい、現実を完全に掌握することができない、と考えている。しかし、他方で彼は、さまざまな社会矛盾をあたかも消滅してしまったかのようにふるまい、ポストモダンの「知」と戯れる研究者たちにも警鐘をならす。とはいえ、彼は決してこの現実をペシミスティックに見ているわけではない。危機はまた好機でもある。新しい社会運動の萌芽は何よりもそのことを示している。そしてまた、彼はこのような新しい社会運動と教育を結び付けるためには、これまでの様な線形的思考に代えて複雑な思考をすることを提唱している。複雑な思考とは何か、簡単にいえば、それはクロかシロかという二分法ではなく、すべての問題設定に相互性（インター）の視点を導入することである。教育の比較研究は、この意味でも重要な役割を演じることが出来ることを力説していることにわれわれは注目すべきであろう。

（前平泰志）

# 平等の再定義への模索
## ――フランスにおける教育、マイノリティ施策――

宮島　喬

### 一　フランス共和国の「平等」の理念

教育の問題として狭く限るのではなくて、「平等」という問題がマイノリティの権利等とかかわって西ヨーロッパの一国フランスでどのように論議されているかを検討してみたい。

九〇年代のヨーロッパ、とりわけフランスには、いろいろな社会的イッシューがひしめいている。失業、たとえば若者が職に就けないということから雇用へのアクセスの平等の問題が深刻である。移民の第二世代の社会的な統合の問題、これは定住化してフランスで育った二世たちをどのようにフランス社会のなかに平等に受け入れていくかという問題である。また経済的・文化的自立をもとめる、地中海に浮かぶコルシカ島の自治をめぐる問題は深刻である。

移民に関して言えば、一九九五年のリヨンのケルカル事件がある。二歳のときに来仏し、フランスで育った少年ケルカル（アルジェリア人）が、警察官に射殺されるという事件で、彼は、新幹線爆破事件に関与していたのではないかという疑いをかけられ、不確かな証拠のまま、警察に追われ、射殺されたのであった。この事件には、定住した移民の二世が学業から落ちこぼれて、フランス社会では生きられないような状況にあって、指紋だけを手がかりにして疑いをかけられ、追いつめられてしまうという過酷な状況が現れている。このような少年たちが、フランス社会のなかで市民として認められにくくなっている。市民として認めるべきではないという世論もあり、「悪い移民」には市民権など与える必要はない、という議論も出てきている。こういうことがイッシューになり、「平等」の理念が危機に瀕していることが指摘されるようになっている。

フランスでは「平等」(仏) égalité という概念は重要でフランス革命以来、共和派が掲げる重要な理念であり続けている。フランス共和国の「平等」の理念とは、市民 (citoyen) が個人として法の下で平等であるとするもので、この場合、citoyen は主権に参画する者という意味であり、公的な社会成員という意味である。その限りにおいては、人々は平等に扱われ、法的に一切差別を受けない。そのためフランスでは、制度の単一性ということが強調されてきた。複数の制度が並存する社会であれば必ず不平等の問題が起こるからであるという。

市民とは、公的領域に生き活動する限りでの成員であり、その個別的属性は捨象されなければならない。例えば男性・女性とか、どのような出自であるとか、階級、階層、民族、国籍、宗教、言語などの個別的な属性は捨象するという考え方である。市民とは、抽象的な存在ではあるが、その限りにおいては平等である。

市民の平等の理念が具体的にどのようなかたちで現れたかというと、例えば宗教によって市民権を認めたり認めなかったりするのは平等ではないという理念に具体化される。フランス革命のなかでプロテスタントに市民権が与えられ、一七九一年の政憲議会でユダヤ人に市民権が世界で最初に認められている。国家による特定宗教の庇護、祭祀運営は平等に反するので停止され、第三共和制下で政教条約（コンコルダ）も破棄された。さらに国勢調査は住民の宗教、母語、民族出自を記録してはならないということになっている。アメリカやカナダ、イギリスなどの国勢調査は、民族出自の調査項目を含むが、フランスでは国家がそうした資料収集をしてはならないということになっている。そして、公教育においては性別、民族別、言語別等による分離をしてはならないということが原則とされてきた。したがって、外国人や移民の子どもたちに対する教育でも、特別学級を設けることは好ましくないという考え方がある。

このように、フランスでは公的な領域において人は、具体的な属性によって識別され、認識されてはならないということを理念としてきている。

## 二　社会の成員の出自や文化の異質性の問題

人はそれぞれ性別があり、宗教の違いがあり、言語の違いがある。そこで、〈異質性〉をどのように扱い、どのように遇するのかということが問題になる。原則的には、私的領域においては異質性を表出すること、異質的な行動をとるのは自由である。したがって、そのかぎりでは宗教信仰の自由は完全に保障される。

ところで、もともとフランスは、社会の成員の出自や文化の異質性がかなり大きい。つまり、エスニックな面の多様性がある。フランスは昔から、移民の国、移民の入ってくる国であった。また、植民地をもっていたことも大きい。そうでなくてもフランスの六角形の地域のなかにフランス語以外の言語を話す住民たちが、大革命の時期までは少なくとも四分の一から三分の一を占めていた。

ところが、公的な場ではこれら文化的相違や出自の相違は考慮されない、またそういったものを主張してはならない原則になっている。したがってこの平等はどういうことになるのかというと、結果的には同化主義になりやすい。なぜなら、学校（公的な場）ではもっぱらフランス語で教育し、その他の言語を容れることはあり得ないからである。また、行政もフランス式であり、手続きが明確に定められている。フランス語以外で手続きができるということはない。結局、公的な場、とりわけ教育の場においてはフランス化が強力に推し進められることになる。

これに対して、イギリス式やアメリカ式では制度的多様性がある。イギリスでは国教会もあれば、スコットランドでは長老派教会が重きをなしているし、移民の多い都市では民族集団の権利が認められている場合も多い。ウェールズ語は学校教育で用いられる。したがって、イギリスにおける多文化主義と、フランスにおける「平等」はかなり対照的なものである。

この国では、二〇世紀になって首相にユダヤ系フランス人がすでに三人なっており、これは他国ではなかなか考えられないことである。大学の教師のなかにもユダヤ系の人は少なくない。フランス社会のなかでは、出自がユダヤ系であれイタリア系であれ、ポーランド系であれそれぞれに上昇し、それぞれの地位を占めるということが可能であった。これはどうしてなのか？　公的な場において競争試験を受けて上昇してくる限りにおいては、その人間の出自や属性は関係ないという建前に立つわけである。「外国出身フランス人の地位上昇は個人的になされるのであり、組織されたグループによって集合的にではない」と、社会学者のD・シュナペールは言っているが、集団的な背景をもった人間としてではなく、集団的背景を捨象された一個人としてその能力が評価され選別されるという仕組みがある。これは建前的性格が強いとしても、「能力主義」「個人主義」「集団的所属は不問」という考え方があったという事実は重要だろうと思う。

この選別や昇進の原理は、教育においては教育の無償化、競争試験といった制度と表裏一体の関係にあり、フランスの公教育は無償性を大原則にしている。エリートの教育機関であるポリテクニックや高等師範学校はすべて無償（授業料なし）である。したがって、フランス的な「平等」の理念は、「能力主義」「個人主義」と両立しうるとされる。しかし、これは「能力主義」の神話にすぎないのであって、フランスの上層の人々が子どもたちをエリート教育機関に送り込みやすいような文化がある、ということを指摘したのが『再生産』を著わしたブルデューでありパスロンである。集団所属による有利不利はないのだから「能力主義」「個人主義」は、「平等」の理念に反するものではない、とするのは非社会学的な議論ではなかろうか、というのがかれらの批判である。

## 三　八〇年代社会党政権下の変化

一九八一年五月にミッテランが大統領になり、左翼政権が成立し、このあたりから様相が変わってきた。社会党政権は、初めて「地方分権」と「相違」の容認を掲げた政権である。とくに「相違の権利」が強調された。この「相違」は、どこまでの違いを意味するのかを当時の言葉などから分析すると、英米式の多文化主義とは多少違うことがわかる。多文化並存の容認というよりも、インターカルチュラリズム、つまり多様な文化を認めつつ文化と文化の間をつなぐものが必要であるとしている。つなぐものはフランスの共和主義の理念であると為政者たちは考えていたのではないかといわれている。が、ともかく新しい理念に相違ない。

具体的な施策としては、外国人結社の許可制の廃止（届出制へ）、同化に代わる編入（アンセルシオン：文化的独自性を保持したまま社会に平等に受け入れられること）、移民の出身国の言語の教育、国内の少数言語の教育の承認、優先教育地域（ＺＥＰ）の創設などがある。優先教育地域というのは、成績不振者の多い地域（移民の子どもの多い）を指定して、幼稚園から中学レベルぐらいまでの補習を中心とした教育援助を行うものである。

フランス全国で四〇〇ヵ所ぐらい指定されていて、大都市とその郊外に多い。

さらに、一九八二年から八三年にかけて、単なる行政単位であった地域（région）を分権的な地方団体に格上げした。また、コルシカ特別地位法を制定し、教育と文化についてこの地域に強い権限を与えた。

こういったものを全体的にみてみると、一七八九年の大革命以来、ジャコバン主義（単一制度主義）の下につくられた国家体制をミッテラン政権はかなり手直ししたといえる。

しかし社会党政権の後半一九八五年頃から、移民、外国人については統合政策が前面にでてきて、「統合」Intégrationという言葉が盛んにいわれるようになった。その背景のひとつとしては、国民戦線（FN）の登場があり、左翼は国民戦線を意識して言葉を変えたということがいわれる。社会党は、移民の地位や生活の向上をスローガンとして掲げ票を減らしてしまう苦い経験に出あい、この頃から党の軌道修正が始まった。さらに、一九八九年にイスラムのスカーフ事件が起こり、イスラムの原理主義の脅威が喧伝された。当時の社会党政権は、移民二世の落ちこぼれ、非行、失業等の問題は、彼らの置かれている社会的地位の低さや貧しさの現れであるという分析をする一方で、移民の子どもたちがフランス語をしっかりマスターし学校でよい成績をあげることができなかったことも原因であり、フランスの制度のルールにしたがって自分たちの地位の向上を図るべきであるとした。一九九〇年高等統合審議会を設置し、そのなかで統合の観念を練ってきた。「フランス式統合」とは、イギリスにみられるような多文化主義ではないとし、文化の多様性は認めるが、共和制の制度や秩序に対する理解は共通に必要であるとしている。

## 四　フランス的「平等」と「統合」の概念の再考

以上、社会党政権の下で、事実上フランス的な「平等」観念は修正されてきたと思う。その代表的なものとして優先教育地域、コルシカの特別地位、少数言語教育の容認がある。また「積極的差別」（discrimination positive）の観念が、教育現場やマイノリティ施策のなかでも使われるようになってきた。したがって、公的な場では人々はすべて特殊的な属性を捨象して抽象的な個人として扱うという原則は修正されてきていて、場合によっては集団の固有性への配慮も認められてきている。しかしイギリス人などからみればこうした措置も、例外措置的であり、積極的に行われていない。

私的領域の異質性・多様性を認めながら公的領域ではこれを禁じることにもともと無理があったのではないだろうか。矛盾なく行われ得るものだろうか。イギリスの社会学者ジョン・レックスによれば、人々の私的・個人的領域における文化に一定の権利を認めることが多文化主義であるという。フランスはこれを警戒してきたわけで、異出自の文化をそのまま認めることは文化的特殊主義（particularism）にくみすること、またゲットー化を促すことではないかと考える。これに対し、近年哲学者J・ロマンらは、公的領域は中立的・普遍的な価値の領域であるからそこで行われていることはだれも反対するはずがない、文句をつける筋合いのものではないとフランス人は考えているが、当の移民や外国人の目からは必ずしもそうは見えないことに問題があるとしている（中野裕二『フランス国家とマイノリティ』国際書院）。

そうした眼でみると、フランスの教育の問題点がいくつかでてくる。フランスの学校のカリキュラムは今日までフランス中心だったと思う。フランス語を使い、フランス語以外の言語にはあまり関心が高くない。自分たちの文化の普遍性を前提にしてきたので、移民の母国語や文化を学校で取り上げるということには熱意がない。ロマンらは、こう自問する。共和主義的平等や統合は今ではフランスの弱点になっているのではないか？　公的領域と私的領域の分離が整然と行えるというのはフランス的な考え方であって、普遍的でないともいえるのではないか？　公的領域で平等を実現するために施策が行われれば、私的領域の多様なアイデンティティまでの消滅させてしまうのではないか？　非フランス的文化を担ってきた人々は、劣等感を抱いてしまうのではないか？　これらのことを反省しなければならないとかれは主張する。そして、アイデンティティを取り戻させる措置としてのZEPを高く評価し、「積極的差別」の観念も取り入れていくべきであると考えている。

しかし筆者はZEPの考え方自体も不十分であると感じる。成績不振者の割合を基準にして予算を投入し、補習教育を行っているわけだが、成績不振の中身は子どもによって多様だからである。フランス人の労働者の子どもで、反学校的な態度をとっていて勉強する意欲のない子どももいれば、意欲はあるが文化や言語の点でハンディがあるのでうまく授業についていけない子どももいるだろう。移民の子どもたちのハンディがどこにあり、労働者の子どもたちの問題点がどこにあるのかの違いを押さえ、それぞれに対応する必要があるのに、かれらを一緒にして教育しようとするのには無理があり、その悪影響も否定できない。むしろ私的領域の多様性を公的領域の政策のうちに反映させることが必要で、そのための研究や検討が行われるべきでろう。また、コルシカ、バスク、ブルターニュ、アルザスなどの文化を保持、発展させるなら、教育行政の分権化が必要になるだろうし、一国一制度ではなく、一国多制度も認めなければならないだろう。

フランス的な「平等」は歴史的には重要な役割を果たしてきた。しかし、現在の状況のなかでは困難に遭遇していて、どのようにインターカルチュラリズムを定式化し、マイノリティ施策に反映させていくかの検討が望まれている。

付論1

# 市民社会と生涯学習

——新しい社会形成とボランティア・ネットワーキング

黒沢惟昭

## 一　マルクスの再評価と社会民主主義

### 1　今村仁司氏の問い

すぐれた社会思想の研究者今村仁司氏は、今から十年程前に、半年間中国に滞在し、その時の印象を『中国で考える』という一書にまとめた。(1) 私の友人である中国の専門家によれば、現代の中国はその当時とは大きく状況が違うという。門外漢ながらその通りであろうと思う。

顧みれば、今村氏が滞在した時代の中国は、「市場経済に向かって、巨大なエネルギーが、堰をきって奔騰しようとしていた時期であり、「近代世界が非近代世界を襲い、それを包摂するとき」（前掲今村書の「帯」に付せられた説明文）であった。それはまた、かの天安門事件の前兆の半年間にもあたっていた。その過渡期に当代一流の思想研究者が現地で何を感じ、何を思ったかの記録である本書は全体として大変示唆に富むのであるが、小論の視点からいえば、第二部の末尾に記されている次のような今村氏のマルクス主義についての見解が極めて興味深い。やや長いが以下に引用しよう。

「マルクス主義は現在の中国でまさに死滅しつつある。いずれ『マルクス主義』は、ソビエト、ロシアの作ったイメージや中国が作ったイメージから解放されて、本来あるべき姿、つまりマルクスとエンゲルスの思想にもどされるだろう。そのときもう一度、マルクスとエンゲルスという巨匠が本来何を考えていたのかが、学問的に厳密に研究されて学びなおされるであろう。そのとき、『二〇世紀のマルクス主義』とは、ソビエト・ロシアのレーニンやスターリンの思想、中国の毛沢東の思想であって、もともとマルクスやエンゲルスとはあまり関係ない、ということもはっきりするだろう。彼等はロシヤ人や中国人に刺激を与えたが、それだけのことかもしれない。私の言いたいのは、ソビエト・ロシアの『マルクス主義』（実際はレーニン／スターリン主義）が解体したり、中国で『マルクス主義』（実際は毛沢東主義）が死滅しつつあるからといって、一九世紀のマルクスの思想がそれで消滅するわけではないと言うことである。この混同は長い歴史があるから、解きほぐすにはやっかいであるが、やはり確認しておきたい。マルクス主義はようやくその創始者のもとにもどってきたのだ。古典的思想になってようやくマルクスとエンゲルスは、政治闘争から距離をとって、正当に評価されることになるだろう。そして真実の批判的思想として回帰するだろう。これが中国を見ていて感じる印象である」(2)。

私もまた右の今村氏の印象と同様の感慨を抱いている。それでは、今村氏のいう「正当」な「評価」とはなんであろうか。そのような性急な問いこそが問題だという批判もあるかも知れない。しかし、今村氏が中国に滞在したときからまもなく十年がたち、社会主義の崩壊からさえもまもなくそれに近い年月が過ぎている。その後の様々な諸言説を勘案し、実践的な課題、そして現実の展開から、あえて私見を言えば、それはアソシエーションによる組織原理、あるいはボランティア・ネットワーキングによる社会形成が回帰すべき中心軸になるのではないか。そのようにいってもそれ程的を外れていないのではないだろうか。

## 2 社会民主主義

ところで、当初私は、いわゆる、マルクス・レーニン主義ないし毛沢東主義に対抗するオールタナティヴな社会形成の原理として「社会民主主義」に期待を寄せたことがあった。その事情を一部旧稿との重複を恐れずに述べてみよう。

二十世紀の思想の現実化の過程でドラスティックな破局に至ることなく、どうやら危機を乗り切ってきたのは、いわゆる西欧社会民主主義ではなかったか。顧みれば、マルクス・レーニン主義型社会主義の破綻が少なくとも多くの知識人に次第に顕かになりつつあった頃から、旧西ドイツの社会民主党の綱領とその諸政策の成果が注目された。少し古くは、イギリス労働党の理念と政策も同様の潮流と見ることができよう。最近では、①自由、②平等、③友愛（連帯感・協同）に加えて、④平和、⑤機会均等、⑥安全、⑦安心感、⑧公正の八つを具体的理念として掲げた「スウェーデンモデル」が脚光を浴びてきたことも記憶に新しい。〝セイオウ・シャミン〟とかつては蔑称された社会民主主義が行き詰まった社会主義に代わる「希望の星」になっていたのだ。

ところで「社会民主主義」の内実はそれ程厳密ではないが、抽象的には、生産としての資本主義、分配としての社会主義と解することができよう。因みに比較的新しい文献によって、やや具体的には、「経済システムとしては資本主義だが、国家が介入することによってその過渡の運動をセーブし、労働組合の利害も組み込んだ形で福祉政策を実現していく社会制度」[3]と定義できるであろう。極めて大雑把にいえば、資本主義と社会主義の混合（アマルガム）の総称なのである。

以上のように理解すれば、現存の、あるいは少し以前までの先進資本主義国はその実態においては総じて社会民主主義であると言っても間違いではないであろう。こうした現状の中で、比較的、社会的公正に力点を置いた如上の三国（旧西ドイツ、イギリス、スウェーデン）のモデルに、私もまた一定の期待を抱いた次第である。しかし、改めて省みればそこでは次のような問題が生じていることを認めざるを得ない。

それらの国々では国内の所得格差は比較的に少ないことは確かであろう（社会的公正の実現）。ただし、それらの国々を主とする少数先進国とそうでない多数の途上国との格差は余りにも著しいことも事実なのである。鴨武彦氏によれば、「最富裕国の二十七カ国が世界全体の富の七九・五五％を占めている」[4]という。しかも具体的数値で明示できないが、これら二十七の国々の生活水準をそれ以外の人々にも保障しようとすれば、エコロジーは直ちに破壊され、地球の資源は僅かの時日に枯渇してしまうことは誰の目にも明かであろう。

この点を考慮するだけでも、「希望の星」たる社会民主主義にも大きなかげりが見えるようだ。グローバルな社会的公正が解決されていないと考えざるを得ないからである。単純に結論すれば、社会民主主義も従来のような福祉国家の現実を継続すれば、結局「大きな政府」に行き着くほかないと言うことになる。しかも、その大きな政府を地球規模に実現・持続することはエコロジーの視点から到底できないのである。社会民主主義の掲げた理念は正しくてもグローバルな実現は現在のところ困難であると断定せざるを得ないのである。

## 二　「小さな政府」の再審

### 1　サッチャーリズム

それでは「小さな政府」に期待すべきか。対局の「大きな政府」とは、社会主義国家を始め福祉国家などに典型的なように、官僚が生活の相当部分にまで関与する国家、ないし社会ということができるであろう。反対に、国家の市民社会への介入ができるだけ少ない国家を「小さな政府」と常識的には言うのである。詳しい理論的検討は省略して言えば、「小さな政府」の典型として、イギリスのサッチャー時代を挙げても異存はないであろう。そこでは「市場主義」の原理の拡大と推進が政策の基本であった。

ところで、そもそも「市場主義」とは何か。専門家によれば「市場の活力を利用しながらいろいろな問題を解決していく姿勢、それが『市場主義』の立場である」[5]と説明される。イギリス保守党のサッチャーがこの「市場主義」を中核とするいわゆる「新自由主義政策」をドラスティックに進めた経緯はよく知られる。ここでは、日・英の教育に精通するロナルド・ドーア氏の興味深い説明を聴こう。

「技術の進歩が必然的に先進国全体にもたらすこのような分化現象（「高度な細かい技倆を要求する、ますます競争的になった労働市場で、うまく浮かびあがる人と沈んでいく人との違い、知能的にも情緒的にも競争的情況に適応できる人とできない人との違い、学校で『よくできる子』と『できない子』との違い」など）に、イギリスで拍車をかけたのは、サッチャー首相就任の一九七九年以来の新自由主義である。公益より私益を重んじる諸政策――小政府主義・公営事業の民営化・役所の従来の年功（年および功）的昇進制度の代わりに、『成績基準給料』の導入・投機的貯金の趣味を国民全体に普及させた金融界の全面的規制緩和・社会保障制度の削減とそれに伴う生活保護の拡大・雇用者保護の諸規制の撤廃、などが社会的連帯意識を蝕み、アングロサクソン文化に深く根を張っている個人主義をさらに助長する効果をもった。しかも、それは、社会に対する義務を各々が自分の両親に鑑みて解釈する。責任を強調するような個人主義と言うよりも、むしろ単なる利己に近い個人主義である」[6]。

## 2 臨時教育審議会の再審

日本において、この新自由主義政策を積極的に導入し推進したのは中曽根政権であった。国鉄のJR、電電公社のNTTへの転換などに典型的に見られるように、それは「民間」の「活力」を従来の公的領域にも導入して経済の活性化を志向しようとする政策であった。経済ばかりではない。これまで民営化には馴染まない「聖域」と考えられてきた、福祉、教育の面においてもその政策は進められた経緯は周知の通りである。教育においてその役割を積極的に担ったのは言うまでもなく臨教審であった。その内実についてはしばしば言及したところであるが、旧稿との重複を覚悟して要目を述べれば、次のようになろう。

それは端的に、「教育する国家」からの転換であった。これまで（福祉国家）のようにすべての人の教育の機会を保障しようと言うのではなくて、学習者の意欲や「自由」、あるいは能力に応じた学習の機会を、民間の「教育産業」と分けあおう、ないし競争しようとする方がベターであるという考え方であった。したがって、「学習尊重というタテマエのもとに、国家にツケがまわされてきた『物質的』『精神的』保障義務から身軽になれる。またなるべきなのだという国民的合意をうちたてていくためにこそ、この『移行』の実現、そのための『学習イデオロギー』による国家的演出は回避せざるものだった」[7]のである。さらにいえば、「自発的に学習意欲を示したもの、自己責任の持てる『受益者負担能力』のあるものに対して、学習の機会、教育の機会は与えるけれども、それ以外のものについては国家は関知しない、それは学習者の自由を尊重すると言うことで当然なのだということに尽きる」[8]。端的に、「体のよい『切り捨て』宣言、国家の過剰となった公的保障義務からの『解放』の主張」[9]であった。この結果、とりわけ、社会的「弱者」にとっては公的保障は必須であり、そのために公的保障を求める声は一層強まった。言い換えれば、国家の有り難さ、偉大性を改めて多くの国民に認識させることになった。文字どおり〝労せずして〟国家のヘゲモニーの貫徹傾向が強まったのである。

臨教審以降については詳述する紙巾はないが、一四期中教審による「格差こそ教育の病理」という公的表明はあったものの、それは、多様化の一層の推進という処方箋を提言したため総じて差別化の拡大傾向に流れている実情は否定できない。つまり、日本においても前引したドーア氏が指摘するイギリスと同様の傾向（「分化現象」）が教育においても顕著なのである。

しかも、最近の「規制緩和」の宣揚の国民的大合唱の下に、この傾向は今後ますます強まることが予想される。これに関連して次の事態にも注目したい。

## 3　イギリスの現状と労働党の政策

私は一九九七年五月の選挙でイギリス労働党が保守党に圧勝し、久しぶりに政権に返り咲いたときは多くの希望を抱いた。社会民主主義を党是とする政党がイギリスに復権することでサッチャーリズムの潮流に歯止めがかかり社会的公正の実現への逆流が起こることを期待したからである。しかし、前出のドーア氏によれば、事情は私の予想とは大いに異なるようである。前掲のドーア氏の論文から必要な箇所を引用してみよう（以下の引用はすべて前掲論文による）。

「一九九七年五月のイギリス総選挙で、労働党の圧勝は衝撃的だった……選挙直後の期待は大きかった」。私の感想もまったく同じであった。しかし、「それは非現実的な期待であった」と氏は言う。何故なら、「国民は政権交替をこそ望んだのであり、大きな政策転換を望んだのではなかった（「国民の声」と新聞はいうが、実は保守党から労働党へ移った票は、選挙民のわずか一割強だった）というのだ。

一方、労働党の方も、八十年間も唱えていた「生産・流通手段の社会化」という党是を打ち捨て（三年前に党規約を改正）たのであれば、「大改革をはかる野心は持っていなかった」のである。すなわち、「外交面」でいえば、「ヨーロッパ共同体に対する姿勢は変わったが、たとえば通貨統一など具体的な方針は変わっていない」。対中対ロ対策も、「依然として対米協調を基調とし、……NATO拡大を全面的に支持してきた」。「財政面」では「中央銀行の独立、銀行管理制度改変」などの措置は、左翼インテリが長年求めてきた「経済全体に対する金融支配の打破」とはかえって逆への措置であるとドーア氏は断ずる。

ところで「社会政策」の面はどうか。ドーア氏の説明は続く。「たとえば医療制度、教育、社会保障、住宅などの分野では、前の政権より、日本でこの頃いう『弱者』、低所得者、貧乏な人達への思いやりを、言葉の上では見せ、最低賃金制をはじめて設けることを約束はしたが（ただしその額が問題）、インフレ抑制・政府支出凍結という前政権の政策目標の優先順位をそのまま受け継いでいる労働党政権は、その思いやりに具体的な、金銭的な意味を持たせることには、きびしい限界を設定している」。

以上に見られるように、ドーア氏の労働党に対する評定は非常に厳しいのであるが、それはイギリス社会の変貌の当然の反映であると氏は説く。日本の状況の考察にも大変示唆的であるので、さらにこの点についてもドーア氏の説明——詳細については同論文を参考願うことにして、ここでは要目のみに限定する——を引用させて頂く。

「一九四〇年代のイギリスでは、資産も大してなく、職業の安定性も保障されていない『労働階級のもの』と自己規定する国民の七割ほどが、不合理な、不平等な社会構造の根本的改造を求める労働『運動』の潜在的支持層をなした社会であった。それがいまや国民の六、七割が、まあまあ満足している社会となった。持ち家に住み、マイカーを乗り回し、自分の収入最大化という人生設計を脅かす税制変更に敏感に反発する中間層となった」。

一方で、「失業したり、不安定な低賃金の仕事に就いていたりという恵まれない人生を送る残りの三、四割の人々の多くが、投票にも行かない、『運動』の主体にもなりっこない。二流国民のレッテルを貼られても諦めてしまう。敗者・弱者となった」。おまけに——とドーア氏の考察は続く——「その七分三分の差、貧富の差は拡大する一方である」。

以上の要旨のもとに、ドーア氏は「年金」を事例に具体的説明を行うのであるが、それは省略して「教育」の例を見よう。これまた日本の現状と密接に関連するのでやや長いがあえて引用しよう。

イギリスでは、もともと小中学校又は高校においても、地域の学校に行くのが原則であった。これは「学区の境界線の引き方によって、オール中流階級の学校とオール労働階級の学校との差別がなるべく生じないような配慮」に基づくものであった。

ところが、サッチャー時代の教育行政は、従来の「国民統合・機会均等・階級隔離防止」の原理よりも、「消費者主権」及び「競争による効率性の追求」の原理を優先させたのであった。その具体的方途が〝学校選択〟の推進である。つまり、「消費者としての親」が「教育というサービス商品」を「選択する」際の「基準」（〝商標〟――黒沢）となる資料として各学校の全国共通テストの成績（〝商品の差別化〟――黒沢）を発表することにしたのである。結果はどうなったか。

「案の定」――と以下、ドーア氏の観察は続く――「教育熱心な親たちは、評判のいい学校に群がってくる。当然定員をオーバーする。結局、親が学校を選ぶというより、学校が（面接などをして）親を選ぶことになる。選ぶ基準は非常にあいまいだが、『家庭環境』がよいことと、学力が相当ものをいうことは明らかだ。したがって、中流階級の子弟の多い成績の良い学校と、生活保護世帯など恵まれていない家庭の子弟が集中する成績の悪い学校との差別化が、ますます進行していく」。しかも、「イギリス経済の競争増進のための人材育成を至上命令と考えがちな」人たちには、如上の「差別化」が結果する、「社会における階級差別、階級対立の激化」は、「払うべきコスト」とされるのである。さらに、ドーア氏によれば、「もとの学区制に戻ることは最早政治的に不可能になっている」という。「親の選択権」がすでに、「触れるべからざる神聖な市民権の一つとなっている」からだ。

## 4　日本の現状

ところで、日本はどうであろうか、長々とドーア氏によるイギリスの状況の説明を引用してきたのは、ほかでもない、氏の叙述はまるで日本の近未来を活写しているように思えたからである。戦後日本の教育においては義務教育段階だけではなく高校も地域形成との関わりで捉えられてきたのであった。戦後の高校改革の理念の一つとされる「小学区制」はまさに地域の学校を創るためであった。総合選抜制度も、総合性もそして男女共学も同じ主旨の下に提唱されたのであった。

しかし、周知のように、五十年後の今日、現実は理念とは大きな隔たりがある。男女共学はともかくとして小学区制の現実は惨澹たるものである。九六年度文部省調査によれば、全日制普通科で小学区制を採用しているところは「ゼロ」、小学区、中学区併置は四県、小学区と大学区併置は六県とのことである。総合選抜、総合性についても、詳しい資料はないがほぼ同様であろう（ただし、「総合学科」による「総合性」には今後の改革の可能性を見出すことができる）。

最大の理由は、イギリスと同様、「選択の自由」に関わるものである。高度成長以前の全般的に貧しい時代には「選択」の余裕はなく、問題にもならなかった。ところが、七〇年代半ば頃から顕著になった情報社会、消費社会の急速な進展とともに画一的な「配給品」では満足できない子ども、親・保護者たちが俄かに増大したのである。このような国民の変化に加えて、行財政改革、さらに経済のグローバライゼーションへの対応も迫られたため、その有効な手段として「市場主義」「選択の自由」が、その教育への適用が推進されつつあるのだ。

とくに、「学校選択」についていえば、一九九六年七月に、行政改革委員会の規制緩和小委員会が通学区域の規制緩和として、「学校選択をめぐる賛成意見」を公表した時点からは、義務教育段階まで「選択の自由」を積極的に導入しようとする意図の宣明として特筆されるべきである。その後、同年一二月の同委員会の規制緩和の推進に関する第二次意見書「創意で造る新たな日本」においても、「自己の意識や価値観を育て、個性を伸ばし、自己実現のために自ら選択する力をつけさせる」ことが教育に期待されるとした上で、とりわけ「学校選択の自由」が謳われているのである。つまり、本節冒頭部分に引証した「市場主義」が教育においても着実に推進されようとしているのだ。因みに、日本の財界の方針も、この方向に向かって進んでいること、その方向へ日本を推進しようとしている事実は否定できない。ドーア氏はこの点についても言及しているので若干の紹介をしておきたい。

氏は、経済同友会の「市場主義宣言」に注目する。そこでは、「市場原理の貫徹によって、英米と同じく、市場で浮かび上がる人と沈む人、強者と弱者の差、貧富の差が必然的に拡大することを率直に認めている」と、ドーア氏はいう。しかし、同友会によれば――続けてドーア氏はいう――「結果の不平等の増進――つまり貧富の差の拡大――は残念なコストであろうが、それ自体望ましくないことでもあろうが、避けて通れない規制緩和・護送船団解体・競争原理貫徹という『急務』を果たすことの必要条件なのである」。その主要な理由は失われた国際的競争力の復活である。つまり、「国際的競争力をとりもどすためには、いわゆる『高価格・高コスト構造の是正が必要』なのである。これはいわば「国家」的要請である。

一方、個人主義という名の下における「消費者主権」の原理による規制緩和の要請がある。「『消費者主権』という言葉に端的に表されるとおり、何がどのような方法で供給されるかということを、供給者・業界団体や役所が決めるのではなく……」「国民・消費者の市場における選択をすべての基本とし、それに的確に対応できる創意ある事業者が伸びていく制度とすることが求められている」(以上の二つの引用文は、行革委の規制緩和小委員会の報告書「創意で造る新たな日本」からである)。

しかし、以上はタテマエでホンエのところは「一種の利己主義という意味での個人主義」とドーア氏は推測し、それを「弱肉強食」とはいわないまでも、そこには「弱荷強捨」のきらいがあると説く。やや具体的にいえば次のようになる。「競争に勝ち抜く自信を持っているわれわれが、どうして負けそうな人達の面倒を見る『重荷』を背負わなければならないのか。あまり『結果の平等』にこだわり、所得のばらつきがひらくことを心配するのは間違いで、『機会の平等』さえ確保すればよい」。これは、「所得税の最高税率を引き下げ、累進度を一層緩和する」提唱になる。さらに興味深く、納得できるのは教育における以下の気運についてのドーア氏の説明である。「たとえば教育界では『中高一貫校』の全面的導入を主張する人々はいつも、児童の知的発育段階論など、あくまで『教育学的』根拠から論じているのだが、本音のところでは、これまでの、中学修了時の十五歳まで能力別に分けない、学力的に異質的なクラス編成の制度は、よくできない子にはいいかもしれないが、優秀な子の発育を害するから止めるという意図があるようだ。同じ『弱荷強捨』の発想と言えよう」。端的に、「競争勝ちそうな者が、どうして負けそうな人達とつき合う必要につきまとわれなければならないのか」ということである。

## 5 「小さな政府」の一つの結末

以上迂路を経ながらも、主としてドーア氏の日・英の比較研究を参照しつつ「小さな政府」の内実と日本の行末を検討してみたのであるが、どうやらその政策の近未来は十余年前に臨教審が示した「社会的弱者」の切り捨てによる差別化社会の到来ではないだろうか。ドーア氏のいう「弱荷強捨」も結果としてここに行きつくと考えざるを得ない。そして、この差別化はグローバル化における国家の生き残り（国家の誰が？）のために必要なコストと見なされ、他面で、消費者主権（国民の多くの要求に応えるために「規制」を「緩和」する「小さな政府」への期待）のスローガンのもとに正当化されようとしている。

ここで、共生の社会の意義については述べることは省略するが、常識的に言っても格差が大きく連帯感の薄い社会は健全とは思えない。独断的私見ではるが、たとえばペルーのテロ事件などを省みれば、あのような事件の底流にはやはり極度な貧富の格差構造があることは否めない。そのために安全を保つべきコスト（社会不安の拡大という心理的コストも考慮する必要があろう）と先述の「コスト」との兼ね合いなども勘考する必要がある。いささか適切さを欠く例かも知れないが、今高校の「困難校」が地域から「やっかいもの扱い」をうけている場合が多い。これは、学校間の「格差」及び「差別化」に多く起因するのである。この「やっかいもの」への対応のための「コスト」と、その原因である「格差」是正のための「コスト」との比較も慎重にリアルに検討すること（どちらが経済的か！）も必要ではないか。

幸い、日本は先進国では比較的階層間の格差が少ないといわれている。また、そのためもあって、安全度が高い国ともいわれる。こうした長所を敢えて捨てる可能性の大きい考え方、政策には私はどうしても与することができない。前掲のドーア論文の末尾に記されている次の結論に私は全く賛成である。

「天皇制時代の『官』と、民主主義時代の『官』は違うはずだ。公益は打ち捨てるべき概念ではない。その公益の認識を支える社会の連帯意識も、きわめて大切だ。貧富の差が拡大していく社会では、その連帯意識は蒸発してしまう。市場主義者の唯一の善――経済効率――より重要な価値もあるはずだ」。

ところで、この貧富の差を是正し、連帯意識を高めることを「社会的公正」のスローガンの下に実現しようとしてきたのが西欧社会民主主義であったことはすでにみた。そして一国内ではともかくグローバルな視野からは限界を持たざるを得ないことも指摘した通りである。このアポリアの解決は容易ではないが、先に提示したアソシエーション、ないしボランティア・ネットワーキングの構想がこのアポリアを超える一定の展望を切り拓いてくれるのではないか。以下、その考察に移りたい。

## 三　社会形成の原理としてのアソシエーション

本稿の初めの方に、マルクスの思想が狭い政治闘争の教条から解放されてようやく正当な評価が可能になったという今村仁司氏の指摘を承けて、その有力な評価の一つはアソシエーションないしボランティアネットワーキングではないかという私見を述べた。この提言は厳密な検討を経た結論ではもちろんなくて、いわば私の〝直観〟めいた想念である。そして、この小論のテーマである「市民社会と生涯学習」に因んでいえば、私はこの〝直観〟に基づいて、社会教育学会が是非早急にボランティア・ネットワーキングと社会教育について共同研究を行うべきことを学会の理事会で提言した。残念ながらその提案は受け入れられなかったが、学会『年報』として、同じテーマで編集し刊行することには賛意が得られ、様々な曲折の後に実現できたことは幸いであった。担当理事として編集・刊行に積極的に関わったので、その大枠を記してみたいのであるが、そのまえに、私が〝直観〟めいた想念を抱く有力な手がかりとなった背景について触れておきたい。

### 1　初期マルクスの未来社会観

私はかつて、初期マルクスの思想形成の過程を追思惟し、『疎外と教育』という題名の一書に編み上げたことがある。その総括の章に次の章句を記したことが想起される。

「『互いに教育しあう自由人の結合体』――『ライン新聞』期に記されたこの期のマルクスの人間（個人）＝社会・教育についての考え方がここに簡潔に表わされている。より具体的にみれば、その教育の内実とは、『個々人の目的を普遍的な目的に』『粗野な衝動を倫理的性向に』『自然的な独立性を精神的自由に』変える（教育する）ことであり、このこと（教育）によって「個々人が全体の生活の中で自分の生活を楽しみ、全体が個々人の心情を自己の心情として楽しむ」ことが可能になるのであり、その結果、冒頭の『自由人の結合体』が創造されるとマルクスは説くのである[10]」。

ここに表白された共同態観をもとにマルクスが経済研究を始めるまでの人間・社会観の形成過程を辿ったのが前掲の拙著であった。したがって、マルクスの壮大な共同態の思想体系からいえば極めて未熟なコンセプトであることは否めない。それは確かだ。しかし、反面、マルクスの未来社会のイメージが思想的出発点においてより鮮明に表白されていると見ることもできよう。我田引水のそしりを覚悟していえば、未来社会のデッサンの中にマルクスが「教育」をあえて挿入したことに私はかねがね注目してきたのであった。この点に触れて私は次のように強調したことがある。

「いいかえれば、直接的な反逆のエネルギーがもはや必要でなくなった時点において（つまり、プロレタアート革命が一応終了した時においても）、教育はその役割を終えるなどといえるものではなく、その資本主義社会の支配、被支配の関係の否定を絶対条件とする新しい社会＝自由人の結合体を真に創造していくためにも教育は無限の展望において必要とされるのである。未来社会の展望を簡潔に表現した冒頭の（前掲の）マルクスの章句にマルクスがあえて『教育』の語句を挿入したことは教育なくしては人間の真の自由は現実に発現することはあり得ないというマルクスの確信を表明しているものと思われる[11]」。

## 2　マルクスの「アソシエーション」をめぐって

拙著の執筆当時はもちろんアソシエーションと結びつけて引証したわけではないが、未来社会のデッサンであることは疑い得ない。ソ連や中国型の社会主義の現実と結末がこのデッサンとはかけ離れたものであってみれば、マルクスの社会観を再審するためにはこのデッサンを一つの指針とすべきではあるまいかと私は改めて考える次第である。このような自省のもとにアソシエーションに関する最近の文献を読むに至り、その構想が如上のデッサンへ向けて進む可能性を実感したという経緯が私のアソシエーションへの期待の背景にある。

もちろん、アソシエーション論にもマルクス以外の様々な分野からのアプローチがあり、それなりに興味深いのであるが、マルクスの「再読」という視角からいえば、田畑稔氏の近作『マルクスとアソシエーション――マルクス再読の試み』が白眉と言えるだろう。因みに本書の「目的」について著者は「はじめに」で次のように述べている。

「この本は、『アソシエーション』という概念に焦点を当てて、マルクスを一から再読してみようとする試みである。マルクスに親しんだことのある人なら、彼が未来社会を『ひとつのアソシエーション』とか『諸アソシエーションからなる一社会』とかとして構想していたことを思い出すだろう。なにかそこにマルクスは重要な意味を込めているに違いないが、それがはっきりとは伝わってこないというじれったさを感じたのではなかろうか[13]」。

「『アソシエーション』は、諸個人が自由意志に基づいて、共同の目的を実現するために、力や財を結合する形で『社会』をつくる行為を意味し、また、そのようにしてつくられた『社会』を意味する。じつはこのようなタイプの『社会』が本格的に展開するのは、そう古くない。同好同信など周辺的な組織は別として、地域組織や国家が、また、とくに生産や流通の基本組織が、この型の『社会』として編成されるべきだという思想や運動が本格化するのは、ヨーロッパでも18世紀以降だと言えるだろう。こういうアソシエーション型社会の展開の中にマルクスの解放論的構想を位置付けてみようというのが、本書の目的である[14]」。

このような視点と目的を持って本書は、序論「アソシエーションというマルクス再読視座」、第1章「ルソーのアソシエーション論とマルクス」、第2章「『ドイチェ・イデオロギー』と『諸個人の連合化』」、第3章「アソシエーションと移行諸形態」、第4章「アソシエーションと『自由な個人性』」、補論「マルクス再読の試み」の5つの章と1つの補論から構成されている。刊行当初から注目されたことはいうまでもない。

多少ともマルクスを読んだ者なら各章題から大方の内容が推察できるであろう。氏は各論点を逐一原典にあたり、従来の訳語の検討を併せ行いつつマルクスのアソシエーション概念の真義を剔抉しようと試みるのである。その具体的検証については読者の参照にゆだねたい。私が注目したいのは「補論」8「人類史の中のアソシエーション」についての氏の位置づけである。そこでは大略次のように述べられている。

「マルクスはあちこちで『古い市民社会に代わって一つのアソシエーションが出現する』(MEW4-482)という主旨の認識を示している」と指摘した後に、マルクスは、人間社会が類型上、①「共同体(Gemeinwesen)」にはじまり、②「市民社会(die bürgerliche Gesellschaft)の展開を経て、③「アソシエーション」(Assoziation)へと成層的に推移すると見ていたのではなかろうか[15]」。

以上のようにマルクスの社会形成の原理を段階的に分類しつつ、各段階における「成層的推移」を具体的な事例を挙げて説明するのであるが、ここではそれは省略する。しかし、田畑氏がいわんとすることは、マルクスの社会形成の究極形態は、アソシエーション、とりわけ「自由な生産者たちのアソシエーション」にあるということが眼目である。

ところで、田畑稔氏は自ら主宰する『季報唯物論研究[16]』において「アソシエーションの理論と実践」の特集を組んだ。再読、三読して大変示唆的な論稿が多いことに魅了された。そこでは、「実践サイド、理論サイド、思想史研究サイドを含めて、これまで『アソシエーションの理論と実践』をさまざまな形で志向してこられた中心的人物に、とりあえずは『横一線』で一度並んでいただこうと考えた」と「特集」の「主旨」を田畑氏が述べているように、決してマルクス派による論稿だけではない。しかし、如上に田畑氏の所説の要目を紹介したので、以下にマルクスに関する各論者の主な見解の要目を引用しよう。煩雑を避けるためページ数は逐一記さない。

① まず大薮龍介氏は自らの書に対する批判の反批判という形で所論を述べるが、その要旨は、「マルクスの未来社会論は、アソシエーションを決定的なキーワードにしており、一八六〇年代から七〇年代にかけ、生産協同組合を基軸とする協同組合型社会として彫琢され、他方でのコミューン国家論の形成とあいまって、近未来的には協同組合志向社会に地域自治体国家を接合した過渡期社会・国家像として全体的な像を結んだ」というものである。これに関説して次の指摘も示唆に富む。「未来社会構想の領域でもマルクスの転換は根本的なものであって、生産手段の国家所有化に代えて協同組合的所有化を、中央集権制国家に代えて地域分権の連邦制国家を、総じて国家への集権に代えて国家の社会への吸収の方位を定立し、それらに対応して土地に関しても国家（所有）化ではなく国民（所有）化を打ち出すにいたるわけである」。

② 村岡到氏は、アソシエーションに関連する術語、訳語について興味深い比較考証を行うのであるが、私には「長い間新左翼の活動家として『ブルジョアジーの暴力的打倒』（『共産党宣言』）を信条としてきた」氏の次のような問題意識の表白が面白かった。「私が〈アソシエーション〉の重要性に気付いたのは、ソ連邦崩壊の後に〈社会主義の再生〉のために思索していたからである」。さらに、問題覚識の端初として『共産党宣言』の有名な一句――「階級と階級対立の上に立つ旧市民社会に代わって、各人の自由な発展が万人の自由な発展の条件である「eine Assoziation」の訳語が一定していないことに注意を喚起する。そして、この用語の諸々の訳語の検討

の後に、「私は社会主義思想において〈アソシエーションの視点〉はきわめて重要な認識の拠点であったと理解することができた」と結論する。

③ 石塚正英氏は、前掲の田畑氏の労作の主旨を踏まえつつも、現代のアソシエーションは、一方でトランスナショナルを、他方でファミリーを解体する方向を、そして「一元主義（monism）」から「多元主義（pluralism）」への移行を提唱している。そして次のような注目すべき章句で論稿を結んでいる。「二一世紀に入れば、そう遠くないうちに国家、民族文化など誰にも伝統的で自然なものと思われていた概念が激しく揺れ、瓦解していくだろう。……ではその後において、国家、民族に代えてわれわれが自己同一を確認する媒体、対象は何になるだろうか。それこそが、社会の様々な領域においてボランタリーに成立する多元的アソシエーションなのである。」この内実ついては具体的に示されていないが、今後の社会の展開を考える際には極めて示唆的な提言である。

④ さらに植村邦彦氏は、自らのシュルツ研究を基軸に据えて、「アソシアシオン」を「マルクスの救出と社会主義思想の再活発化」の「一つの切り札」になっていることを是認しつつも、重要なのは、「具体的な構想と実践的課題の設定・掲示そのもの」であること、具体的には「自由と平等を、あるいは公正と効率を、両立させる社会形成の具体的展望」であることを提言している。全く同感である。なお、同氏の論文中に繰り返し提起される、アソシアシオンと現存の国家権力の関係についての次の指摘も亦極めて重要であると思われるので引用しておきたい。

「一八六〇―一八七〇年代に書かれた経済学批判諸草稿や国際労働者協会関係の諸文書から判断する限り、マルクスは、労働者が自発的に形成する個々の協同組合工場や農業生産協同組合そのものを、社会変革の過渡期における『一つのアソシアシオン』として積極的に評価している。この場合、国民的社会全体では、具体的な生産の組織形態としての『複数アソシアシオン』が存在することになる。しかしながら、他方で彼は、社会全体が『一つの意識的で計画的なアソシアシオン』となるというサン・シモン派的理念を決して放棄しなかった。したがって、『複数のアソシアシオン』こそ、変革された社会の構想となる」のである。つまり、マルクスにとって、「社会形成の原理は一般的『財産共同体』ではなく自発的『アソシアシオン』でなければならないが、ただしそれは国家権力の掌握を通して、国民的規模で計画的なものにならなければならなかったのである。これは分権と集権、あるいは個人と国家との微妙で危ういバランスの上に立つ構想であった。こうして国家権力の掌握による現在の生産諸条件の変革、土地の国有と生産手段の国民的集中による『一つのアソシアシオン』の最終的な実現、これがマルクスの結論となった」のである。

以上が、直接マルクスとの関わりでのアソシエーションについての論稿の中から私なりに重要と思う箇所の「抜粋」的引証であるが、その正否を逐一検討する用意はもとより今の私にはない。しかしながら、各論者がマルクスから何を読みとろうとしているかは、いささか断片的な、あるいは論争的叙述からも浮かんでくるであろう。私自身のそれについての纏まった見解はいずれ稿を改めることにして、マルクス研究の長老格である杉原四郎氏の同誌掲載の論稿『改良と革命――ミルとマルクス再論』から、一応の総括と思われる部分を紹介しておく。氏は、まず、山中隆次氏の論文「マルクスの社会主義思想」（上野格他編『経済学の知の在り方を問う――経済思想史から現代を見る――』〈新評論〉所収）から自己の論述にとって重要と思われる箇所を引用しつつ次のように述べる。

「マルクスは『資本主義経済の客観的にして主体的革命をつうじて実現されるのだと展望した』が、その後の社会主義思想の歴史やソ連・中国を中心とする社会主義実践の歴史にかんがみて社会主義の未来像をえがく場合の教訓として、生産手段の国有と計画経済が社会主義経済の核心ではなく、『マルクスも含めて一九世紀のプルードンらが考えていたアソシアシオン（協同組合）的な所有にもとづく企業から成る社会＝協同組合が、その本来の社会主義の理念にふさわしい社会形態だと言えよう』とのべ、『各アソシアシオン企業は、それぞれが生産した商品が質的にも量的にも売れるかどうか、その市場機構をとおして、自分たちの社会性を実現し確認する……（つまり）各アソシアシオン企業は……その社会機構を通して陶冶されていくのである』と書かれている」。

杉原氏は、続いて、「私は、社会主義の本来の姿はここに書かれているようなものであろうという所論に共感を禁じ得ない」と述べるが、「それがマルクスが思い描いた社会主義・共産主義と一致するかについては、にわかに断定することをさけ、保留せざるをえない」と疑問を呈している。因みに氏の見解としては以下のような文章が続く。

「晩年のマルクスは、イギリスやオランダのような民主的な先進国では、平和革命も可能であるという見通しを持っている反面、イギリスの労働者階級の堕落に失望し、アイルランドやロシアでの周辺革命を待望するようになる。また協同組合の発展に新社会への萌芽形態を認めるようにもなるが、その体制全般への漸進的滲透の展望はなく、最晩年には協同組合への言及は影をひそめてしまう。『資本論』第一巻での資本主義崩壊論と『ゴータ綱領批判』で社会主義・共産主義論とを媒介するような明確な体制移行論をみいだすことはできないように思われるのである」。

以上、私の独断的「抜粋」を示しつつ、何人かのマルクス派の人々のアソシエーション論を検討したが、惟うに植村論文が示唆しているように、マルクスにおいては国家の総体的変革とそれを内部から主体化するアソシエーション的改革とがつねにからみあって提起されていたのではないだろうか。アントニオ・グラムシの用語でいえば、「陣地戦」と「機動戦」が錯綜していたと思われる。その確証についてはなお今後の課題であるにしても、ソ連・中国型の革命とその破綻を実見した現在、マルクスの思い描いた社会主義・共産主義像とそれらは著しく異なるものに至っていることは明らかである。そうであれば、まずもって、マルクスのアソシエーションについての想念を有力な手がかりにして、未来社会を考えることが肝要であろう——この点については大方の一致するところといえそうである。それはまた、小論の冒頭部分で紹介した今村氏の指摘のように、マルクスの思想を政治闘争から離れて古典として正当に評価することになるのではいかというのが現在の私の一応の結論である。

なお、グラムシのアソシエーションについては、同誌に所収されている松田博氏の論文「〈グラムシとアソシエーション〉に関する覚書」が大変示唆的である。因みにグラムシのテーゼ（政治社会＝国家の市民社会への再吸収）に即しての自治体改革については私も目下関心を持続させているところなので、松田氏の御教示に従って近く成稿を予定している。

## 四　生涯学習とボランティア・ネットワーキング

### 1　アソシエーションとボランティア・ネットワーキング

迂路を経たが、いよいよ生涯学習とアソシエーションの関係を考えてみることにしよう。この点については、学会の『年報』刊行の経緯を先述したので、私どもの共有財産である『年報』（日本社会教育学会編）『ボランティア・ネットワーキング——生涯学習と市民社会——』[17]の概略を紹介しつつ、日本の社会教育におけるこの問題の取り組みの状況を概略することをもって代えたい。

まず、私は先に、アソシエーションとボランティア・ネットワーキングをほぼ同様の意味に捉える叙述を行ったがこの点の説明をしておこう。

アソシエーションへの接近は様々であるが、田畑稔氏に従って、「諸個人が自由意志にもとづいて、共同の目的を実現するために、力や財を結合するかたちで『社会』をつくる行為を意味し、また、そのようにしてつくられた『社会』を意味する」[18]という定義については異論はあるまい。一方、「ボランティアネットワーキング」の方はどうか。

まず、ボランティアの語源は、「自由意志という意味をもつラテン語のボランタール（voluntare）に始まるといわれる。これが、意志とか、意図を表現するフランス語のボロンテ（volonte）に引き継がれ、さらには、自ら進んで提供するとか、自発的に申し出る、という英語表現へと展開し、その実行者としてのボランティア（仏＝volontaire　英＝volunteer）を生んだ」[19]といわれる。ここから、「自発的に、公益的な仕事を報酬を目的としないでサービスする人をボランティア」と呼び、「その行為をボランティア活動」[20]と要約できる。一方、ネットワーキングはどうか。この語は「リップナック、スタンプスが新しい意味づけをした言葉で〈他人とのつながりを形成するプロセス〉であり、『社会運動の文脈では一九八〇年代以降の草の根運動に見られる運動体相互の意識的なネットワーク形成をさす』[21]とされている。又、「単にネットワークの形成過程を意味するだけでなく、その背後にある個と個の関係、個と全体の関係、組織の作り方、などに関する個人的な思想やコンセプトを表現する言葉である」[22]ともいわれる。

以上の引用からだけでも「アソシエーション」と「ボランティア・ネットワーキングの概念」はほとんど同じと考えてよいであろう。まずはこの点を確認しておきたい。この前提の下に、終わりに生涯学習とアソシエーション・ボランティア・ネットワーキングの現状を前掲『年報』の概要の紹介によって試みたいと念う。

## 2　社会教育学会『年報』の編集意義と背景

本『年報』の編集委員長を務めた小川剛氏は「はじめに」において、本『年報』の成立の背景を概述しているので、まずはその要目を記すことから始めよう。

まず一九九五年一月に発生した阪神・淡路大震時のボランティア・ネットワーキング活動の驚嘆すべき成果を氏は指摘し、その結果が社会教育研究者にボランティアへの関心とその研究の必要性を急速に高めた事情を述べる。私も全く同感である。

次に、顧みれば、もちろん、それ以前にもこの活動は見られたが、とくに七〇年代に入って新しい段階への動きが見られたと小川氏はいう。第一はボランティア活動である。わが国では「日本青年奉仕協会（Japan Youth Volunteers Association、JYVA と略称）が中心となり、一九七〇年から全国ボランティア研究集会が開催され、全国でのボランティア活動が集約されるようになった。一九九四年一〇月三〇日から一一月三日にかけて、東京においてJYVAならびに大阪ボランティア会議——第一三回ＩＡＶＥ（International Association for Volunteer Effort）世界会議——が開催された」。同会議では、「新しい時代を拓くボランティア——地球家族の絆を求めて」をテーマに、「社会が抱える様々な課題を確認し、解決に向けて相互の経験や努力を学び合い、交流を通して、自発的に活動する市民のグローバルなネットワークを築き、二一世紀に向けて地球市民として、日本のボランティア活動の新たな潮流を見いだしていこう」という大会趣旨のもとに世界各地から六百名をこえる参加者により、活発な討論・情報交換が行われたことを小川氏は紹介し、その意義に注意を喚起している。

第二に、ネットワークについても、小川氏は七〇年代初頭のイリイチ、ライマーなどによる、学校の代替としての「学習のためのネットワーク」（Learning Webs）、あるいは「物・人のネットワーク（Networks of things and

People）の提唱、さらに、企業経営面における今井賢一氏や金子郁容氏らの「ネットワーク論」の先駆的業績に言及し、それらが五十年代の社会教育の実践史における「共同学習論」と軌を一にすることを指摘している。これらの歴史については私もいずれ比較・検討を試みたいと念じている。

第三には、小川氏は、ネットワーキングは、「従来の血縁・地縁とは異なった次元での人間のつながり」を重視し、「時代の動きにダイナミックに対応できる社会集団」の成立を促すものであると指摘する。いいかえれば、それは「官僚制」化に対する「解毒剤」、つまり「市民固有の論理」による活動を活発化するものである。この点は特に私も同感するところである。

大略、以上三点を述べることによって、わが国の社会教育研究は新しい段階に至っていることを小川氏は予想している。私もこれら3点については小川氏と見解を同じくするものである。

## 3 『年報』の構成

次に、『年報』の目次構成を記すことによって、内容の紹介に代えよう（元稿では詳しい題名と執筆者名を記したがここでは柱立てだけを記すことにしたい）。

Ⅴ　特論

《資料編》

(1)　文献解題・紹介

(2)　資料紹介

以上が目次・構成であるが、Ⅰは総論、Ⅱは各論、そしてⅢは事例報告、Ⅳは今回の大震災を勘案しての特別論稿、そしてⅤは、現代の新しいボランティア・ネットワークの動向と可能性についての特論的考察である。編集委員会で構成の柱立てを作成し、それを基に全会員から応募をお願いしたのであるが、応募数は予定の倍近くに達し、関心の高さと広がりを実感した次第である。

ところで、小論作成を決意した当初は、編集方針を踏まえ、編集会議の審議過程を充分に勘考し、各論文を改めて有機的に私なりに再構成することを企図したが、すでに制限の紙巾を越えてしまったので以下に、私の論稿(総論)に関連させせつつ、私見を箇条書きに記して小括に代えたいと思う。

## 4　小論の総括　社会教育とボランティア・ネットワーキング

(1)　個人的な「奉仕」という意味でのボランティアについては、旧来社会教育においても相当の蓄積がある。たとえば、一九六九年に出版された『社会教育の方法』(辻・岸本編、第一法規出版)でも採り上げられている(伊藤俊夫氏稿)。そもそも、社会教育法に「国民の自己教育」と規定される社会教育の本質は、「公の支配の属さない」性格の謂であれば、ボランティアこそ社会教育というべきであり、戦後の社会教育は戦前・戦中の「官制社会教育」に対置されるべきものであることを標榜してきたのであった(この点については、碓井正久著『社会教育

〈一九七〇年、第一法規出版〉所収』の倉内史郎論文を是非参照されたい)。このような伝統を踏まえて、私たちは年報編集に際して、単なる個人のボランティアではなくて、そのネットワーキングこそを編集の軸にしたのである。つまり、アソシエーションの検討の際に述べたように、社会教育の一つの方法とか性格規定ではなく、それを含みつつも、社会形成の原理に社会教育がどう関わるのかという視座からの研究が目指されるべきだと考える。

(2) このようなボランティア・ネットワーキングの性格は、社会主義、福祉国家に典型的な「大きな政府」の失敗へのアンチ・テーゼではあるが、同時に、すでに検討を試みたようなサッチャーリズムに典型的な「小さな政府」に対する批判でもある。したがって、組織形態としてのネットワーキングを単に「タテ」の関係を「ヨコ」に変えるということ(このことは必須の要件ではあるが)に止まらない。税金を使った公共「事業」や利潤追求を主旨とする「企業」にも対抗できる一定の経済的自立が可能であるようなNPO・NGOをもこのボランティア・ネットワーキングに含めているのである。当面はこのネットワーキングは公共事業や企業にとっては不可能な、あるいは有効ではない領域に多く関わるのであるが、前二者の中にも今後どんどん浸透していくべきであると考える。様々なボランティア活動を中核とするアソシエーションのインター・ナショナルなネットワーキング——もちろん、これからはトランス・ナショナルな形態が多くなるであろう——が今後の社会形成、編成の原理と基礎になるであろう。

(3) 社会教育の分野では、具体的に考えるとすれば、各自治体の生涯学習プランをどのように策定し、実現を図るかということになると思われる。この場合、従来の社会教育はしばしば公的保障を強く主張し、自助努力、企業との連携、ないし、その内在的批判に基づく改革については努力を怠ってきたのではないだろうか。そのために財政危機の喧伝の前に一方的後退を余儀されているところが多いのである。しかし、この際、先に植村論文の検討でも触れたように、自治体と国家権力との関係をどう変革するかが問題になるのであるが、社会教育では、しばしば「国家が一方的に「悪」として否定的に捉えられてきた。そこでは旧来マルクス主義国家=階級支配の道具説が前提とされているのではないか。むしろ最近のグラムシやプーランザス、ジェソップらの学説によれば、国家もまた諸関係の総体であり、その関係の環を具体的な場=自治体などにおいて変えることによって、国家（権力）の変革の可能性は大きくなるのではないかと考える。

(4) 田畑稔氏のマルクス研究による人類史の中では、「市民社会」から「アソシエーション」が「成層的に」推移すると説かれていることはすでに引証した。この場合の「市民社会」とは何かについては様々な捉え方があるのはもちろんである。私見によれば、具体的「場」としては（一つの手がかりとして）「自治体」を考えて良いのではないかと惟う。さらにラフにいえば、「ブルジョア」から「シトワイヤン」への成層的展開、田畑氏がいう「成層的」「推移」がとりわけて肝要であると考えたい。

この場合の「ブルジョア」とはヘーゲルに従って、わかり易く表現すれば、「同じ人間が自分と自分の家族のこと」を考え、契約を結ぶなどする（あるいは、それだけしか頭にない）人間と考えることができる。一方、「シトワイヤン」とは、「普遍的なもののためにも働き、これを目的とする」人間ということができよう。ここではとくに「成層的」という用言が重要である。つまり「ブルジョア」=「私」の契機とともに「シトワイヤン」=「公」の契機も同時に含まれているような人間が想定され、自治体の主要な構成員がこのような人間になることが眼目なのである。いうまでもなく、それは「強制」されるのではなく、自ら、ボランティア的にそうなることが肝要である。私はそのような人間による社会を「市民社会」と考えている。前出の田畑氏の見解でいえば、「市民社会」と「アソシエーション」の構成員が環流しつつあるような人間、それらの人々のネットワーキングを私は「市民社会」と捉えたいのである。そのためには、広い意味の学習が中核に位置付けられていなくてはならない。すでに引用した「ライン新聞時代」のマルクスの章句でいえば、「互いに教育しあう自由人の結合体」

とそれはなるであろう。前出の社会教育学会の『年報』のサブタイトルに「生涯学習と市民社会」とあえてネーミングしたのは、少なくとも私の考えではこのような背景と意図があったればこそである。

(5) 阪神・淡路大震災時のボランティア活動の量と質が示してくれた意味は実に大きい。発生時から夏休み終了時までの約八ヶ月の間に参加した人の数は延べ百三十万人に達したという。ボランティアはカネとヒマのある有閑階級がやるものだ、行政の下請けだ。このような従来の狭小な観念を吹き飛ばしたのであった。たとえば、ボランティアに楽しさを見出した人は、ほとんど「助けられているのはむしろ私の方だ」という。あるいはまた、ボランティアは「助ける」ことと「助けられる」ことが融合し「誰が与え誰が受け取っているのか区別することが重要でないと思えるような、不思議な魅力にあふれる関係のプロセス」であることを強調するのは金子郁容氏である。[23] また、鷲田清一氏は「関係発見」の喜びを次のように表現する。「他者の他者として自分を他ならぬ他者に認めてもらうということ……他者によって無視し得ない存在として認知されること」「そういう他者としての認知、行為としての評価や賞賛であること」、しかも、多くの人々が望んだボランティアの形態は、「他者の前に、他者に積極的に関わっていく活動……であったこと、そしてまた多くの場合、全身体的活動であった」ことが、大震災の際に確認されたともいう。[24]

以上の事態は大変に興味深いことである。一つは、「人間の本質は個人に内属するものではなく、社会的関係のアンサンブルである」(「フォイエルバハに関するテーゼ」)という有名なマルクスの人間の本質規定をボランティア活動が具体的に、多くの人々に実感させてくれたことを示している。二つは、ボランティア活動とは、単に自分のためでなく、さしあたって顔の見える他者のために――つまり、抽象的な国家や民族などの伝統的な共同体のためではなく――献身することが結局は自分に喜びとして還って来るという意味で、それは前述したように、「私」であると同時に「公」でもあるという「市民」の具体的形成過程であるとも思えるのである。つまり、市民社会の創成はボランティア活動の充実と拡大にかかっているのだ。このことを明示しているのである。

以上、やや羅列的であるが、私が社会教育とボランティア・ネットワーキングに関わって総括的に述べたかった諸点である。念のために前掲『年報』所収の次の拙文を掲げて小論の結びとする。

「一九六〇年代から七〇年代にかけて、『大きな政府』による社会形成が福祉国家のスローガンの下に推進されようとしたが、財政危機と社会の構造変化（情報化、消費化の進展）を契機に八〇年代には新自由主義の大反撃を受け『小さな政府』による市場原理による社会形成が唱導された。これをいわばアンチテーゼとして九〇年代から二一世紀にかけては、『大きな政府』でも『小さな政府』でもない、ボランティア活動を基礎にした公民（市民）の形成、つまり個人の自立による共同態＝市民社会が創造されようとしているのだ。詳述する紙巾はないが、欧米各国のボランティア・NPOの簇生への動向はこのことを実感させてくれる。その意味でボランティア元年は新しい社会形成へ向けての元年でもある[25]」。こういっても過言ではないだろう。

付記
より具体的な面については次の私たちの報告書・提言を参照して頂きたい。
(1)「地方自治と社会教育」1（平成八年度調査研究事業報告書、東京都立多摩社会教育会館、平成九年）
(2)「地方自治と社会教育」Ⅱ（同上、平成一〇年）
(3) 提言「小金井市における生涯学習の推進について」（小金井市生涯学習推進懇談会、一九九八年）

註
（1） 今村仁司『中国で考える』（青土社、一九九四年）。

(2) 同上、二二四ページ。
(3) 小阪修平『現代思想のゆくえ』(彩流社、一九九四年) 七五ページ。
(4) 鴨武彦『世界政治をどう見るか』(岩波書店、一九九三年) 一三九〜一四二ページ。
(5) 伊藤元重『市場主義』(講談社、一九九六年) 三六ページ。
(6) 「橋本『行革』と新自由主義への疑問」(『中央公論一九九七年一一月号』)。
(7) 岡村達雄編著『現代の教育理論』(社会評論社、一九八八年) 四八ページ (岡村氏稿)。
(8) 同上。
(9) 同上。
(10) 拙著『疎外と教育』(新評論、一九八〇年) 一七九ページ。
(11) 同上一八三ページ。
(12) 田畑稔『マルクスとアソシエーション—マルクス再読の試み』(新泉社、一九九四年)。
(13) 同上「はじめに」。
(14) 同上三〜四ページ。
(15) 同上二三七ページ。
(16) 『季報唯物論研究』(第六一号、一九九七年七月刊)。
(17) 『ボランティア・ネットワーキング——生涯学習と市民社会——』(東洋館出版、一九九七年一〇月)。
(18) 註(12) 四ページ。
(19) 註(17) 二四ページ (黒沢稿)。
(20) 同上。
(21) 同上四八ページ (花立、森氏稿)。
(22) 原文は金子郁容氏による定義であるが註(17)四八ページからの重引。
(23) 金子郁容『ボランティア・もう一つの情報社会』(岩波書店、一九九二年) 二〜六ページ。

(24) 鷲田清一『だれのための仕事・労働vs余暇を超えて』(岩波書店、一九九六年)一六〇ページ。

(25) 註(17)二六ページ(黒沢稿)。

(註完)

(初出、東京学芸大学生涯教育研究室『研究紀要』〈第三号、一九九八年〉)

付論2
# 社会教育とボランティア・ネットワーキング

黒沢惟昭

## 一 「公民」の家と寺中構想

「公民館は公民の家である」[1]。戦後の新しい社会教育の出発に際して、創始者である寺中作雄が社会教育の中核施設をこのように定義したことは今日もなお示唆に富んでいる。

周知のように、公民館は戦後初期の混乱期に、日本のこれまでのあり方についての反省に立ち、「国民の教養を高めて、道徳的知識並に政治的な水準を引上げ、また町村自治体に民主主義の実際的訓練を与えると共に、科学思想を普及して、平和産業を振興する基を築くこと」[2]を目ざし、新日本の建設のための地域住民の活動拠点になるという壮大な構想のもとに創られたものである。この構想は創始者の名に因んで寺中構想と呼ばれた。しかも現代の公民館論は、「多かれ少なかれ寺中構想にささえられ、寺中構想における〝歴史的イメージとしての公民館〟をそのいわば原型として構成されている」[3]のである。

たしかに、それは「行政官により構想され、実施に移されたもの」であり、「構想者である寺中が内務省出身ということ」[4]を勘案して、そこに戦前社会教育の負の性格を読みとる者もいる。つまり、その構想を「敗戦後にもなお根強く生きつづけた日本的ナショナリズムの一つの表現形態」[5]と位置づけた上で次のように断ずる批判的見解である。

「いわゆる寺中構想は少なくともその主体的形成要因において、心ずしも戦後〝民主化〟の産物とはいえない。それはむしろ、戦前からの〝歴史的イメージとしての公民館〟構想が、終戦後の混乱の中で新しい粧のもとに開花したものであり、この意味ではけっして画期的なものでも何でもなかった」[6]。

しかし、ともかくも、この「公民」の「家」を中核として戦後の日本の社会教育は出発し展開したことは確かである。したがって、公民館の盛衰は即ち戦後の社会教育の盛衰といっても過言ではないのである。

## 二　公民館の盛衰とボランティア

「公民」の家と寺中構想には様々な批判的言説があるものの、公民館はその後、一九七〇年代までは順調に発展の道を辿ったということができる。先学の教えに従いつつその時期区分と特徴の概略を見ておこう。

まず、一九四六（昭和二一）年以降、五〇年代にかけては制度の発足と法制化、そして奨励・模索の時期である。続く六〇年代は普及・定着期であり、七〇年代は、統計的にも内容においても公民館の躍進・拡充の時代であった。それは、「六〇年代の高度経済成長にともなう自治体行財政への一定の波及があり、学校施設整備に追われてきた都市部（人口急増地域）においても、この時期にようやく公民館施設の増加・近代化・大型化がみられ、また（専任）職員集団も拡充された」ためであった。しかも、量的増加だけでなく、「公民館を拠点とする学習活動・集団活動も多彩かつ活発な展開がみられ」、また「住民による公民館づくり等の諸運動がみられた」[7]のもこの時期の特徴であった。

ところが、八〇年代に入ると公民館をめぐる状況は俄かに変化した。文部省統計によると、八一年度から八七年度の間に、設置市町村数は二％減少、つまり六三市町村が公民館設置を止めたのである。また、この間に公民館設置率は微増（〇・一九％）しているにもかかわらず、専任職員率は七・〇％も減じている。この数字からみる限り、明らかに転換と停滞の時代といえよう。松下圭一の著書『社会教育の「終焉」』が一九八六年に刊行され、社会教育関係者にインパクトを与えたことはこの辺の状況の反映である。

さて、公民館ないし、それを中核とする社会教育が停滞し、「終焉」さえ叫ばれるようになった直接の原因は「行政改革」であることは論をまたない。逆に、ほぼこの時期からボランティアの必要性が急速に唱えられるようになった事態にも注目すべきである。ここでも、先学の教示を参看しつつ時代の大まかな状況を確かめておこう[8]。

「ボランティア」という言葉は、六〇年代半ば頃から、福祉事業のなかで使われはじめ、七〇年代に入りボランティア論が展開されるようになった。行政側の施策でいえば、自治省のコミュニティ政策、厚生省による高齢者の「生きがい」政策のためのボランティア政策が主要なものである。八〇年代に入ると、臨教審答申に基づいて、生涯学習政策が主唱され「民間活力」の源泉としてボランティアの活用が喧伝されたことも記憶に新しい。

八〇年代のボランティア論の盛行と公民館・社会教育の停滞という逆相関の事態は単に、行政改革・合理化の「表」「裏」の側面といっては済ませられない日本社会の大きな変容が背景にあると思われる。その点を省みることにしよう。

## 三　戦後社会の構造変化と生涯学習

一九七〇年代半ば頃が戦後日本社会の大きな転換期になっていることはほぼ定説になっているといってよいが、まずその事情を記そう。七四年に実質マイナス成長率に至り高度成長が終焉する。また、七二年を境にして、第三次産業の人数が第二次産業のそれを超え、五〇％以上に至る。つまり、日本はこの頃に農業国、工業国から離脱して、「脱工業化社会」（ダニエル・ベル）ポスト産業資本主義の段階に達したのである。いいかえれば、資本増殖のメカニズムは情報に主軸を移したのである。端的にいえば、情報社会、それに伴う消費社会の拡大と深化である。この変化の傾向的特徴を要約すれば次のようになろう。

(1)　コンピュータの発達・普及は「重厚長大」かつ画一・ヒエラルキー型の組織を解体し変化に即応できる多様な「軽薄短小」型、ないしそのネットワーキング型に移行させていく。この傾向は一方で、近代的工場の組織をモデルにして成立、発展してきた近代学校に、さらにそれを模した社会教育にも「ゆらぎ」をもたらす。他方で、専門性の必要度を緩和しボランティアの領域を増大する。

(2)　豊かさによる消費の拡大は、商品・サービスの差別化、多様化を促進する。このことは、同時に農業や工業の「生産」に特有な、結果（作物・製品）の楽しさを描きながら過程の苦しさに耐える心性「道具性《インストルメンタル》」を失わせ、出来合いのモノ、与えられたサービスの機会をその都度、その限りで楽しみ、消尽していく態度「即自充足性《コンサマトリー》」を一般化していく。これは「教育」の成立に必須の「道具性」に「ゆらぎをきたす。もともと公民館を主軸とする社会教育は教育産業の提供するサービスの差別化・ソフト化には対抗できないのである。逆にその場、その時にのっていく「即時充足性」はボランティア活動と共有する面が多いことも了解できよう。

以上のような日本社会における——先進資本主義国共通の事象と考えられる——構造的変化が徐々に上部構造である教育・社会教育にまで浸透・普及したのが八〇年代であった。先に示した公民館の停滞・衰微はこの変化による面が大きい。この点をやや具体的に見よう。

社会教育の分野では、興味・教養型の領域が拡大する。つまり、何かのための手段として教え（知識・情報・技術）を受けるのではなく、それ自体が楽しいから、それを目的にして（即自充足的に）学ぶ人々が急速に増大する時代になったのである。典型的な例としては、茶道とか華道などが挙げられる。これらは旧来社会教育では〝道楽〟とか〝稽古事〟などといわれ、公民館型社会教育からの逸脱したものと考えられ軽視された領域であった。また、啓蒙・教養の面もカルチュアーセンターなど民間教育産業が提供するきめの細かい、豪華な知的サービスに太刀打ちできなかったのであった。もちろん、地域によっては伝統的な公民館型の社会教育も一定の変容の下に活動が盛んであったが総じて時代の変化に対応が遅れたことは否めない。やや図式的にいえば、教え育てる「教育」の面が薄れ、学んで習う「学習」の面が強くなったのである。いいかえれば、文部省—教育委員会系統から逸脱する領域での「教育・学習」活動が活発化し増大したのである。

したがって、この八〇年代に臨教審が発足したことは極めて象徴的である。中教審と異なり、文部省の管轄外の「教育・学習」の活動を自由に論ずることが可能になり「教育」よりは「学習」を前面に打ち出したために、従来の社会教育を超えて、前出の「趣味・教養」の領域、それを担う民間教育産業をも視野に入れ、公的意味を付与することによって、いわば「傍流」を「本流」に組み込むことを可能にしたのである。まさに、時に臨んでの一大改革・提言であった。

## 四　新自由主義と臨教審改革

臨教審の改革理念は、新自由主義ないし新保守主義といわれるもので、一面では市場原理がもたらす道徳的効果を発見し、古典派的な市場万能論への復帰であり（「保守主義」）、同時に政府の規制を緩和し経済的自由主義の主張でもあった（「自由主義」）。この考え方を教育にも導入・展開しようとしたのが臨教審であった。

しかし、この教育「自由化」論は文部省をはじめ教育関係者の抵抗によって学校教育においては結局、「個性尊重」という〝妥協〟に至った。因みに、「生涯学習」の提唱は、社会教育におけるこの〝妥協〟の産物と見られないこともない。但し名称はどうあれ実態は新自由主義に基づく教育改革であることに変わりはない。

これは電々公社や国鉄のNTT、JRなど民間会社への転換と軌を一にするもので、「公」の「民」への一部移管によって「道徳的効果」（＝「自助努力」）を高めることが目的であった。すなわち、学習者の自由意志、能力に応じた学習を尊重し、しかもその機会の提供を民間の教育産業と分担しつつ、民間の「活力」（企業努力）を槓杆に公教育にも「道徳効果」を波及させようとする考え方であった。臨教審が「教育」に代えてあえて「学習」を、生涯学習を繰り返し強調したのはこのためであった。

サッチャーリズム、レーガノミックスに続く中曽根内閣の行革――臨教審改革に典型的な八〇年代の「新自由主義革命」は前述のような社会的背景、そして「大きな政府」に対する反感の裏返しとして一定の支持を得て進展したが、一〇年後の今日、深刻な弊害をもたらしている事態も指摘されている。宮本憲一はそれを次の五点に整理している。①産業空洞化と失業問題、②貧富の対立、③人種・女性差別、④南北問題、⑤地球環境の危機。(9)

この整理の是非について論ずる紙幅はないが、臨教審についてやや具体的にみれば、次のような批判的言説が肯綮にあたるであろう。

「学習尊重というタテマエのもとに、国家にツケがまわされてきた『物質的』『精神的』保障義務（「福祉国家」――黒沢）から気軽になれる、またなるべきなのだという国民的合意をうちたてていくためにこそ、この『移行』の実現、そのための『学習』イデオロギーによる国家的演出（「生涯学習」――黒沢）は回避せざるものだった」[10]。そこで宣揚される「自由」な「学習」も「自発的に学習意欲を示したもの、自己責任のもてる『受益者負担能力』あるものに対して、学習の機会、教育の機会はあたえるけれども、それ以外のものについては国家は関知しない。それは学習者の自由を尊重するということで当然なのだ」[11]（傍点、黒沢）、端的にいえば「それ以外のもの」に対する「切り捨て」宣言なのだ（だから、そうならないように「自助努力」せよ！）という主旨なのである。

因みにこの言説に関連して私見を加えれば、この「宣言」は国家に対して公的保障を回避しないで欲しい！という国民的大合唱（懇願？）が起こった事実も記憶に新しい。「小さな政府」の主張が、結果として国家の偉大性を認識させ「大きな国家」を生みだす「道徳効果」があったというべきであろうか。

要するに、この政策意図からは、学習者の学ぶ「自由」は尊重されるといっても、実相は自ら学びたい意欲のある者、限られた一定の枠内に入ることのできる「強い」人々の「自由」に限定され、「それ以外の人々」（社会的弱者）との格差は拡大せざるをえないのである。この事態は社会的公正の視点からみて大きな問題が生ずる。先に示した「公民」の「家」である「公民館」の沈滞状況についての関係者の懸念はまさにこの点と関わっている。

## 五　新自由主義の修正

周知のように、社会的公正を実現し市民革命時の理念の実質化を志向した社会主義国家も殆ど崩壊し、そこにおける人権の貧しさの実態が白日の下にさらされた。現存する社会主義国家も市場原理を導入して生き残りを図っているかのようである。また、一時はソ連型社会主義に代わって、希望の星たりえた社会民主主義の理念に基づく福祉国家も財政危機に陥り官僚主義の弊害が喧伝されて久しい。臨教審の「成功」は福祉国家による「大きな政府」への反感が大きい。したがって現在の日本では社会主義はもちろん福祉国家もその実現を目ざす方向は殆どリアリティをもたない現況である。つまり、六〇年代後半から七〇年代のような「大きな政府」による公民館社会教育の「躍進」「拡充」は望めないのである。

最近におけるイギリス労働党政権の樹立によって、新自由主義の元祖サッチャーリズムはようやく修正されようとしているが、日本では「規制緩和」の大合唱の下にその流れに対する逆流の兆しは見られないようである。しかし、労働党政権も当面はリベラル・ソシアリズムという、保守党の新自由主義と社会民主主義のアマルガムによる政策を目ざす方向が推測される。要するに、冷戦構造下のように両立しがたい「体制の選択」ではなく、市場メカニズムと政治的民主主義の相互の共有を前提としながら、自由・平等（公正）・友愛（連帯）という市民社会の存立原理のどこを強調するか。その選択をめぐる政策的な競争になっていくのではないか。

市場メカニズムの推進によって、福祉国家の肥大化による財政赤字、官僚主義化を批判しそれなりの活性化をもたらしたことは新自由主義の一定の「功績」といえよう。そして、当初はその政策化のセーフティネットとしてボランティアによる自助集団が生じてきたこと、また七〇年代半ば以降の社会の構造変化の内部にも、ボランティアを生みだす要因が生じていることはすでに指摘した。

とりわけ、一九九五年一月一七日の阪神淡路大震災を契機にボランティア活動が激増し、そのネットワークが急速に広まり「ボランティア元年」を画したことは大きな感動を与えた。同じ年に出版された内橋克人の『共生の大地』、室田武・多辺田政弘・槌田敦編著『循環の経済学』そして本年（一九九七年）の三橋規宏『ゼロエミッションと日本経済』などは、「多元的経済社会」への志向として静かな反響を呼んでいる。そこでは、新自由主義が標榜する自立、自助努力、ボランタリズムが人間の競争的孤立へではなく、自然との共生、自立した個人の社会的連帯へ向かう様々な試みが模索されているのである。

なお、政治学者後房雄によれば、最近のヨーロッパにおいても、非営利的セクター、ボランティア集団、中央行政政権から地方組織への分権化によって、国家を組み換えようとする研究成果が次々に刊行されているようである。同氏はこの潮流を背景に、「大きな政府」を批判的に捉え返しつつ、新自由主義による「営利企業主導の自由主義的改革」に対抗して、「市民社会主導の自由主義的改革」を模索している。[13] この改革を基軸にして、新自由主義の「小さな政府」による社会でもなく、社会主義、福祉国家の「大きな政府」による社会でもない、もう一つの社会――私はこれを個人の自立に基づく共同態＝市民社会と呼びたい――が創造できるのではないか。[14]

いまここでその明確なデザインを示すことはできないが、以下そのために必要な社会教育の課題を述べてみよう。

## 六　市民社会と社会教育

### 1 「公民」の脱構築

小論の冒頭部分で、公民館の創始者である寺中の社会教育構想の意義とともにその批判的言説にも触れたが、私が注目するのは、「公民」の「家」という時の〈公民〉の内実である。まずは該当する寺中の説明を引用しよう。

「自己の人間としての価値を重んずると共に、一身の利害を超越して、相互の助け合いによって公共社会の完成の為に尽す様な人格を持った人」、あるいは「自己は同時に社会であり、社会の事をわが事として常に『われわれのもの』として社会公共を充実発展させる事に努力するような人格」[15]という表現である。つまり、一方で私的な人間を承認すると同時に他方で公共社会のことも考え、そのために献身するという「公民」の捉え方に注目したい。ここから私には直ちに次のヘーゲルの章句が浮かぶ。

「同じ人間が自分と自分の家族のことを考え、働き、契約を結ぶなどするとともに、普遍的なもののためにも働き、これを目的とする。前の側面をみればその人間はブルジョアであり、後の側面をみればシトワイヤンなのである」(『イエナー実在哲学』訳文、傍点黒沢)[16]。

しかも、ヘーゲルは単に人びとが「ブルジョア」にとどまるのではなく、「ブルジョア」であるとともに「シトワイヤン」でもあるようなあり方を追求したのであった。そして、ヘーゲルによれば近代国家においてこそ、両面の統一が可能なのだと説かれる。つまり、〝個人〟がよい国家の〝成員〟(Bürger Eines Guten Staats) になったとき如上の統一は実現され、これこそが「公民」と規定されるのである。

ここで重ねて確認したいことは、この意味での「公民」は、ヘーゲル的な用語を使えば「私」の契機と「公」の契機が「揚棄《アウフヘーベン》」された人間、つまり、「私」と「公」の統一態としての人間なのだという事態である。いいかえれば、「私」を捨てて「公」に埋没する（ファシズム）のでもなく、「公」を「私」のために利用する（ミーイズム）ことでもないのである。前引の「ブルジョアであるとともにシトワイヤンでもある」というヘーゲルの表現はこのような意味である。あえて読み込めば、先の寺中の「公民」の意味も戦前・戦中の反省の下に同様の内実を示そうとしていたと「読め」るのではないか。

このように読めば、「公民」は「国民」とほぼ一致する（因みに、寺中は、「国民という場合には、国家——即ち社会のうちで最も重んずべき団結で、地域を画し、主権を持った政治的な集団——の一員としての身分を謂う」と述べるだけでとくに「公民」との異相については関説していない）。但し、この場合でも、家族・市民社会の否定的媒介（疎外）を経た「国民」であることに留意したい。

ところで晩年のヘーゲルが、現実との「妥協」を行い、この公民を現実のプロイセン国家の一員、つまりプロイセン国民と同一視したことはしばしば批判されるところである。またヘーゲルの国家は、ルソーのように個人の「契約」によってつくられるものではなく、むしろ諸個人に先立つ全体、共同態を含意している。したがって、ヘーゲルは明言していないけれども彼のいう国家は「民族共同体」と捉えられる要素、さらにいえば「明治の天皇制国家にきわめて近い」[17]とする解釈も成り立つのである。前出の寺中構想の批判者はその「公民」概念のなかにこのような解釈を見出したのではないだろうか。当然ながら私もこの解釈は拒否する。但し、「私」と「公」の否定的媒介による「公民」概念は先に私が規定した、自立した個人の共同態＝市民社会の主体＝市民と大きく重なる。

ところで、寺中のいう「公民」＝「主権者」と解する社会教育学者もいる。[18]この解釈の論拠は示されていないが、恐らくルソーの『社会契約論』を踏まえて立論された所説と推察される。つまり、「公民」とは国家の一員であるが、その限りでは全く平等で、その個々人（公民）が基礎になり「契約」によって「自覚的」に「国家」を形成するのである。したがって、法は成員の共通利益にかなったものでなくてはならない。その際の原則は、自分たちで法をつくって自分たちで従う、そのような「自分」＝「国家の成員」が「公民」である。

虚心に読めば、冒頭部分に引用した寺中の「公民」の説明はこのように「読み」とることは可能である。

もちろんルソーの構想する社会契約論的な国家観とヘーゲルの民族共同体的な国家観とは大きく異なる。しかも、ルソーにはヘーゲルに特有な国家と市民社会の分離と再統合という構想はない。したがって、「シトワイヤン」を「国家」の「成員」＝「公民」と訳すか、「ブルジョア」とは区別しつつも「市民社会」の「成員」としての「公民」と訳するのか難しいところである。前者であればすでに指摘したように公民＝国民となる。後者の場合は、「公民」よりも「市民」とか「人民」と訳す方がよいであろう（因みに寺中は「人民」を「国家とも君主とも繋がりがなく政府と対抗する意味の各個人の集り」[19]としている）。これはルソーの国家観が、自分の故郷のジュネーヴ共和国と古代ギリシアのポリスをイメージとして構想されたことにもよると惟う。

以上の検討から、公民とはまず出発は個人であり、その個人が自分や家族の生活を大切にしつつ、同時にそれにとどまらずそれを超えた公共的な領域にも積極的に関わるのであるが、その公的なものは民族であれ、宗教であれ、あるいは土着の地域であれ、個人・家族の以前に存在するものではなく、個人が自らの自由な意志で関わる限りでの公的なものでなければならない。つまり、その個人や家族にとって、関わることが不利益をもたらすと個々人が判断した時はいつでも離脱可能であることが条件である。もちろん、現実には日本国民とかあるいはそれを前提として名称は「自治体」といわれる地域社会に所属しつつ現存しているわけだから、各自は互いにこの公民の自己形成を行いつつ、先述の自立した個人による市民社会の空間を創り、それを拡大していくほかないのである。まさにこの意味での公民を互いに形成するための関係が社会教育であり、その具体的拠点が公民《シトワイヤン》の家《トポス》としての公民館である。但し、この場合の公民館は一種の象徴的表現であって、個々人が公民に成り行く場の総称と考えるべきである。

## 2　ボランティアの意義

日本の社会教育は、「ボランティア」という言葉に様々な訳語をあててきた。奉仕者、篤志家、有志者、有志活動家、志望者、民間活動家などが直ちに思い浮かぶ。また狭い意味では、「指導者・推進者を意味するケースも少なくない」[21]といわれる。要するに日本の社会教育にはボランティアにフィットする訳語がないのである。つまり、その実態がなかったということである。

また「ボランタリズム」という言葉を用いて次のように説く研究者もいる。それは何よりも「官制社会教育に対置されるもの」、つまり「公の支配に属しない」性格を意味するのであり、国民相互の自己教育という社会教育の本質規定にも通ずるのである。しかし、学習者の側面に即していえば、「学習動機の自発性、学習組織の自主的運営、学習運動体の官僚化の排除」などがボランタリズムの重要な契機である。「学習者の自由な学習意志の絶えざる発現」こそが、ボランタリズムの本質であり、生命である。それは同時に、「社会教育の学習原理」[22]ともいえよう。

以上のようであれば社会教育においてボランタリズムを強調すること自体は形容矛盾の筈である。しかし、それには理由がある。つまり、大教宣布運動をはじめ、地方改良運動そして国民精神総動員運動などは日本固有の社会教育の「ボランティア」であった。だがその実体は、行政主導による「無償」(〝ボランティア〟)の「国策協力」であったことは周知の事実である。

欧米的な意味でのボランティアの弱さこそ日本の社会教育の特色で、戦後もこの性格は色濃かったといえる。社会教育関係者に根強いボランティア、ボランタリズムへの拒否反応はこの負の性格に起因する。しかし前述したように社会の変化とともに非伝統的な意味でのボランティアの土壌が形成され、ボランティア活動が求められるようになった。こういってよいであろう。そこで、ヨーロッパ語でのボランティアの語源と意味を先学に依りつつ確かめておこう。

ボランティアの語源は、「自由意志という意味をもつラテン語のボランタール（voluntāré）に始まるといわれている。これが、意志とか、意図を表現するフランス語のボロンテ（volonté）に引き継がれ、さらには、自ら進んで提供するとか、自発的に申し出る、という英語表現へと展開し、その実行者としてのボランティア（仏＝volontaire 英＝volunteer）を生んだ」。ここから、「自発的に、公益的な仕事を報酬を目的としないでサービスする人をボランティア」と呼び、「その行為をボランティア活動」[23]と要約できる。

右は社会教育学者の説明であるが、私にはやや一面的・静的な規定のように思われる。前出の「公民」の形成の方法と関らしめていえば、次の金子郁容の説明の方がより納得できるのであえて引用しよう。「ボランティアというと」——と金子は次のように叙べる——「『困っている人を助けてあげること』だと思っている人が多いのではないだろうか。ところが、実際にボランティアに楽しさを見いだした人は、ほとんど『助けられている』のはむしろ私の方だ』という感想を持つ。……私の限られた経験からもそう感じている」「ボランティアは『助ける』ことと『助けられる』ことが融合し、誰が与え誰が受け取っているのか区別することが重要でないと思えるような、不思議な魅力にあふれる関係発見のプロセスである」[24]（傍点黒沢）。

この（自・他の）関係発見の喜びを、鷲田清一は、「他者の他者としてのじぶんをほかならぬ他者に認めてもらうということ、……他者によって無視しえない存在として認知されること」「そういう他者としての認知、行為としての評価や賞賛」(25)であると説く。しかも、多くの人々が望んだボランティアの形態は、「他者のまえで、他者に積極的にかかわっていく活動(黙って耳をかたむけるという行為をもちろんふくめて)であったこと、そしてまた多くの場合、全身体的な活動であったこと」(26)が、一九九五年の阪神淡路大震災の際に確認されたと鷲田はいう。

右の引証から、ボランティア活動とは、単に自分のためでなく、さしあたって顔の見える他者のために——抽象的な国家や民族などの伝統的な共同体のためではなく——献身することが結局自分に還ってくるという意味で、それはまさに先に述べた「公民」の形式過程といえるのではないだろうか。つまり、自立した個人による市民社会の創造はボランティア活動の充実と拡大にかかっているのである。後論するように、このような活動が今日の市民社会のなかに急増している事実に注目すべきである。

## 3 ボランティア・ネットワーキング

一方において自己実現・自己充足でありながら他方での社会形成であるという二面性、二重性を同時、双方向的に実現するのがボランティア活動である。まことに不思議な魅力的なことであるが、それはあくまで個人の自発性、他者への共感に基づくという点で偶発性、恣意性を孕む。したがって、この活動を基に、公民の形成をそして自立した個人の共同態＝市民社会の創造をと提唱しても、そのメカニズムを社会科学的に論理的に説くことは現在のところ困難を伴う。そのため危うさを免れないがその批判を甘受しつつ若干の視点を述べて小論の結びとしたい。

ボランティアはカネとヒマのある有閑階層がやるものだ。行政の下請けだ。このような旧来の観念を吹き飛ばしたのは先の阪神・淡路大震災時のボランティアの実践であった。そこでは、これまで人々ができれば免れたいと思っていた報酬のない肉体労働を自ら志願しておびただしい数の人間が参加したのであった。震災時から夏休み終了時までの約八ヶ月の間に参加した人の数は実に延べ一三〇万人に達したという[27]。これほど活発で大規模な活動が起ころうとは、誰も予測できなかった。ボランティアはいまや、狭い社会奉仕から人々の新しい自己実現、生きがいのエネルギーであり、同時に社会創造のエネルギーであることを鮮やかに印象づけたのである。まことに「ボランティア元年」を画するにふさわしい出来事である。

私なりに図式化していえば、一九六〇年代から七〇年代にかけて、「大きな政府」による社会形成が福祉国家のスローガンの下に推進されようとしたが、財政危機と既述のような社会の構造変化を契機に八〇年代には新自由主義の大反撃をうけ「小さな政府」による市場原理による社会形成が唱導された。これをいわばアンチテーゼとして九〇年代から二一世紀にかけては、「大きな政府」でも「小さな政府」でもない、ボランティア活動を基礎にした公民の形成、つまり個人の自立による共同態＝市民社会が創造されようとしているのだ。詳述する紙幅がないが欧米各国のボランティア・NPO簇生への動向はこのことを実感させてくれる[28]。その意味でボランティア元年は新しい社会形成へ向けての元年でもある。

ところで、個々人のボランティア活動を新しい社会形成に向けるためには、それを一環とするネットワーキングが必須である。先進諸国の実例に学べば、この中核になるのはNPOである。この組織は、権力やプロフィットによらないということでは共通していても、目的、形態、規模の点では実に多種・多様であり、また各国の歴史的経緯や宗教など習俗による違いも大きい。したがって、一義的定義は困難であるが、ここではジョンズ・ホプキンズ大学のサラモン教授による［最大公約数的］定義――「利潤をあげることを目的としない、公益的な活動を行う民間の法人組織[29]」をもって次善としなくてはならない。

以上のようなNPOの規定の下に、「非営利セクター」の詳しい国際比較を行うべきであるが、その用意がないのでとりあえず、九〇年度の各国の総就業者数に占める割合（上段）とGDPに占める運営支出の割合（下段）を参考までに記してみよう。

アメリカ　六・八%、六・三%　イギリス　三・五%、四・八%　フランス　三・五%、三・三%　ドイツ三・五%、三・六%　イタリア　一・九%　二・〇%。以上の諸国に対して日本はそれぞれ二・五%、三・二%である。[30]前述したように、各国によって事情が異なり、とくに運営支出の場合はNPOをどのように算入するかによって違いが大きいから単純な比較はできないが、イタリアを別とすれば、欧米の先進諸国と比較して日本の雇用者数が少ないことがわかる。

但し、一九九四年一月のNHKが行った国民に対する「ボランティアについての意識調査」によれば、ボランティア経験者は成人の二七%であるものの、四〇%もの人が「今後してみたい」と答えている由である。[31]これはボランティア元年の前年に当たるから現在はもっと増えていることが推測される。こうした参加意識をもつ人々の意志を尊重し、その「場」をつくりだしていくためにはNPO法が必須である。その要件は単なるボランティアの奨励ではなく、ボランティア活動を支える非営利団体支援でなければならない。[32]行政から自立し、法人格をもった無数のNPO、そして目的に応じてのネットワーキングが次々と創られるならば、徐々に行政の権限・機能の解体・移行が可能になり、「小さな政府」でありながら、非営利的領域が拡大する。それは同時に営利的企業にもその社会的責任の自覚を迫っていくだろう。

こうして、とりわけ社会教育の主要な活動の場である地域社会においては、NPOを中核として行政と営利企業のパートナーシップの成立の可能性が大きいと考えられる。この基盤の上に小論で繰り返し強調した、自立した個人の共同態＝市民社会の創造が展望されるのである。その時に「歴史的イメージ」としての寺中構想は二一世紀への公民による社会形成として甦えるであろう。このことを期待したい。

## 註

（1） 寺中作雄『社会教育法解説・公民館の建設』一九九五、国土社 一八八頁。
（2）「公民館の設置運営について」一九四六年七月五日発社第一二二号、各地方長官宛文部次官通牒。
（3） 小川利夫「歴史的イメージとしての公民館 いわゆる寺中構想について 」『現代公民館論』一九六五、東洋館出版社。
（4） 碓井正久編『社会教育』一九七一、東京大学出版界 三九六頁（小川剛稿）。
（5） 前掲（3）。
（6） 前掲（3）。
（7） 小林文人編『公民館の再発見』一九八八、国土社、一八頁。
（8） 小川剛「思想としてのボランティア」『窓』20 一九九四年六月 窓社。
（9） 宮本憲一「地方自治と働きがいのある仕事のための協同」『非営利協同の時代・研究年報①』一九九五、シーアンドシー出版。
（10） 岡村達雄編著『現代の教育理論』一九八八、社会評論社 四八頁（岡村達雄稿）。
（11） 前掲（10）、四八頁。
（12） 前掲（10）、四八頁。
（13） 後房雄「ワーカーズ・コープ、NPO、社会的協同組合 『市民社会主導の自由主義的改革』のために」『NPOと新しい協同組合・研究年報②』一九九六、シーアンドシー出版。
（14） この点についての私見の一端については次の二つの拙稿を参考頂きたい。①「市民社会と社会教育（1） 市民社会のプロトタイプ、東京学芸大学生涯教育研究室『研究紀要』創刊号・一九九五年度、②「市民社会と社会教育（2）「私」と「公」との統合、同上『研究紀要』第二号・一九九六年度。

(15) 前掲(1)、一八八～一八九頁。

(16) 小論のヘーゲルに関する論述については前掲(14)の①を参照されたい。

(17) 西研『ヘーゲル・大人のなりかた』一九九五、NHKブックス　二一八頁。ヘーゲルの国家観およびルソーのそれとの比較については本書に多くを学んだ。誌して御礼申し上げる。

(18) 元木健・小川剛編『生涯学習と社会教育の革新』一九九一、亜紀書房　四四頁(小川剛稿)。

(19) 前掲(1)、一八八頁。

(20) 前掲(17)、三五頁。なお、故平田清明の考証によれば、ジュネーヴ市には、シトワイヤン、ブルジョア、アビタン(habitants)、ナティフ(natifs)、エトランジェ(etrangers)の「五つの身分が住んでおり、「前二者だけが、ジュネーヴの主権者であり、総会で選ばれた二五人が政府として法の執行を委任されていた」という。なお、次の点も示唆的であるので引用を続ける。「シトワイアンは、〝市で生まれたもの(独立農耕生産者)であり、ブルジョアとは、〝ブルジョア証明を下付されているもの〟をいったのであった。このブルジョアの子で市のなかで生まれたものは、シトワイアンの称号を有するのであった。そして、このシトワイアンとブルジョアがジュネーヴでいう都市国家の立法と行政に参加する権限を有するのであった」(平田清明著/八木紀一郎・大町慎浩編集『市民社会思想の古典と現代・ルソー、ケネー、マルクスと現代市民社会』一九九六、有斐閣　三一～三二頁。)

(21) 辻功・岸本幸二郎編『社会教育の方法』一九六九、第一法規出版　三九頁(伊藤俊夫稿)。

(22) 碓井正久編著『社会教育』一九七〇、第一法規出版　二五五頁(倉内史郎稿)。

(23) 前掲(21)、四一～四二頁(伊藤俊夫稿)。

(24) 金子郁容『ボランティア・もう一つの情報社会』一九九二、岩波書店　二～六頁。

(25) 鷲田清一『だれのための仕事、労働vs余暇を超えて』一九九六、岩波書店　一六〇頁。

(26) 前掲(25)、一五二頁。

(27) 電通総研編『民間非営利組織・NPOとはなにか・社会サービスの新しいあり方』一九九六、日本経済新聞社一一九頁。(小論作成に当たって、特にNPOに関する多くの教示を本書から与えられたことを感謝したい)。

(28) この動向については前掲(27)、第二章「世界のNPOセクター」を参照されたい。

(29) ここでは前掲（27）、二四頁から重引させて頂いた。

(30) これらの数字は前掲（27）、三九頁の表2―1（アメリカ）、七三頁の表2―4（ヨーロッパ）及び一〇九頁の日本の数字から必要なものを抽出した。

(31) 前掲（27）、六三頁。

(32) 前掲（13）。

（初出、日本社会教育学会年報『ボランティア・ネットワーキング――市民社会と生涯学習――』〈東洋館出版、一九九七年〉）

**【付記】** 私の担当である第一章の四節「生涯学習と現代市民社会」の部分は極めて不充分にしか展開できなかったことが心残りであった。その後、勤務先の小金井市における生涯学習の『提言』や東京都の調査研究（地方及び新しい社会形成等）などにも座長、主任研究員として積極的に関わり、管見を多小とも拡め深めることができた。またその間、日本社会教育学会の『年報』『ボランティア・ネットワーキング』の作成にも担当理事として参画する機会に恵まれた。このようなかで二つの拙稿を成稿したので、第一章の付論として収録させて頂いた。第一章と併読して頂ければ幸いである。

# あとがき

二〇世紀も残すところわずかとなり、われわれもまた世紀末の重要な転換点にたたされている。ここ五～六年をとってみても世界史の動きは、ソ連邦の解体、東西ドイツの統一、ＥＣからＥＵへの発展、キューバをはじめとするカリブ諸国からのアメリカへの難民の増大、湾岸戦争に象徴される中近東の複雑な国境・民族問題、白人国家の最後の砦だった南アフリカ連邦での初の黒人大統領の誕生、そしてますます混迷の度を深めているボスニア・ヘルツゴビナを中心とする旧ユーゴーの民族殺戮などまさに「激動」の渦中にある。

こうした世界史の動きに連動して、「民族」を「国民」として「統合」する「かなめ」ともいえる「教育」の内容とそれをとりまく状況もまた刻々と変化してきている。とりわけ先進国は、今日一様にその豊かな経済力ゆえに多くの移民・難民の到来による「エスニシティ問題」をかかえ、従来までの「国民国家」を前提とした「国民」の教育から「住民」の教育へと大きな転換期をむかえている。

こうした状況のもとで、世界の先進国が目下直面している問題群を整理しつつ各国がそれぞれどんな生涯教育に取り組もうとしているのかをみておくことは、わが国のこれからの新しい生涯教育のあり方を考える上で重要なことであろう。ここに原稿を寄せられた方々は、国こそ違えこうした共通の認識にたっている。

残念だったのは、当初の企画からデンマークとフランス、韓国を担当者のやむを得ない事情のため欠かざるを得なくなったことである。これは、いずれほかの機会に補っていければと考えている。どの国の姿からも、まさに表題の通り、「苦悩する先進国」の多面的な現実がリアルに伝わってくると思われる。こうした現代世界をとりまくありのままの現実から、今後のわが国の生涯教育のあり方を読者と一緒に考えていければ幸いである。

さて、本書の企画がたてられてから早くも三年の歳月が過ぎようとしている。意外なほど月日を要したのは、それぞれの対象国が激動のさなかにあり、全体像をみきわめるのに多大な時間を要したこともさることながら、さらには執筆者の多くが各大学で「教育改革」の重要な任務についていたり、それに伴う移動などで「多忙」を極めたことが大きい。このような「現実」もまた、一昔前の大学とは異なる状況をわれわれに端的に示している。それだけに、ここまでたどりつけただけでも編者には感慨無量なるものがあるが、やはり企画者の一人に名を連ねた者の責任として執筆者の名誉のためにも、当初の計画通り一年以上前に原稿を提出された方々が少なくなかったことを変化の速い分野だけに一言付記する義務を私は感じている。

最後に、「出すならあせらず骨ぶとのものを……」という社会評論社代表松田健二氏の寛大な言葉に結果として大いに甘えてしまったことをお詫びするとともに、われわれ一同今回の企画を機にさらなる飛躍を期して感謝の言葉にかえさせていただきたいと思う。

一九九五年晩秋のロンドンにて、編者を代表して

佐久間孝正

# 増補改訂版を出すにあたって

右のような「あとがき」を書いて、社会評論社に原稿を送ったのは、今から四年前の九六年一月であった。当時私はイギリスにおり、ＥＵが名実ともに拡大していく渦中にあって、表題通り「先進社会」の教育をめぐる大きな歴史的転換期を目の当たりにしていた。寄せられた原稿の多くも、国こそ違え大きく様変わりをしようとしている昨今の各国の「生涯学習施策」の変動状況をつぶさに描くものとなっている。

そうしたなかにあってフランス、デンマークが抜けていたのは、編者たちにとっても気がかりであった。これは前著でも断った通り、執筆予定者の人事異動や病気に伴うやむを得ない事情によるものであった。すでに大半の原稿は出揃っており、フランス、デンマークの原稿を待つには最初に頂戴した原稿の鮮度が落ちる危険もあったので、やむなく見切り発車となったのである。

しかし今回、増補改訂版を出すに当たり、編者たちの共通の友人である立教大学の宮島喬氏より最近のフランスの教育状況を含む移民やマイノリティ政策に関する原稿をいただけたのは、まさに幸運の一語につきる。この原稿は、一九九七年一〇月二六日、国民教育文化総合研究所（教育総研）で氏にお話していただいたものに加筆・修正を施されたものである。これは、先進社会が直面している多様な諸問題のなかで、教育施策の歴史的な転換を問うわれわれの企画にまさにぴたりの内容であった。ここに収録することを認めて下さった氏には、心からお礼を申し述べたい。当初との関連でいえば、デンマークが今回も抜けているが、すでに枚数も予定の分量をかなり超過しているので、これはやむを得ないと思っている。

さて、その他の初版から収録されている大半の原稿の加筆は、最小限にとどめてある。例外は、黒沢氏の論稿である。氏のは対象が日本であり、さらには本書執筆の基本的な目的、理念にかかわる展開も兼ねていただいているので、ここ四年間の日本と世界の動向もふまえて第一章四節「生涯学習と現代市民社会」の部分を敷衍する意味で、二つの付論を加えていただいた。また巻末には、新たに索引を設け、事項の検索や整理を含め、読者の読みやすさを心がけた。

こうして三たび世に送られる本書が、前にもまして多くの読者に恵まれることを願ってやまない。

佐久間孝正

# 索　引

た行

## ま行



## や行



## ら行



## わ行

［著・訳者紹介］

**黒沢惟昭**（くろさわ・のぶあき）東京学芸大学教授。中国東北師範大学客座教授。
1938年生まれ。東京大学大学院博士課程満期退学。
著書：『疎外と教育』（新評論、1980年）『社会教育論序説』（八千代出版、1981年）『国家と道徳・教育』（青弓社、1989年）『グラムシと現代日本の教育』（社会評論社、1991年）『市民社会と生涯学習』（明石書店、1999年）共編著：『ヨーロッパの都市と思想』（勁草書房、1996年）『ボランティア・ネットワーキング』（東洋館出版社、1997年）ほか。

**佐久間孝正**（さくま・こうせい）東京女子大学文理学部教授。
1943年生まれ。東北大学大学院博士課程中退。
著書：『ウェーバーとマルクス』（世界書院、1984年）『ウェーバーと比較社会学』（創風社、1986年）『英国の生涯学習社会』（国土社、1989年）『イギリスの多文化・多民族教育』（国土社、1993年）『変貌する移民国家イギリス』（明石書店、1997年）

**赤尾勝己**（あかお・かつみ）関西大学文学部助教授。
1957年生まれ。慶応義塾大学大学院博士課程満期退学。
共著：岡村達雄編著『現代の教育理論』（社会評論社、1992年）現代アメリカ教育研究会編『学校と社会との連携を求めるアメリカの挑戦』（教育開発研究所、1995年）川野辺敏監修『世界の生涯教育』（エムティ出版、1995年）ほか。

**三輪建二**（みわ・けんじ）お茶の水女子大学文教学部助教授。
1956年生まれ。東京大学大学院博士課程修了。東海大学教育研究所助教授、上智大学文学部助教授をへて現職。
著書：『現代ドイツ成人教育方法論』（東海大学出版会、1995年）共訳：『おとなの学びを拓く』（クラントン著、鳳書房、1999年）など。

**嶺井正也**（みねい・まさや）専修大学教授。
1947年生まれ。東京教育大学大学院博士課程満期退学。
共編著：『現代教育科学論のフロンティア』(エイデル研究所、1990年)『共生時代の学校像』(自由書房、1995年)『共生・共育を求めて――関わりを見なおす』(明石書店、1996年)『障害児と公教育』(明石書店、1997年)

**伊藤正純**（いとう・まさずみ）桃山学院大学教育研究所教授。
1947年生まれ。名古屋大学大学院博士課程満期退学。
共編著：平田清明ほか編著『現代市民社会の旋回』(昭和堂、1987年) 平田清明・伊藤正純ほか編著『現代市民社会と企業国家』(御茶の水書房、1994年) 八木紀一郎・山田鋭夫ほか編『復権する市民社会論』(日本評論社、1998年)

**関　啓子**（せき・けいこ）一橋大学社会学研究科教授。
1948年生まれ。一橋大学大学院社会学研究科単位取得退学。社会学博士。
著書：『全面発達と人間の解放』(明治図書、1985年)『クループスカヤの思想史的研究』(新読書社、1994年)『ロシア　聖とカオス』(共著、彩流社、1995年) ほか。

**前平泰志**（まえひら・やすし）京都大学大学院教育学研究科教授。
1949年生まれ。京都大学大学院博士課程満期退学。
訳書：エットーレ・ジェルピ『生涯教育―抑圧と解放の弁証法』(東京創元社、1983年) 共編著：『生涯学習と計画』(松籟社、1999年) ほか。

**宮島　喬**（みやじま・たかし）立教大学社会学部教授。
1940年生まれ。東京大学大学院博士課程中退（専攻・社会学）
著書：『ヨーロッパの試練』(東京大学出版会、1997年)『文化と不平等』(有斐閣、1999年) など。

**苦悩する先進国の生涯学習**　[増補改訂版]

2000年5月15日　初版第1刷発行

編著者：黒沢惟昭・佐久間孝正
装　幀：佐藤俊男
発行人：松田健二
発行所：株式会社社会評論社
東京都文京区本郷2-3-10　☎03(3814)3861　FAX03(3818)2808
http://www.netlaputa.ne.jp/~shahyo
印　刷：一ツ橋電植＋P&Pサービス
製　本：東和製本

ISBN 4-7845-0758-2